MAGIX
Fotos auf CD & DVD 6.5

Joe Betz

MAGIX
Fotos auf CD & DVD 6.5

Markt+Technik Verlag

Bibliografische Information Der Deutschen Bibliothek

Die Deutsche Bibliothek verzeichnet diese Publikation in der Deutschen Nationalbibliografie; detaillierte bibliografische Daten sind im Internet über http://dnb.ddb.de abrufbar.

Umwelthinweis:
Dieses Buch wurde auf chlorfrei gebleichtem Papier gedruckt.

10 9 8 7 6 5 4 3 2 1

09 08 07

ISBN 978-3-8272-4275-4

ein Imprint der Pearson Education Deutschland GmbH
Martin-Kollar-Straße 10–12, D-81829 München/Germany

Einbandgestaltung: Marco Lindenbeck, webwo GmbH, mlindenbeck@webwo.de
Lektorat: Birgit Ellissen, bellissen@pearson.de
Herstellung: Philipp Burkart, pburkart@pearson.de
Korrektorat: Marita Böhm
Satz: text&form GbR, Fürstenfeldbruck
Druck und Verarbeitung: Bosch Druck, Ergolding
Printed in Germany

Inhaltsverzeichnis

Vorwort

Der Mensch, das Augenwesen, braucht das Bild.
Leonardo da Vinci (1452–1519)

Liebe Leserin, lieber Leser,

Schluss mit langweiligen Fotoshows! MAGIX Fotos auf CD & DVD bringt ordentlich Schwung in Ihre digitalen Bilder. Aus Ihren Fotos wird eine einmalige Show und Sie sitzen dabei im Regiestuhl. Erleben Sie Ihre Fotos im Familienkreis oder zusammen mit Freunden und Bekannten am Fernseher oder auf dem PC. Fügen Sie Ihren Bildern spektakuläre Blenden und Effekte hinzu. Kreieren Sie einen eigenen Vor- und Abspann wie beim Spielfilm. Erstellen Sie großartige DVD-Menüs zu Ihren Fotoshows sogar im 16:9-Format für Breitbildschirme. Und brennen Sie Ihre Fotoshow mit einem professionellen Auswahlmenü auf DVD, CD-ROM, Video-CD, Super Video-CD, Mini-DVD, JPEG-Disc, TV Showtime DVD, MultiDisc oder sogar auf Blu-ray Disc. Schalten Sie schnell Ihren Rechner ein, denn gleich geht's los.

Noch ein Hinweis: Ich habe alle Screenshots im Buch mit der deluxe-Version erstellt. Sie werden sich aber auch mit der classic-Version ohne Weiteres zurechtfinden. Die optischen Unterschiede sind unerheblich.

Viel Spaß

Ihr

Joe Betz

Unterschiede zwischen deluxe- und classic-Version?

Alle in diesem Buch vorgestellten Workshops und Tipps funktionieren in den meisten Fällen mit der classic- und der deluxe-Version von MAGIX Fotos auf CD & DVD.

Allerdings weicht die deluxe- von der classic-Version durch eine Reihe zusätzlicher Funktionen bzw. Optionen ab.

- Dynamische Kamerafahrten & Zoom mit frei definierbaren Bewegungspfaden
- Professionelle 3D-Animationen für individuelle, dreidimensionale Titel, Texte und Bilder
- HD-DVD-Fotoshows auf kostengünstige DVD-Rohlinge brennen
- Story Maker 2.0 für individuelle Arrangements
- Ondisc Editing
- Multi-Discs für TV & PC brennen
- MAGIX Music Editor 2.0
- MAGIX Druck Center 3.5
- MAGIX Foto Clinic 6.0
- 1000 Nachvertonungs-Sounds
- Einzelbildaufnahmen und Foto-Stories per Videokamera (z.B. Web-Cam) aufnehmen
- Foto-E-Mails versenden
- Brennen von Fotoshows als Video sowie Archivierung von Originalfotos, Fotoshows und Projekten auf *Blu-ray Disc*
- Veränderbarer Verlauf der Lautstärke und automatische Absenkung der Hintergrundmusik bei Sprachkommentaren
- Ausgabe des Disc-Projekts als ISO-Image zum erneuten Brennen, Brennen mit anderer Software und Wiedergabe auf dem PC
- Neue hochwertige thematische Hintergrundmusik und Nachvertonungsgeräusche
- Bilderfolgen als animierte Grafiken fürs Internet exportieren (Animated GIF-Export)
- zusätzliche Styles, Effekte und Vorlagen u.v.w.

Kapitel 1

Installation und Programmoberfläche

Bevor Sie MAGIX Fotos auf CD & DVD nutzen können, muss es natürlich zuerst auf Ihrem Rechner installiert werden. Ein durchdachtes Installationsprogramm assistiert Ihnen dabei.

1. Legen Sie die Programm-DVD in ein Laufwerk Ihres Rechners.
2. Klicken Sie auf die Schaltfläche INSTALLIEREN.

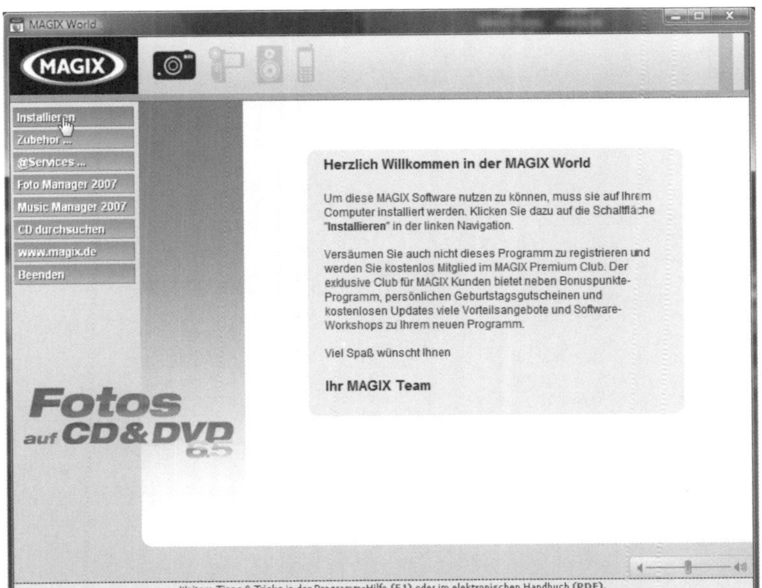

Abbildung 1.1: Das Installationsmenü von Fotos auf CD & DVD

3. Befolgen Sie die weiteren Anweisungen. Lesen Sie die Informationen im Folgefenster und klicken Sie auf WEITER.

▶ ACHTUNG

Vergessen Sie die Online-Registrierung nicht. Sie können dadurch den kostenlosen Update-Service von MAGIX in Anspruch nehmen. MAGIX Software wird kontinuierlich verbessert und weiterentwickelt und die Ergebnisse in Form von so genannten Patches werden registrierten Kunden kostenlos zum Download angeboten. Sie stellen so sicher, dass Ihre Programmversion stets auf dem neuesten Stand ist – kleinere Programmmängel verschwinden oft nach einer Aktualisierung.

Programmstart

Kurz nachdem Sie MAGIX Fotos auf CD & DVD per Doppelklick auf das Desktop-Symbol gestartet haben, erscheint zunächst das kleine Fenster EINSTELLUNGEN FÜR NEUES DISC-PROJEKT.

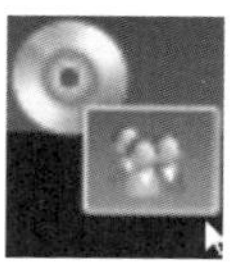

Abbildung 1.2: Desktop-Icon

1. Markieren Sie die Option NEUES DISC-PROJEKT ERSTELLEN, geben Sie in das Feld darunter einen aussagekräftigen Namen ein und klicken Sie auf die Schaltfläche ERWEITERT.

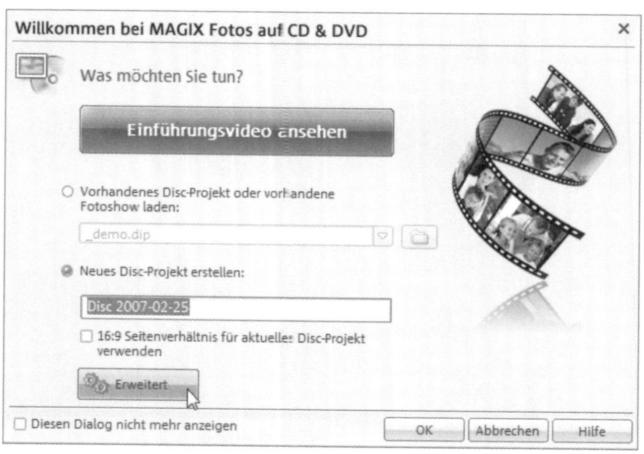

Abbildung 1.3: Auf ERWEITERT klicken

2. Wählen Sie hinter ANZEIGEDAUER FÜR JEDES FOTO eine Zeit von 10 Sekunden aus. Aktivieren Sie anschließend die Checkbox vor FOTOS AUTOMATISCH MIT KREUZBLENDE ÜBERBLENDEN.

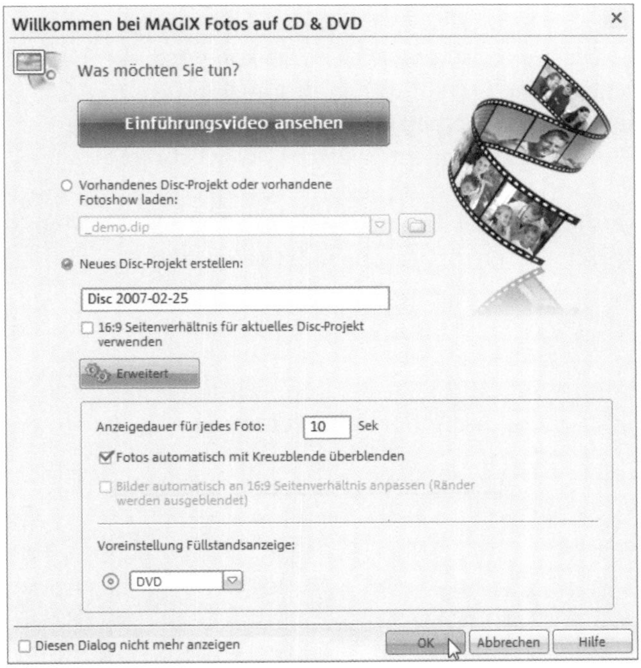

Abbildung 1.4: Erweiterte Einstellungen

▶ HINWEIS

Die Anzeigedauer können Sie selbstverständlich auch nachträglich verändern, sogar individuell für jedes Foto.

MAGIX Fotos auf CD & DVD unterstützt explizit die Verwendung von Bildern und Videos im 16 : 9-Breitbildformat.

▶ 16 : 9 – WAS IST DAS?

Es handelt sich um ein Bildschirmformat von Breitwandfernsehern. Herkömmliche Monitore haben ein Seitenverhältnis von 4 : 3.

Möchten Sie Ihr Projekt im 16 : 9-Breitbildformat anlegen, setzen Sie zusätzlich ein Häkchen vor 16:9 SEITENVERHÄLTNIS FÜR AKTUELLES DISC-PROJEKT VERWENDEN. Sollen auch Bilder anderer Formate eingefügt werden, vergessen Sie auch das Häkchen vor BILDER AUTOMATISCH AN 16:9 SEITENVERHÄLTNIS ANPASSEN ... nicht.

Das Programm wechselt nun automatisch zum 16 : 9-Modus, in dem Sie Ihre Show gestalten und bearbeiten. Das Ergebnis lässt sich auf Breitwandbildschirmen (z. B. 16 : 9-Plasma-Fernsehgeräten oder Notebooks) genießen. Natürlich finden sich auch adäquate DVD-Menüs und weitere Stilelemente im 16 : 9-Format vor.

Abbildung 1.5: 16 : 9-Modus

3. Wählen Sie eine Voreinstellung für die Füllstandsanzeige aus.

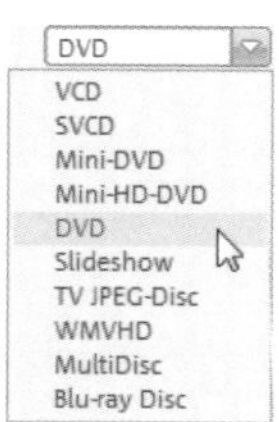

Abbildung 1.6: FÜLLSTANDSANZEIGE VOREINSTELLUNG

Diese Einstellung wirkt sich einerseits auf die Füllstandsanzeige am unteren Rand des Programmfensters aus und Sie erfahren so, wie viel Speicherplatz für Ihr Projekt auf dem gewünschten Datenträger zur Verfügung steht. Auf eine CD passen ja viel weniger Daten als auf eine DVD. Andererseits wird dadurch die automatische, intelligente Bildqualitätswarnung aktiviert, die Sie umgehend informiert, wenn die Auflösung zu gering für das jeweilige Wiedergabegerät ist – die DVD-typische Auflösung liegt bei 720 x 576 Pixel.

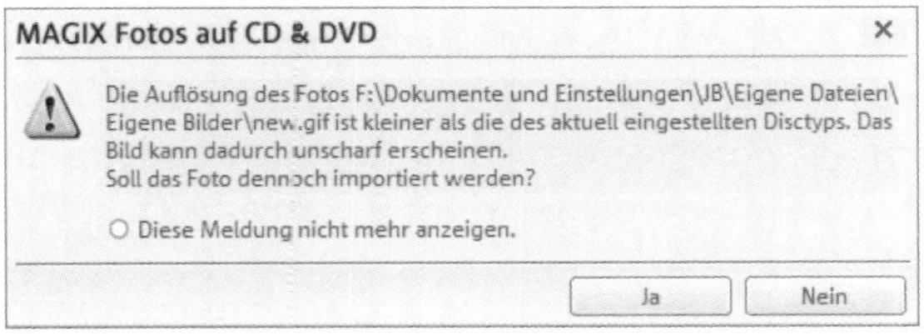

Abbildung 1.7: Intelligente Bildqualitätswarnung

4. Klicken Sie auf OK.

Die Programmoberfläche

Jetzt ist die gesamte Programmoberfläche zu sehen, die aus vier Teilen besteht: Programm-Menüs, Vorschau, Media Pool und Storyboard.

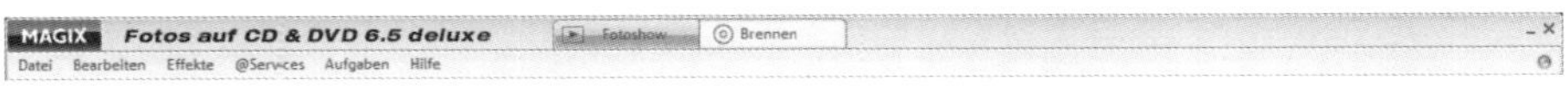

Abbildung 1.8: Programm-Menüs

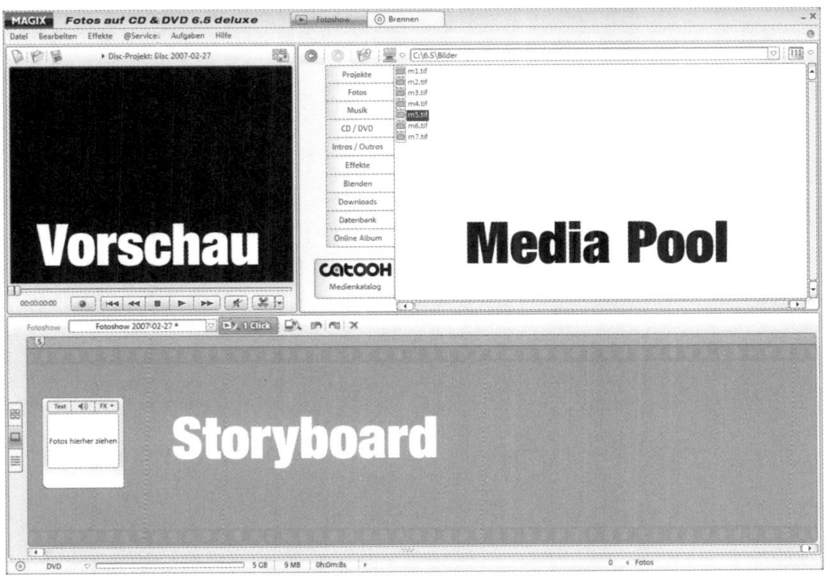

Abbildung 1.9: Die Teile der Programmoberfläche

Programm-Menüs

Ganz oben sehen Sie die beiden Auswahlschaltflächen, um zwischen dem Fotoshow- und dem Brennen-Modus hin- und herzuschalten. Im Fotoshow-Modus erstellen und bearbeiten Sie Ihre Shows. Im Brennen-Modus werden Ihre Fotoshows dann auf Disc gebrannt. Darunter befinden sich die Programm-Menüs: Datei, Bearbeiten, Effekte ...

▶ HINWEIS

Hinter der News-LED (ganz rechts) verbirgt sich das MAGIX News Center, Ihr heißer Draht zu MAGIX, der Sie mit den neuesten Informationen versorgt. So erhalten Sie u. a. Links zu aktuellen Online-Workshops sowie Tipps und Tricks zu einzelnen Bereichen oder Anwendungsfällen Ihrer Software. Des Weiteren werden Sie über die Verfügbarkeit der allerneuesten Updates und Patches für Ihr Programm informiert oder über Aktionen (beispielsweise Gewinnspiele) und Umfragen in Kenntnis gesetzt.

Vorhandene News werden farblich in drei Gruppen unterteilt:

- Grün: praktische Tipps und Tricks für Ihre Software
- Gelb: es liegen neue Updates und Patches für Ihr Produkt vor
- Rot: Aktionen, Gewinnspiele und Umfragen

Liegen keine aktuellen Meldungen vor, bleibt die LED grau.

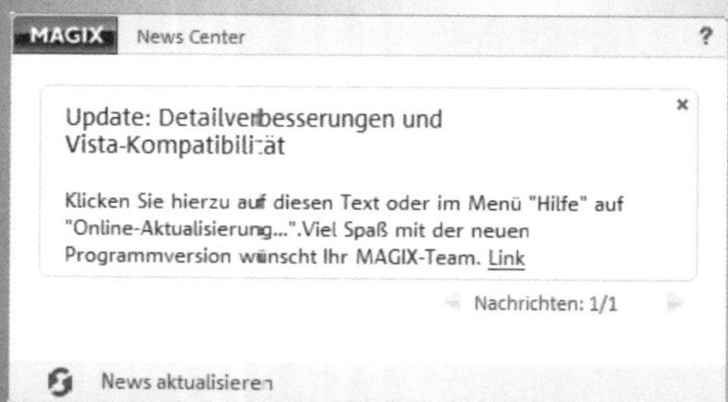

Abbildung 1.10: Neue Nachricht

Die Vorschau

Video-, Grafik- und Textobjekte (Dateien) werden auf dem stilisierten Videovorschaumonitor dargestellt. Hier können auch Audioobjekte (Audiodateien) über die Soundkarte Ihres Rechners vorgehört werden.

Schnitt-Menü

Neben den Abspielfunktionen ist hier auch das Schnitt-Menü zu finden.

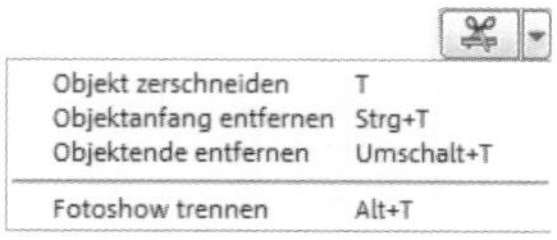

Abbildung 1.11: Schnitt-Menü

Menüpunkt	Funktion
OBJEKT ZERSCHNEIDEN	Zerschneidet die Fotosequenz (inklusive Untertitel und zusätzlichem Audio- oder Videomaterial) und erweitert damit die Anzahl der Fotos um eins.
OBJEKTANFANG ENTFERNEN	Schneidet die Fotosequenz an der Position des S-Markers. Gleichzeitig wird alles Material vor dem S-Marker entfernt.
OBJEKTENDE ENTFERNEN	Schneidet die Fotosequenz an der Position des S-Markers. Gleichzeitig wird alles Material hinter dem S-Marker entfernt.
FOTOSHOW TRENNEN	Teilt die Fotoshow an der Stelle des S-Markers in zwei eigenständige Fotoshows.

▶ HINWEIS

Eine Fotoshow wird immer ab dem S-Marker oberhalb der Fotoleiste bis zum E-Marker abgespielt. Diese Marker können Sie per Mausklick oder Drag&Drop versetzen.

Media Pool

Der Media Pool ist dem Windows-Explorer sehr ähnlich. Er dient zum Ansteuern und Laden von Multimediadateien aller Art: Video-, Bild- und Audiodateien in den verschiedensten Formaten. Über den Media Pool sprechen Sie sämtliche Laufwerke und Verzeichnisse auf Ihrem Rechner an. Alle Dateien lassen sich per Doppelklick in das Storyboard laden oder per Drag&Drop hineinziehen.

▶ HINWEIS

Unter Drag&Drop versteht man das Markieren und Verschieben verschiedener Objekte mit der Maus.

Für die Darstellung der Dateien können Sie unter drei verschiedenen Ansichten (Liste, Details, Große Symbole) auswählen.

1. Klicken Sie dazu mit der rechten Maustaste in das Media Pool-Fenster.
2. Wählen Sie im Menü die gewünschte Ansichtsoption aus.

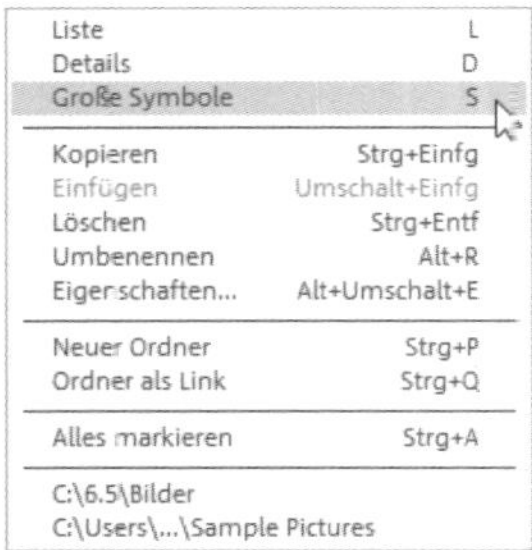

Abbildung 1.12: Auswahlmenü

> **HINWEIS**
>
> Der Vorteil der Ansicht Große Symbole besteht darin, dass für jede Video- und Bilddatei eine Miniaturansicht in der Dateiliste angezeigt wird. Sie können so leichter abschätzen, um welches Material es sich handelt. Allerdings nimmt dadurch das Einlesen der Dateiliste jedes Mal mehr Zeit in Anspruch.

Abbildung 1.13: Ansichtsoption Große Symbole

Storyboard

Im Storyboard arrangieren Sie Ihre Fotoshow. Hier sind alle Fotos in Form von Vorschaubildern dargestellt.

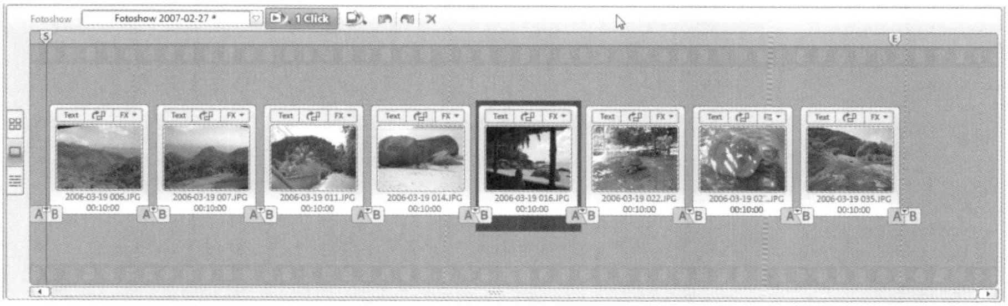

Abbildung 1.14: Storyboard mit Vorschaubildern

Sehen Sie sich eines dieser Vorschaubilder genauer an.

Vorschaubild

Ganz oben verfügt das Vorschaubild über drei Schaltflächen: TEXT, ROTATION und FX. Links und rechts unten befinden sich eine AB-Schaltfläche.

Abbildung 1.15: Vorschaubild

TEXT

Mit der TEXT-Schaltfläche öffnen Sie den Titel-Editor, um einen Text einzugeben, beispielsweise Textkommentare, Titel, Vor- beziehungsweise Abspann. Sie können zwischen unterschiedlichen Schriftarten und Farben wählen. Um den Abspann professionell von oben nach unten durch das Bild laufen zu lassen, stehen Vorlagen-Menüs mit verschiedenen Bewegungen, Effekten und Designs zur Auswahl. Doch dazu später mehr.

ROTATION

Steht ein Foto auf dem Kopf oder liegt es auf der Seite, können Sie es per Klick auf diese Schaltfläche um jeweils 90° drehen.

FX

FX steht für Effekte. Mit einem Klick auf diese Schaltfläche öffnet sich ein Menü, in dem Sie Effekte zur Ton- und Bildbearbeitung auswählen können. Das Bild wird nach Beendigung der Bearbeitung direkt wieder in das Storyboard übernommen.

AB

Per Mausklick auf diese AB-Schaltflächen werden die Übergänge (Blenden) zwischen den Fotos eingestellt. Dadurch klappt ein Menü auf, in dem Sie zwischen den verschiedensten Blenden auswählen können.

Abspielen der Fotoshow

Abgespielt wird immer der Bereich zwischen dem S- und E-Marker oberhalb des Storyboards (siehe Abbildung unten). Diese beiden Marker lassen sich mit der Maus verschieben (oder mit einem Klick auf die linke beziehungsweise rechte Maustaste direkt platzieren). Gestartet und gestoppt wird mit der [Leertaste] Ihrer Tastatur oder der Play-Schaltfläche unterhalb des Vorschaumonitors.

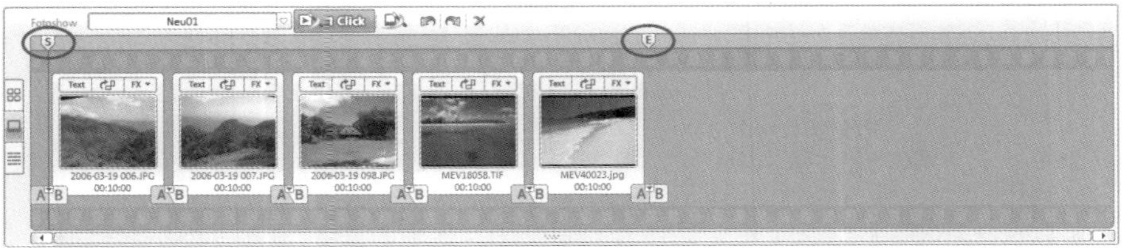

Abbildung 1.16: S- und E-Marker

Play-Cursor

Der rote Play-Cursor zeigt Ihnen, welches Foto gerade abgespielt wird. Er ist eine senkrechte Linie, die beim Abspielvorgang von links nach rechts über die Bilder im Storyboard läuft. Abhängig von der Anzeigedauer der einzelnen Bilder bewegt er sich unterschiedlich schnell.

Fotoshow-Menü

Am oberen rechten Rand des Storyboards befindet sich das Dropdown-Menü Fotoshow. Damit lässt sich zwischen den geöffneten Fotoshows hin- und herschalten. Zudem können weitere Fotoshows mit seiner Hilfe geladen werden.

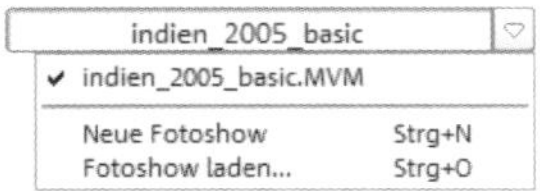

Abbildung 1.17: Fotoshow-Menü

Fotoübersicht

Über diese Schaltfläche rufen Sie eine Übersichtsdarstellung aller Fotos Ihrer Fotoshow auf. Sollten dabei nicht alle Fotos auf Ihrem Monitor passen, können Sie die beiden Schaltflächen mit dem Lupensymbol beziehungsweise den Schieberegler (Zoomfader) verwenden, um die Darstellung zu verkleinern. Mehrere Fotos lassen sich mit gedrückter [Strg]-Taste auswählen. Sie haben dann die Möglichkeit, durch Ziehen die Reihenfolge der Bilder zu ändern oder sie ganz aus Ihrem Projekt zu löschen.

Abbildung 1.18: Schaltfläche Fotoübersicht

Abbildung 1.19: Übersichtsdarstellung mit Zoomfader (oben rechts)

> **HINWEIS**
>
> Beim Löschen bleibt die Originaldatei selbstverständlich erhalten.

Timeline-/Experten-Modus

Im Timeline-Modus werden alle anspruchsvolleren Editierarbeiten vorgenommen. Mithilfe der Schaltfläche Timeline oder der [Tab]-Taste auf Ihrer Tastatur schalten Sie zwischen den Ansichten Timeline und Storyboard hin und her.

Abbildung 1.20: Schaltfläche Timeline

Im Timeline-Modus werden Ihre Fotoshows als so genannte Objekte auf der Zeitleiste (Timeline) dargestellt. Je länger also das Objekt ist, desto länger ist auch der zugehörige Filmabschnitt. Anders als im Storyboard-Modus ändert sich im Timeline-

Modus die Geschwindigkeit des Play-Cursors also nicht. Dieser Modus dient zur Erledigung anspruchsvoller Editieraufgaben wie etwa Nachvertonung, gezielte Effektbearbeitung, professioneller Schnitt, genaue Überblendungen oder sogar umfassende Fotoarrangements.

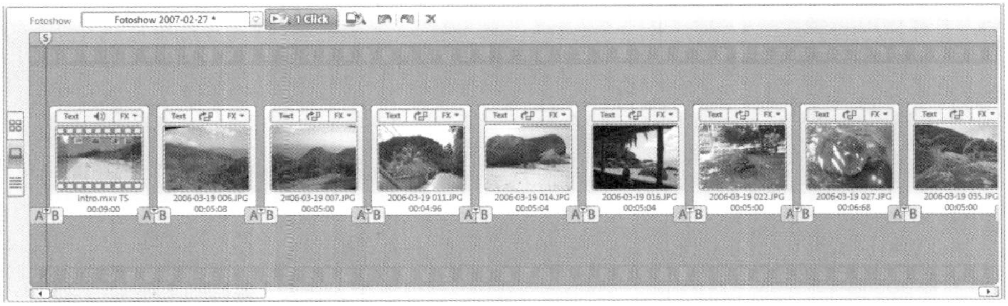

Abbildung 1.21: Fotoshow im STORYBOARD-Modus

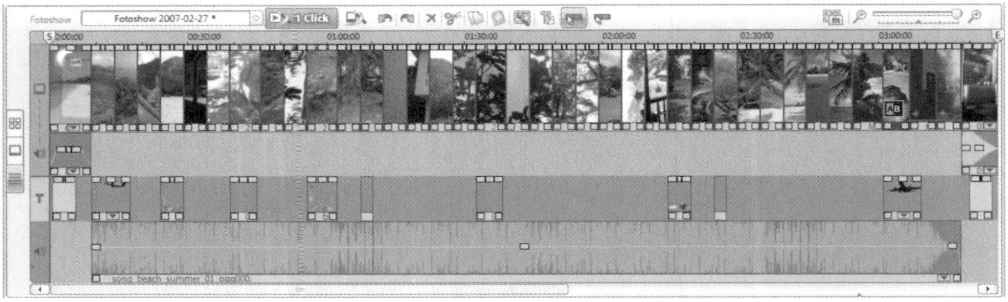

Abbildung 1.22: Dieselbe Fotoshow im TIMELINE-Modus

Auf vier Spuren werden alle Mediendateien der aktuellen Fotoshow angezeigt und können dort direkt bearbeitet oder arrangiert werden. Weiterhin können Dateien aus dem Media Pool mit einem Doppelklick geladen oder per Drag&Drop in die entsprechende Spur gezogen werden.

Die Spuren

Wie schon gesagt, stehen Ihnen hier vier Spuren zur Verfügung:

- Die erste Spur ist für die Fotos und Videos bestimmt.
- Die zweite Spur ist für Tondokumente (beispielsweise Hintergrundgeräusche, Sprachkommentare etc.) und die Rahmen vorgesehen.
- Die dritte Spur enthält die Titel bzw. Textkommentare.
- Die vierte Spur ist für Musik bzw. zusätzliches Tonmaterial (das, was Sie bei der Nachvertonung der Szene hinzufügen wollen).

Objekte

Ton- und Bildspur werden als separate Objekte auf den Spuren dargestellt. Das Tonmaterial wird in Wellenform-Darstellung angezeigt. Die Bildspur enthält die Vorschaubilder, Frames genannt. Alle Objekte lassen sich duplizieren, auftrennen, mit Effekten versehen und beliebig auf der Spur arrangieren. Bei der Wiedergabe werden alle Spuren automatisch gemischt.

Die Wiedergabedauer aller Objekte lässt sich mit deren unteren Objektanfassern verändern.

1. Führen Sie die Maus über eine der unteren Anfasser an den Ecken des Objekts, bis der Mauszeiger als Doppelpfeil erscheint.
2. Stauchen Sie das Objekt zusammen, bis es die gewünschte Länge hat.

Nutzen Sie die Anfasser an den oberen Enden der Objekte, um das Objekt ein- beziehungsweise auszublenden.

Die Lautstärke von Audioobjekten sowie die Helligkeit bei Videoobjekten verändern Sie mit dem Anfasser oben in der Mitte.

3. Bei Bedarf erreichen Sie das Effekte-Menü (Sie kennen es aus dem Storyboard-Modus) mit einem rechten Mausklick auf das markierte Objekt.
4. Klicken Sie auf das AB-Symbol, um den Übergang zwischen den Bildern zu verändern. Diese Funktion ist identisch mit der AB-Schaltfläche an der Bildvorschau im Storyboard-Modus.

Abbildung 1.23: Objektanfasser

Abbildung 1.24: Einblenden

Abbildung 1.25: Ausblenden

Navigation/Zoomen

Am einfachsten bewegen Sie sich mit der Tastenkombination Strg+Bild↓ vorwärts und mit Strg+Bild↑ rückwärts durch Ihr Fotoshow-Projekt. Ein Rechtsklick mit der Maus auf den S-Marker öffnet ein Menü, in dem Sie die wichtigsten Zoomstufen auswählen können.

Abbildung 1.26: S-Marker-Menü

Gleichermaßen lässt sich die Bildlaufleiste (unterhalb der vierten Spur) zur Navigation verwenden.

Abbildung 1.27: Bildlaufleiste, auch Scrollbar genannt

Kontextmenüs: Ein rechter Mausklick auf ein Objekt öffnet das Kontextmenü mit Effekten. Sie verfügen über dieselben Effekte wie im Storyboard-Modus.

Schaltflächen im Timeline-Modus

Im Timeline-Modus stehen Ihnen weitere Schaltflächen zur Bearbeitung Ihrer Fotoshow zur Verfügung.

Abbildung 1.28: Schaltflächen im Timeline-Modus

Hier eine Funktionsübersicht:

MovieShow Maker

Per Klick auf diese Schaltfläche starten Sie den MovieShow Maker.

Abbildung 1.29: MovieShow Maker

Story Maker

Diese Schaltfläche öffnet den Story Maker.

Abbildung 1.30: Story Maker

Rückgängig

Mit dieser Schaltfläche stellen Sie den Ausgangszustand wieder her.

Abbildung 1.31: Rückgängig

Wiederherstellen

Diese Schaltfläche nimmt einen unmittelbar zuvor ausgeführten Rückgängig-Befehl zurück.

Abbildung 1.32: Wiederherstellen

Löschen

Per Klick auf Löschen wird das ausgewählte Objekt gelöscht.

Abbildung 1.33: Löschen

Ausschneiden

Ein Klick auf diese Schaltfläche löscht das ausgewählte Objekt und kopiert es in die Zwischenablage. Die Originaldatei bleibt auf der Festplatte erhalten.

Abbildung 1.34: Ausschneiden

▶ TIPP

Alternativ können Sie auch das Tastenkürzel [Strg]+[X] verwenden.

Kopieren

Per Klick auf Kopieren wird das ausgewählte Objekt in die Zwischenablage verschoben. Von dort aus können Sie es in jeder anderen Fotoshow mit dem Befehl beziehungsweise der Schaltfläche Einfügen weiterverwerten.

Abbildung 1.35: Kopieren

Einfügen

Fügen Sie mit dieser Schaltfläche das in die Zwischenablage kopierte Material (Foto oder Objekt) an die aktuelle Position des S-Markers ein.

Abbildung 1.36: Einfügen

Video Cleaning

Diese Schaltfläche ruft den Video Cleaning-Editor mit Farboptimierung (RGB, Sättigung), Schärfebearbeitung (Scharf- und Weichzeichnen), Helligkeitsregelung (Helligkeit, Kontrast), Anti-Flimmer-Filter und De-Interlace auf.

Abbildung 1.37: Video Cleaning

Titel-Editor

Per Klick auf diese Schaltfläche wird der Titel-Editor geöffnet. Mit ihm lassen sich Titel und Textkommentare erstellen, frei im Bild bewegen oder positionieren, beispielsweise für Vor- oder Abspann.

Abbildung 1.38: Titel-Editor

Mausmodi (nur deluxe-Version)

Mit den Mausmodi lassen sich verschiedene Verhaltensweisen von MAGIX Fotos auf CD & DVD 6.5 deluxe beim Verschieben von Objekten festlegen.

Mausmodus für einzelne Objekte

Er ermöglicht das freie Verschieben einzelner Objekte.

Abbildung 1.39: Mausmodus für einzelne Objekte

Intelligenter Mausmodus

Im Intelligenten Mausmodus werden alle Objekte mitverschoben, die sich hinter dem ausgewählten Objekt befinden.

Abbildung 1.40: Intelligenter Mausmodus

Ansicht optimieren (fit)

Mit dieser Schaltfläche werden der S- und E-Marker an den Anfang beziehungsweise das Ende gesetzt, so dass die Zeitleiste alle Bilder zeigt – sie erscheinen dann eventuell sehr klein – und die Fotoshow vollständig als Vorschau abgespielt werden kann.

Abbildung 1.41: Ansicht optimieren

Kapitel 2

MAGIX MovieShow Maker – mit wenigen Klicks zu spektakulären Fotoshows

Mit MAGIX MovieShow Maker erstellen Sie im Handumdrehen komplette Fotoshows nach verschiedenen Stilen und machen so aus Ihren Fotos spektakuläre Fotoshows. Mit einem Klick fügen Sie zusätzliche Videos, Text, Effekte und Übergänge hinzu. Sie müssen nur einen Style auswählen. Der Rest geschieht beinahe von selbst.

1. Steuern Sie im Media Pool das Verzeichnis an, in dem sich die Bilder für die geplante Fotoshow befinden. Öffnen Sie es und befördern Sie die Fotos per Drag&Drop (oder Doppelklick) hinunter ins Storyboard (vgl. Abbildung 2.1).
2. Klicken Sie auf die Schaltfläche für den MAGIX MovieShow Maker (vgl. Abbildung 2.2).
3. Bestimmen Sie im Dropdown-Menü unter Style-Auswahl das gewünschte Thema Ihrer Fotoshow.

   Diese Styles kombinieren Ihre Fotos mit kurzen Videos, Effekten und Überblendungen (vgl. Abbildung 2.3).

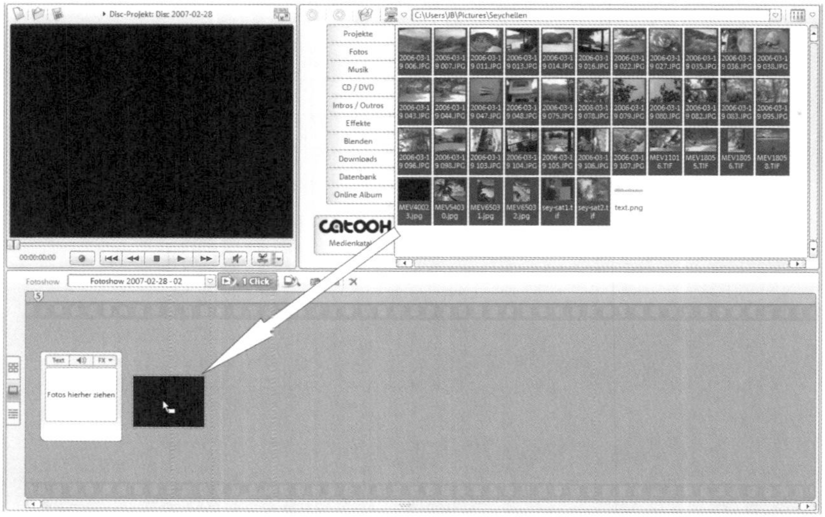

Abbildung 2.1: Fotos aus Media Pool einfügen

Abbildung 2.2: MovieShow Mafer-Schaltfläche

Abbildung 2.3: Style festlegen

4. Klicken Sie auf das Ordnersymbol, wenn Sie eine andere musikalische Untermalung auswählen wollen.

Abbildung 2.4: Schaltfläche mit Ordnersymbol

5. Wählen Sie im Fenster Audio-Dateien auswählen das passende Musikstück aus und bestätigen Sie mit OK.

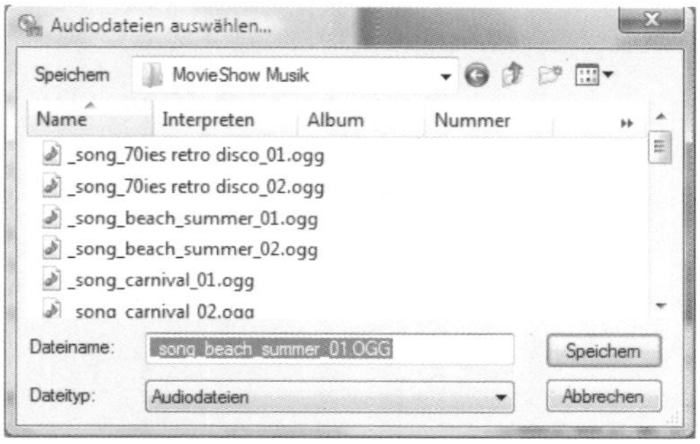

Abbildung 2.5: Die passende Musik auswählen

HINWEIS

Natürlich können Sie auch ein anderes Verzeichnis ansteuern, um Ihre eigene, nicht aus den MAGIX-Vorgaben stammende Audiodatei zu verwenden. Unterstützt werden die Audioformate *MP3*, Wave (*WAV*), OGG VORBIS (*OGG*) und Windows Media Audio (*WMA*).

6. Aktivieren Sie die Checkbox vor Audiodatei verwenden, wenn Sie ein Musikstück oder eine ergänzende Tonaufnahme zur Untermalung verwenden wollen.
7. Regeln Sie mit dem Schieberegler Lautstärkeverhältnis das Mischungsverhältnis zwischen der Musik und dem Originalton der Fotodateien.
8. Mit dem Schieberegler Eigenschaften Fotoshow bestimmen Sie die Länge der Show. Dabei wird die Anzeigedauer der Fotos und der Übergangseffekte usw. erhöht bzw. vermindert.

9. Aktivieren Sie die Checkbox LÄNGE AN DIE MUSIK ANPASSEN, um die Anzeigedauer von Fotos, Übergangseffekten usw. an die ausgewählte Audiodatei anzupassen.

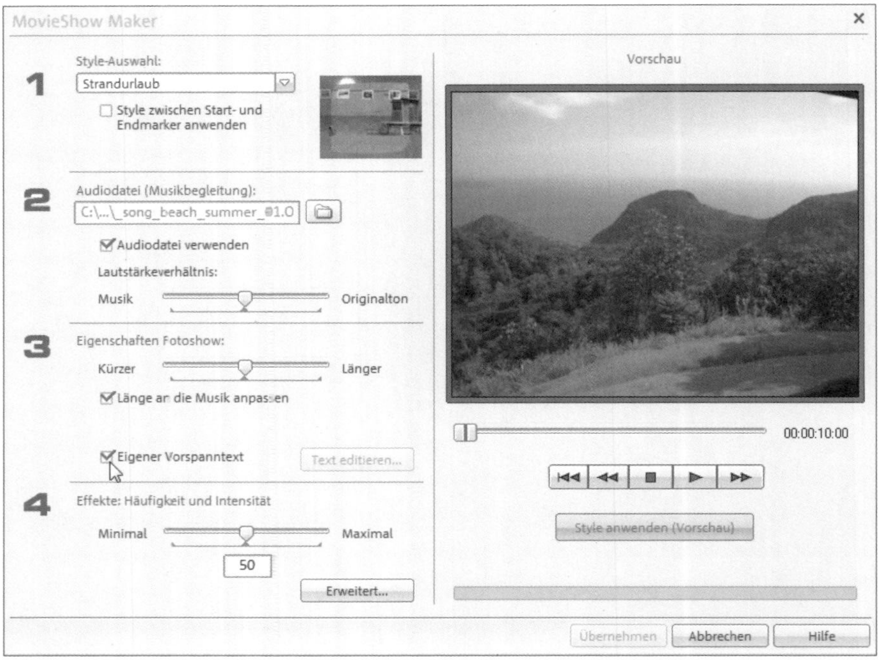

Abbildung 2.6: LÄNGE AN DIE MUSIK ANPASSEN

10. Soll es ein EIGENER VORSPANNTEXT sein? Aktivieren Sie die Checkbox vor diesem Eintrag und geben Sie im auftauchenden Fenster Ihren gewünschten Vorspanntext ein. Schließen Sie das Fenster per Klick auf ÜBERNEHMEN.

Abbildung 2.7: Dialog INTRO-TEXT EDITIEREN

Mit der Schaltfläche TEXT EDITIEREN lässt sich der Vorspanntext noch nachträglich verändern.

11. Steuern Sie mit dem Schieberegler unter EFFEKTE: HÄUFIGKEIT UND INTENSITÄT die automatischen Effekte.

12. Klicken Sie auf die Schaltfläche ERWEITERT, um die verwendeten Effekte selbst festzulegen.

Abbildung 2.8: Schaltfläche ERWEITERT

13. Je nachdem, welche Effekte Ihnen zusagen oder auch nicht, aktivieren bzw. deaktivieren Sie diese durch Setzen oder Entfernen der Häkchen vor den Einträgen der verwendeten Effekte der Fotoshow.

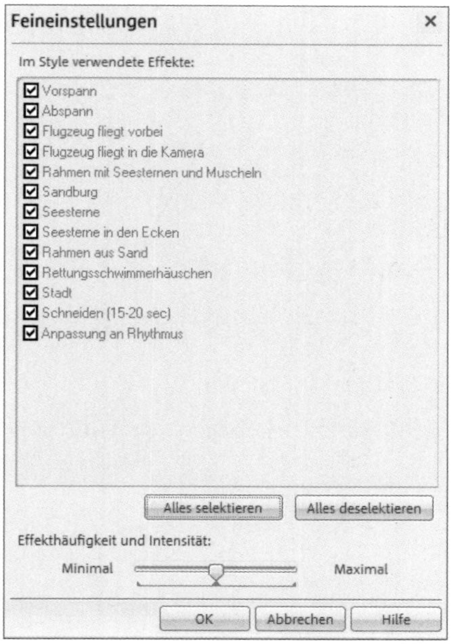

Abbildung 2.9: Feineinstellungen festlegen

14. Klicken Sie auf die Schaltfläche STYLE ANWENDEN (VORSCHAU) und begutachten Sie das Ergebnis in der VORSCHAU.

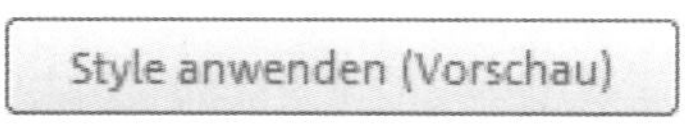

Abbildung 2.10: Schaltfläche STYLE ANWENDEN (VORSCHAU)

15. Klicken Sie auf die Schaltfläche ÜBERNEHMEN, wenn Sie mit dem Ergebnis zufrieden sind.

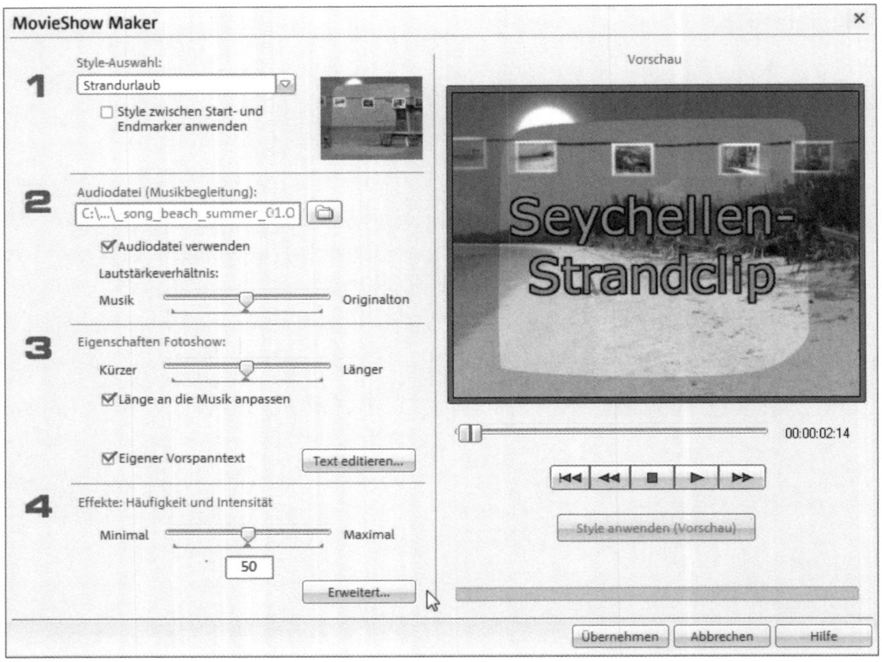

Abbildung 2.11: Übernehmen

16. Klicken Sie oben links auf die Schaltfläche mit dem Diskettensymbol und speichern Sie Ihre Fotoshow ab.

Abbildung 2.12: Schaltfläche zum Abspeichern

Disc brennen

Gleich ist es geschafft. Nur noch schnell die Menüvorlage für das DVD-Menü aussuchen, und schon können Sie Ihr erstes Projekt auf DVD verewigen.

1. Klicken Sie im Hauptprogrammfenster ganz oben rechts auf die BRENNEN-Schaltfläche.

Abbildung 2.13: BRENNEN-Schaltfläche

Prompt wechselt die Programmoberfläche das Aussehen. In der Mitte sehen Sie die Vorschau des Auswahlmenüs. Dieses Menü wird später auch beim Einlegen der Disc in den DVD-Player auf dem Fernseher erscheinen. Unten steht eine ganze Reihe vorgefertigter Menüvorlagen zur Verfügung. Daneben sind die verschiedenen Arten der Menüvorlagen in einer Art Baumstruktur angeordnet.

Ganz rechts befinden sich die Schaltflächen zum Aufruf des BRENNEN-Dialogs und des Druck Centers.

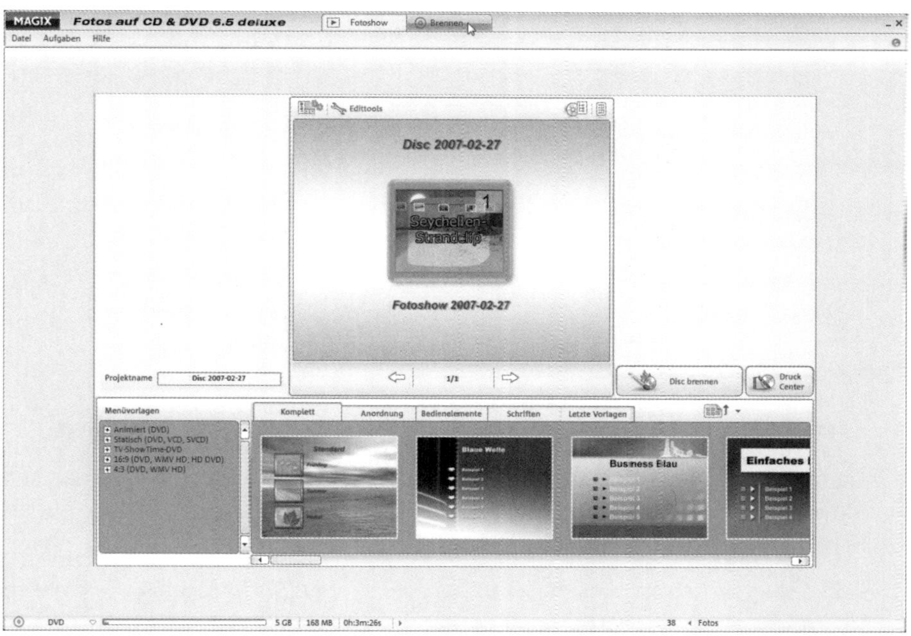

Abbildung 2.14: BRENNEN-Bildschirm

Belassen Sie es für den Anfang bei einer der vorgefertigten Menüvorlagen.

2. Suchen Sie sich im Register Komplett eine Vorlage aus, die Ihnen gefällt, und führen Sie einen Doppelklick darauf aus, um sie dem Menü zuzuweisen.

   Sofort wird die neue Menüvorlage in der Vorschau darüber angezeigt.

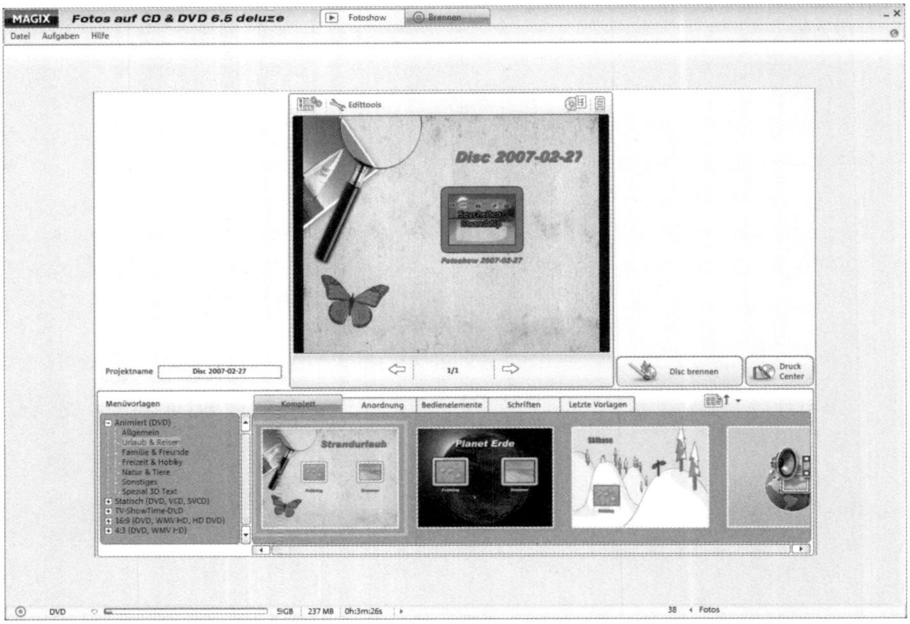

Abbildung 2.15: Gewünschte Menüvorlage auswählen

3. Klicken Sie auf die Schaltfläche Disc brennen.

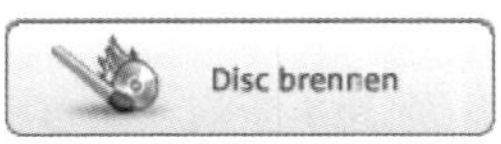

Abbildung 2.16: Schaltfläche Disc brennen

   Es erscheint der Dialog Discauswahl.

4. Da die Fotoshow mit einem DVD-Player am Fernseher abgespielt werden soll, aktivieren Sie die Checkbox vor für DVD-Player und Fernseher und klicken auf die Schaltfläche DVD (vgl. Abbildung 2.17).

   Falls Sie es bisher noch nicht getan haben, erhalten Sie jetzt die Aufforderung, Ihr Projekt abzuspeichern.

   Weiter geht es mit dem Dialog Disc für DVD-Player brennen.

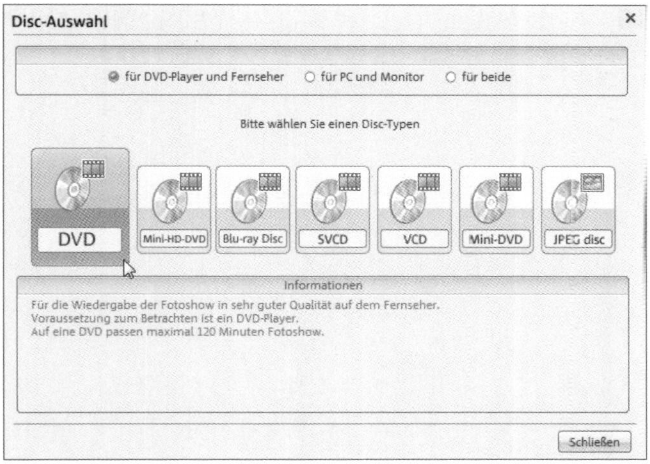

Abbildung 2.17: Dialog Discauswahl

5. In diesem Dialog nehmen Sie Einstellungen vor, die den Brenner sowie die einzelnen Details des Brennvorgangs betreffen.

6. Legen Sie einen leeren DVD-Rohling in Ihren DVD-Brenner (DVD+R, DVD-R, DVD+RW oder DVD-RW) und wählen Sie ggf. den Brenner und die Brenngeschwindigkeit aus. Normalerweise legt MAGIX Fotos auf CD & DVD diese Einstellungen jedoch automatisch fest.

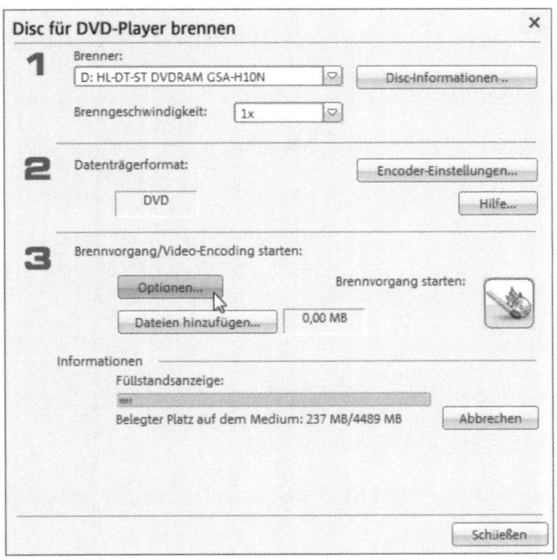

Abbildung 2.18: Dialogfenster Disc für DVD-Player brennen

7. Klicken Sie auf die Optionen-Schaltfläche. Überzeugen Sie sich im Dialog Brennoptionen davon, dass sich vor Buffer-Underrun-Schutz aktivieren ein Häkchen befindet, und schließen Sie das Fenster mit der gleichnamigen Schaltfläche.

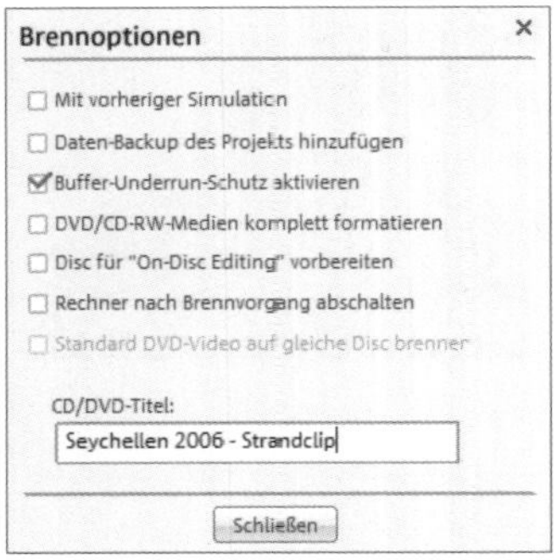

Abbildung 2.19: Brennoptionen

8. Jetzt klicken Sie nur noch auf die Schaltfläche Brennvorgang starten, um das Projekt auf den eingelegten DVD-Rohling zu brennen.

Abbildung 2.20: Die Schaltfläche Brennvorgang starten

Die Statusbalken im Bereich Informationen am unteren Rand des Dialogfensters informieren Sie über die Fortschritte. Sobald der Brennvorgang abgeschlossen ist, erhalten Sie eine Erfolgsmeldung.

Abbildung 2.21: Brennvorgang war erfolgreich

9. Klicken Sie auf OK und nehmen Sie die DVD aus dem Brenner. Probieren Sie die Disc in Ihrem DVD-Player am Fernseher oder am PC gleich einmal aus.

Kapitel 3

Die großartige Fotoshow – in 10 Workshops zum eigenen Meisterstück

Im folgenden Kapitel zeige ich Ihnen in leicht verständlichen Schritten die Entstehung einer Fotoshow – beginnend beim Import der Bilder aus den unterschiedlichen Quellen über Bildoptimierung und Fehlerkorrektur, den Einsatz von Blenden, Effekten und Bewegungen bis zum Umgang mit Texten, Rahmen, Sounds etc. Sie lernen, ein DVD-Menü zu gestalten, und brennen Ihr Werk auf Disc. Abschließend erhalten Sie noch allerlei Informationen über die vielfältigen Exportfunktionen von MAGIX Fotos auf CD & DVD.

Workshop 1: Importieren der Bilder

Zuallererst stehen einige Vorarbeiten an. Sie erfahren, wie Sie die meist verstreuten Bilder auf Ihrer Festplatte finden können und wie Fotos aus Verzeichnissen, vom Scanner, der Digitalkamera und aus Videos importiert werden. Ein weiterer Punkt ist das Optimieren der Bilder Ihrer Fotoshow mit Foto Cleaning. Abschließend zeige ich Ihnen interessante Filterfunktionen des Bildbearbeitungsprogramms MAGIX Foto Clinic. Dazu gibt es Tipps und Tricks.

Bilder auf der Festplatte finden

Ich hoffe, ich bin nicht der Einzige, der seine Bilder nicht im Ordner Eigene Bilder aufbewahrt, obwohl sie dort eigentlich hingehören. Oft sind sie nach vielen Jahren über die ganze Festplatte verstreut. Glücklicherweise können sie aber mit Windows-Bordmitteln recht einfach gefunden werden.

Text und Bilder ersetzen:

1. Klicken Sie auf START (Windows-Schaltfläche) und wählen Sie SUCHEN aus.

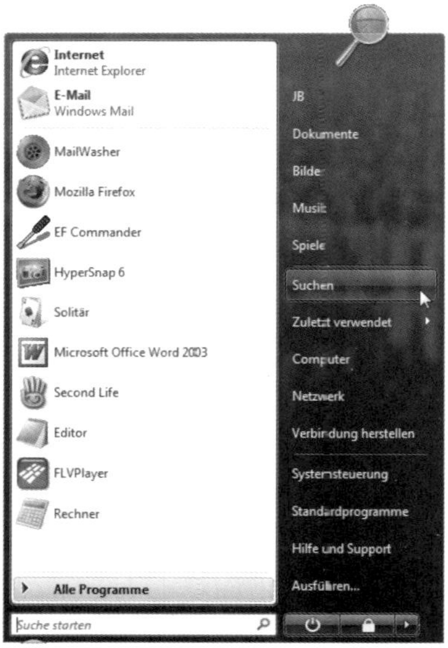

Abbildung 3.1: Beginn der Bildersuche

2. Klicken Sie im folgenden Dialog auf die Schaltfläche BILD.

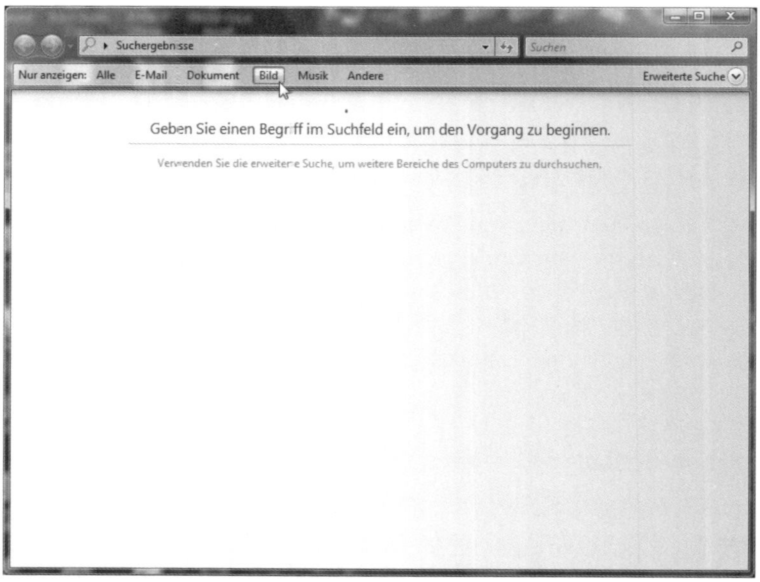

Abbildung 3.2: Wonach wollen Sie suchen?

3. Geben Sie in das Feld Suchen einen Asterisk (*) ein.

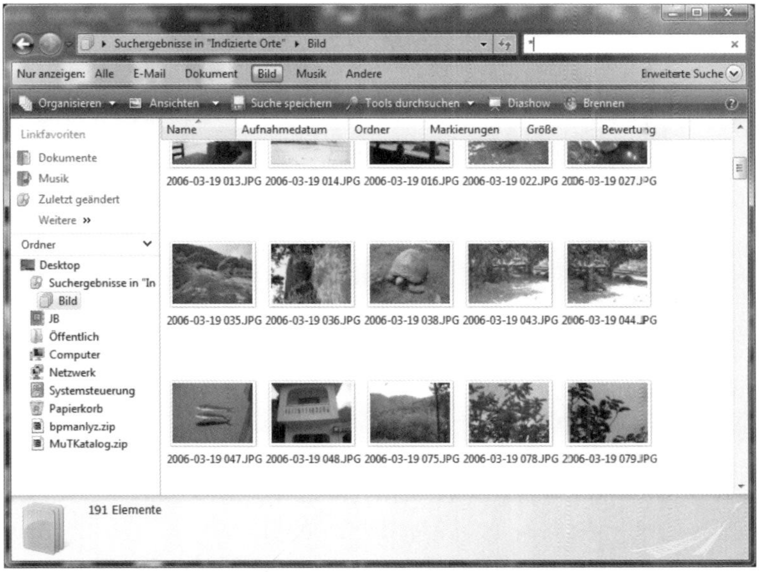

Abbildung 3.3: Suche starten

Sofort startet die Suche, die je nach Menge der Bilder auf Ihrem Rechner etwas dauern kann.

4. Öffnen Sie ein weiteres Explorer-Fenster und legen Sie ein paar Ordner an, um Ihre Bilder (grob) nach Kategorien vorzusortieren, beispielsweise: Tiere, Urlaub, Pflanzen etc.

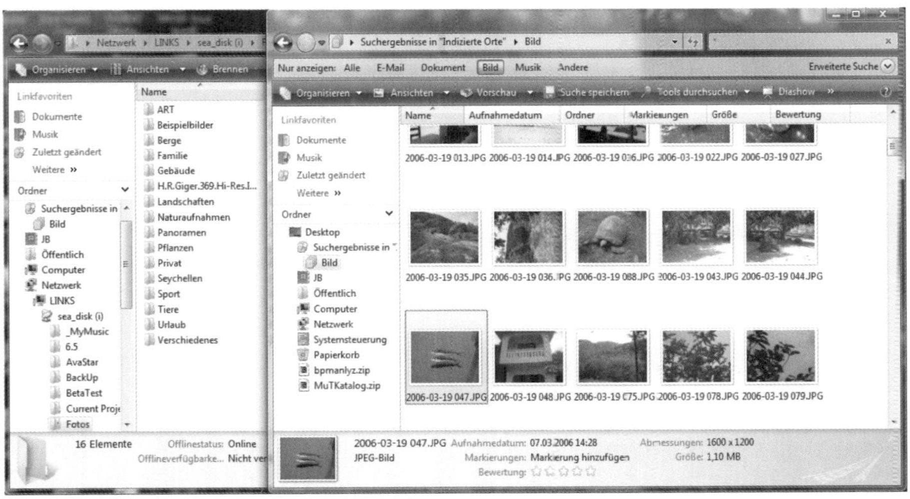

Abbildung 3.4: Jetzt wird einsortiert!

5. Markieren Sie ein Bild (oder mehrere mit gedrückter [Strg]-Taste) und ziehen Sie Ihre Auswahl per Drag&Drop auf das entsprechende Ordnersymbol, um es dort einzuordnen.

6. Fahren Sie fort, bis alles – zumindest im Groben – geordnet ist. Sie ersparen sich auf diese Weise später viel Zeit und Arbeit.

Bilder aus einem Verzeichnis einfügen

1. Starten Sie MAGIX Fotos auf CD & DVD mit einem Doppelklick auf das Desktop-Symbol.

2. Vergeben Sie im Feld unter NAME FÜR DAS NEUE DISC-PROJEKT einen aussagekräftigen Namen.

3. Wählen Sie hinter ANZEIGEDAUER FÜR JEDES FOTO eine Zeit von 10 Sekunden aus. Aktivieren Sie anschließend die Checkbox vor FOTOS AUTOMATISCH MIT EFFEKTEN ÜBERBLENDEN und bestätigen Sie mit OK.

4. Steuern Sie im Media Pool das Verzeichnis an, in dem sich die Bilder für die geplante Fotoshow befinden. Öffnen Sie es und befördern Sie die Fotos per Drag&Drop (oder Doppelklick) nach unten ins Storyboard.

> ▶ TIPP
>
> Wollen Sie den kompletten Inhalt eines Ordners einfügen, markieren Sie einfach mit [Strg]+[A] sämtliche Dateien und ziehen diese ins Storyboard.

Animierte GIF-Dateien

Mussten bei früheren Ausgaben von MAGIX Fotos auf CD & DVD animierte GIF-Dateien stets umständlich ins AVI-Format konvertiert werden, um in Fotoshows verwendet werden zu können, unterstützt Version 6.5 nun erstmals auch diese.

Abbildung 3.5: Animierte GIF-Datei

Eigene Bildanimationen

Im Internet gibt es eine ganze Reihe leistungsfähiger und kostenloser Programme zur Bildanimation, die sich leicht mittels der gängigen Suchmaschinen finden lassen. Die passenden Bilder können Sie mit etwas Geschick selbst in MAGIX Foto Clinic erstellen.

1. Starten Sie MAGIX Foto Clinic per Doppelklick auf das Desktopsymbol und kreieren Sie ein Bild, am besten thematisch zu Ihrer Fotoshow passend.
2. Wählen Sie das Werkzeug RECHTECKMASKE, ziehen Sie einen Rahmen um die Bildinhalte, die später bewegt werden sollen, und kopieren Sie diese Auswahl mit [Strg]+[C] in die Zwischenablage.

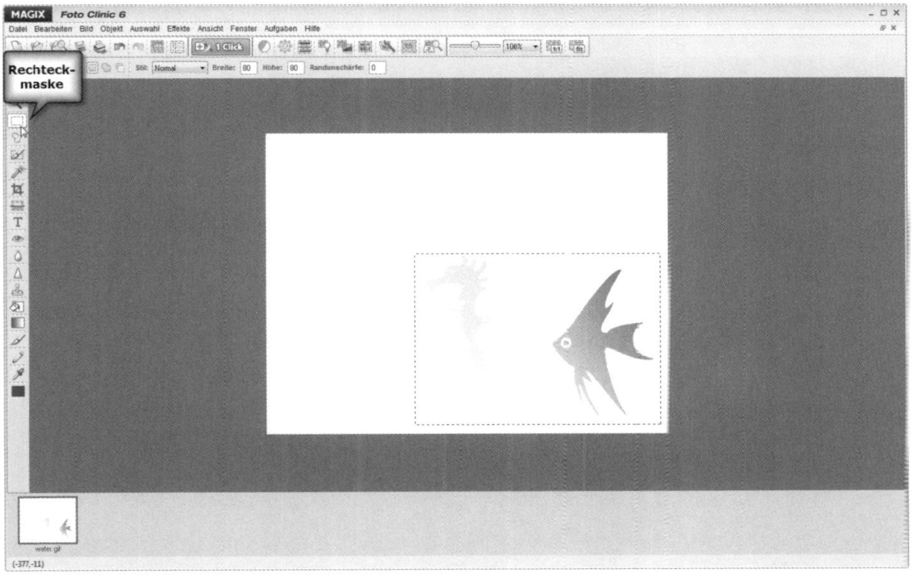

Abbildung 3.6: Werkzeug RECHTECKMASKE

3. Wählen Sie DATEI/NEU.

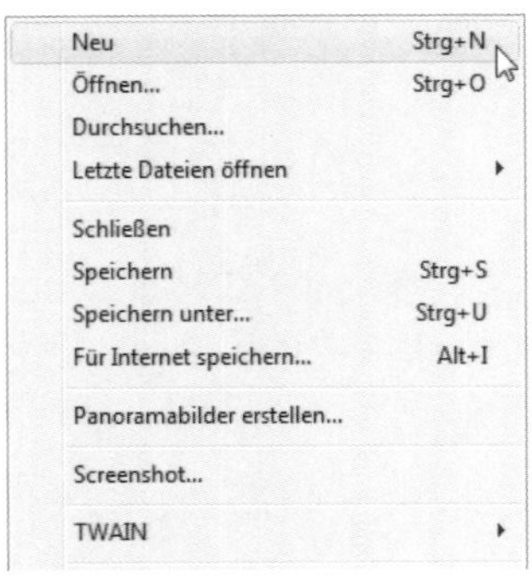

Abbildung 3.7: DATEI/NEU

4. Wählen Sie im Dialog NEUES BILD eine BREITE von 640 PIXEL und eine HÖHE von 480 PIXEL. Bestätigen Sie mit OK.

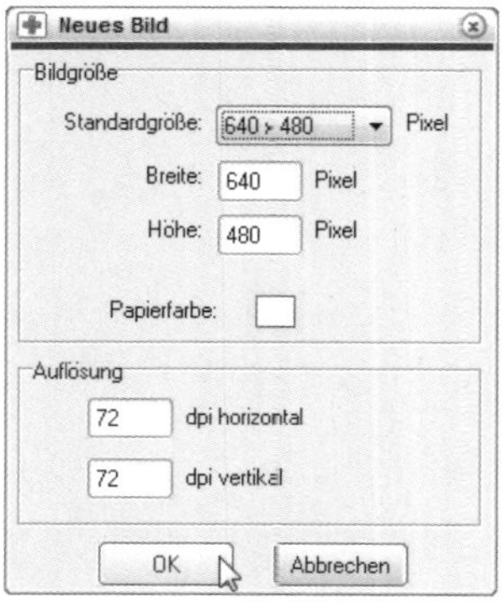

Abbildung 3.8: Bildgröße festlegen

5. Klicken Sie mit rechts in das noch leere Bild und wählen Sie im Menü EINFÜGEN/ALS OBJEKT aus, um Ihre Auswahl aus Schritt 2 als Objekt einzufügen.

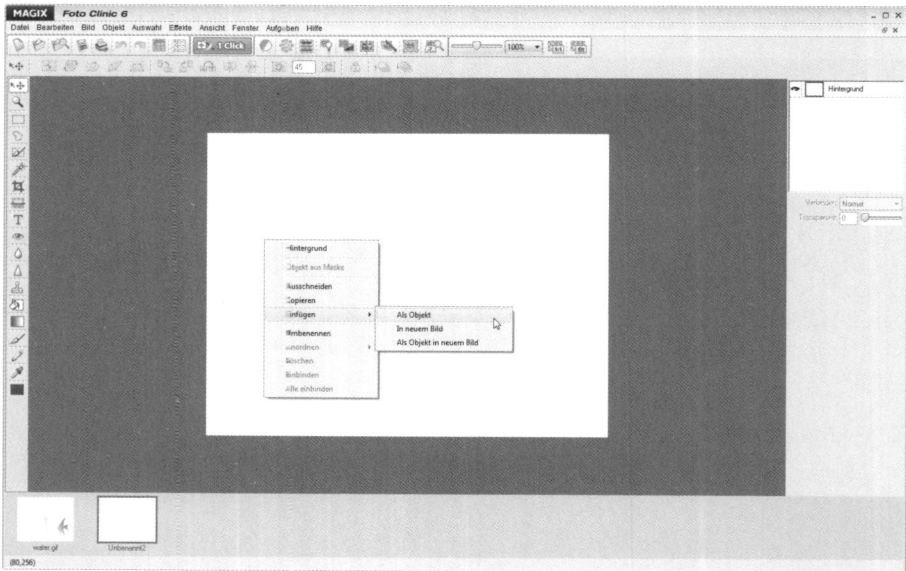

Abbildung 3.9: EINFÜGEN/ALS OBJEKT

Im Beispiel sollen sich Seepferd und Fisch später von rechts nach links durch das Bild bewegen.

6. Klicken Sie auf dieses Objekt, halten Sie die linke Maustaste gedrückt und verschieben Sie es so weit nach rechts, dass – ähnlich dem Beispiel – nur noch ein Stück davon zu sehen ist.

   Das soll das Startbild der Animation sein.

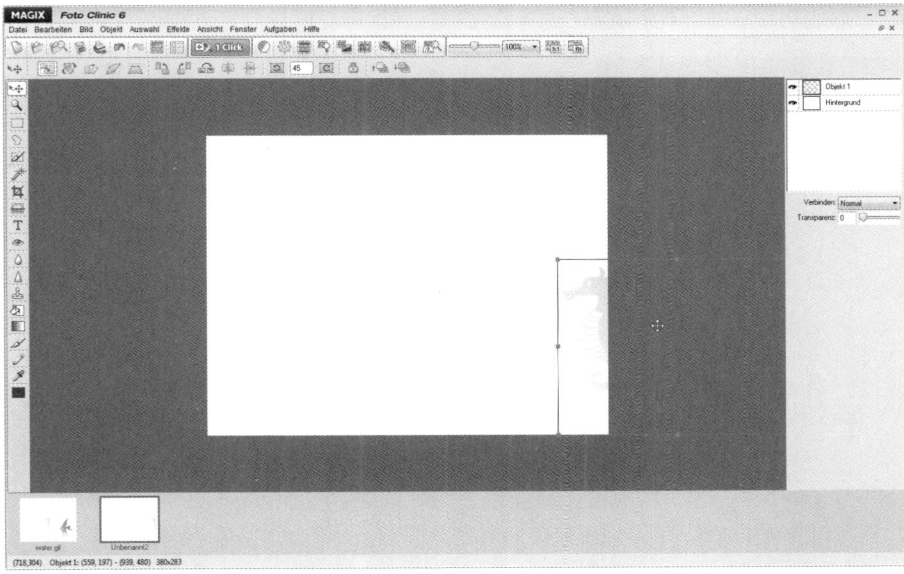

Abbildung 3.10: Objekt verschieben

7. Klicken Sie im Programm-Menü auf OBJEKT/ALLE EINBINDEN.

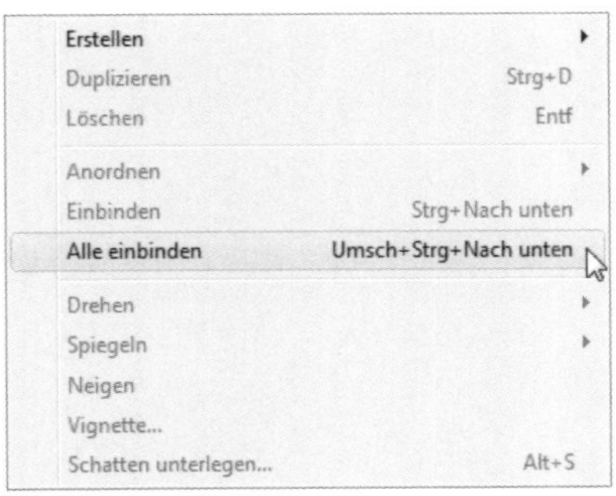

Abbildung 3.11: OBJEKT/ALLE EINBINDEN

8. Wählen Sie DATEI/SPEICHERN UNTER.

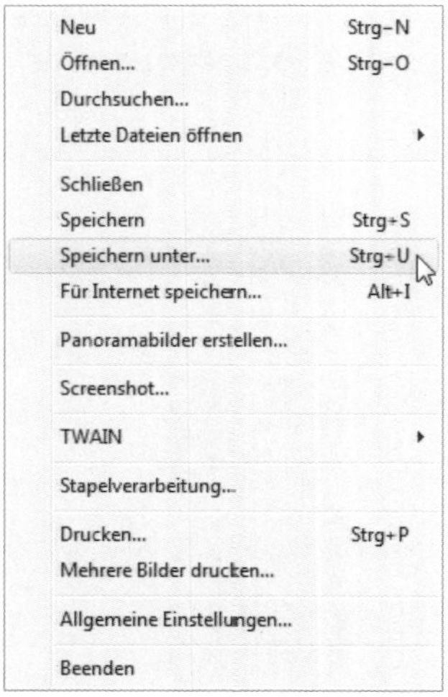

Abbildung 3.12: Datei/Speichern unter

9. Als Dateityp legen Sie das GIF-Format fest, geben dem Bild einen Namen und speichern dann das Ganze per Klick auf Speichern ab.

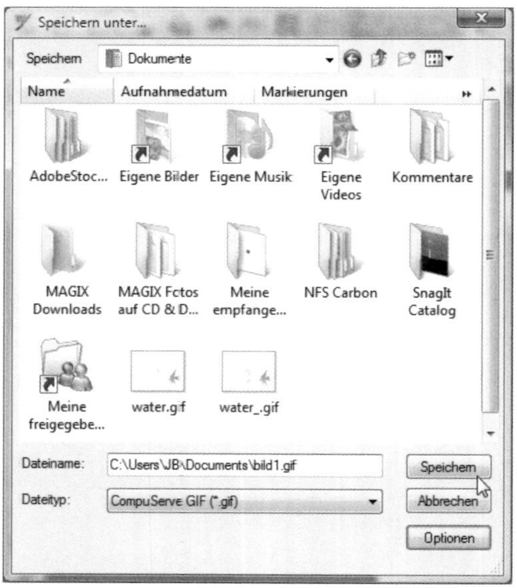

Abbildung 3.13: Bild abspeichern

10. Wiederholen Sie die Schritte 3 bis 9 und schieben Sie das Objekt jedes Mal ein Stückchen weiter nach links, bis sein sichtbarer Inhalt vollkommen aus dem linken Bildrand herausgewandert ist.

Abbildung 3.14: Objekt stückchenweise nach links verschieben

Mittels der heruntergeladenen Animationssoftware wird aus diesen vielen Bildern ein einzelnes, in dem die Einzelbilder nacheinander gezeigt werden und so die Illusion einer Bewegung entsteht. Je nach Ausführung der Software können u. a. Anzeigedauer, Bildqualität usw. zusätzlich verändert werden.

11. Speichern Sie Ihre animierte GIF-Datei nun ab.

Die so erstellte Animation lässt sich prima etwa zur Auflockerung der Fotoshow einsetzen.

12. Ziehen Sie die Datei einfach aus dem Ordner an die gewünschte Stelle Ihrer Fotoshow im Storyboard.

> ▶ ACHTUNG
>
> Wundern Sie sich nicht, wenn Sie Ihre Animation im STORYBOARD-Modus nicht sehen.

▶ ACHTUNG (FORTS.)

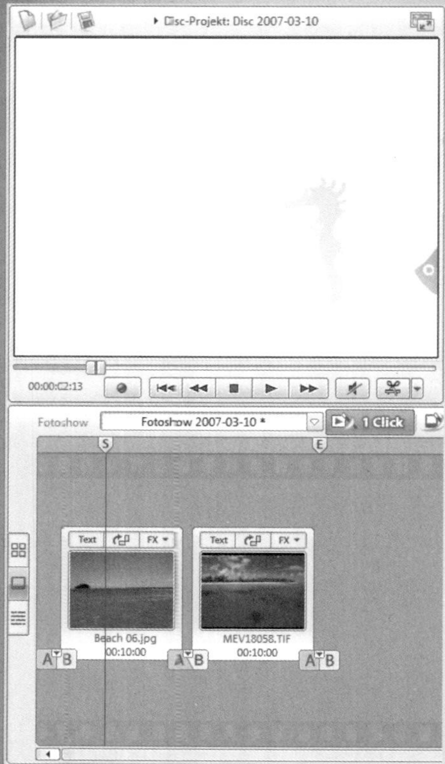

Abbildung 3.15: Wo ist die Animation?

MAGIX Fotos auf CD & DVD legt animierte Bilder gewöhnlich in der Textspur ab. Ein Umschalten in den TIMELINE-Modus fördert sie zutage und erlaubt entsprechende Anpassungen.

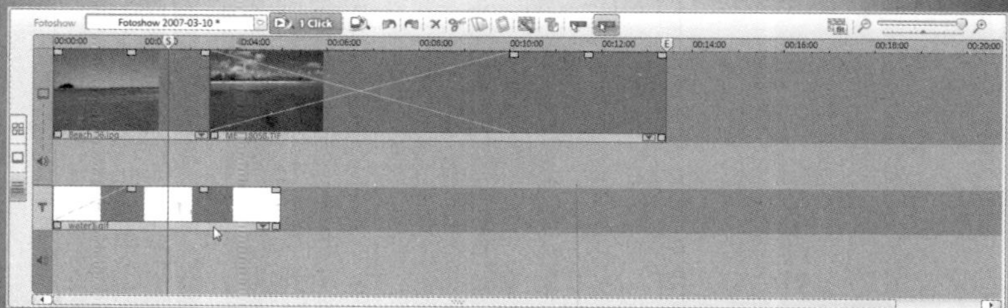

Abbildung 3.16: Da ist sie ja!

▶ TIPP

Es ist ebenso möglich, Dateien direkt aus dem Explorer ins Storyboard zu ziehen.

▶ ZEIT SPAREN DURCH SHORTCUTS IM MEDIA POOL

Sie können beliebige Verzeichnisse in Form von Schaltflächen (Shortcuts) hinzufügen. Das spart Zeit, denn Sie haben Ihre Verzeichnisse stets griffbereit, ohne sie jedes Mal erneut ansteuern zu müssen.

1. Klicken Sie mit der rechten Maustaste auf eine der Schaltflächen links und wählen Sie im Kontextmenü VERKNÜPFUNG ERSTELLEN aus.

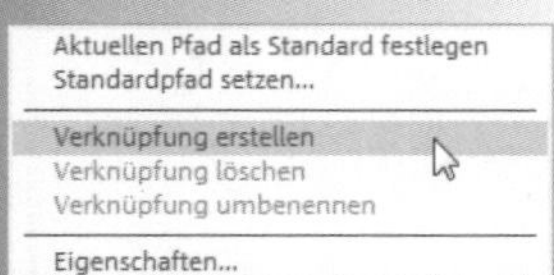

Abbildung 3.17: VERKNÜPFUNG ERSTELLEN aus dem Kontextmenü aufrufen

2. Bewegen Sie sich in das gewünschte Verzeichnis auf Ihrem Rechner und klicken Sie auf ÖFFNEN.

▶ ZEIT SPAREN DURCH SHORTCUTS IM MEDIA POOL (FORTS.)

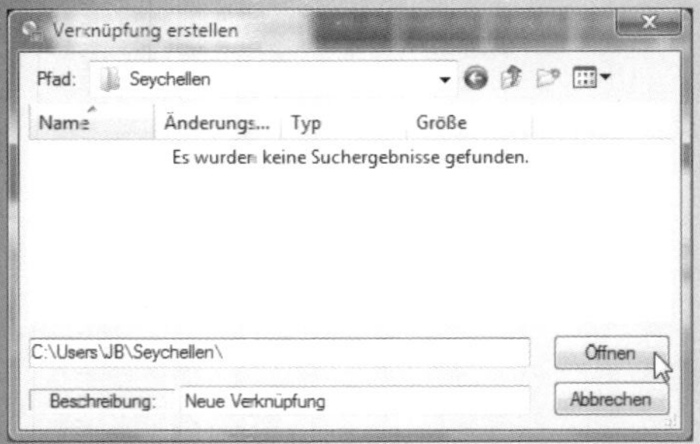

Abbildung 3.18: Fenster VERKNÜPFUNG ERSTELLEN

Sie sehen eine neue Schaltfläche, die den Namen des eben ausgewählten Ordners trägt.

Abbildung 3.19: Sie haben eine neue Schaltfläche

Soll das aktuelle Verzeichnis als Shortcut hinzugefügt werden, wählen Sie im Kontextmenü (Rechtsklick mit der Maus auf irgendeine Datei im Media Pool) den Punkt ORDNER ALS LINK. Eine neue Schaltfläche mit dem Namen des aktuellen Verzeichnisses erscheint dann unterhalb der letzten.

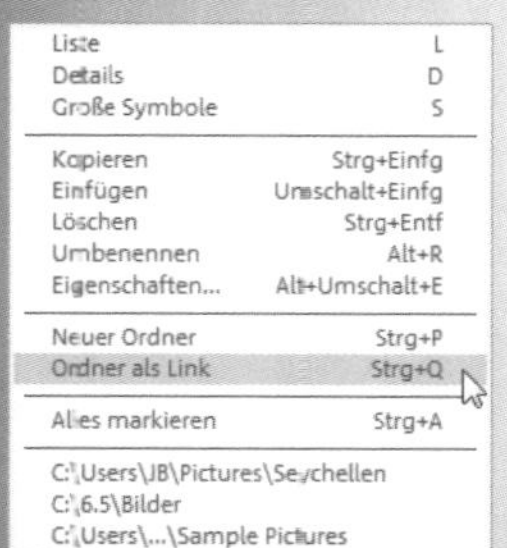

Abbildung 3.20. ORDNER ALS LINK *einrichten*

▶ HINWEIS

Über die Schaltfläche DATENBANK im Media Pool haben Sie direkten Zugriff auf alle Fotos, Videos und Musik aus anderen MAGIX-Media-Datenbank-Produkten. Mit den im Lieferumfang von MAGIX Fotos auf CD & DVD enthaltenen Zusatzprogrammen MAGIX Foto Manager 2007 und MAGIX Music Manager 2006 können Sie hierfür alle Multimediadateien Ihres PCs komfortabel erfassen, optimieren, verwalten und in der deluxe-Version mit MAGIX Music Editor sogar umfassend bearbeiten.

Import vom Scanner

Vielleicht kennen Sie ja das Problem? Sie sind auf einer Rundreise, haben gerade mal einen Tag Zeit und ausgerechnet jetzt wütet ein Sturm am Traumstrand oder der Berg ist in Nebel gehüllt. Hier hilft ein kleiner Trick: Kaufen Sie einfach eine schöne Postkarte, scannen Sie diese zu Hause und fügen Sie sie in Ihre Fotoshow ein. Kaum einer wird den kleinen Schwindel bemerken.

▶ TIPP

Ebenso eignen sich Papierfotos, Münzen, Tickets, Blütenblätter etc.

1. Legen Sie die Postkarte in Ihren Scanner und wählen Sie im Programm-Menü DATEI/TWAIN SCANNER / KAMERA/QUELLE AUSWÄHLEN.

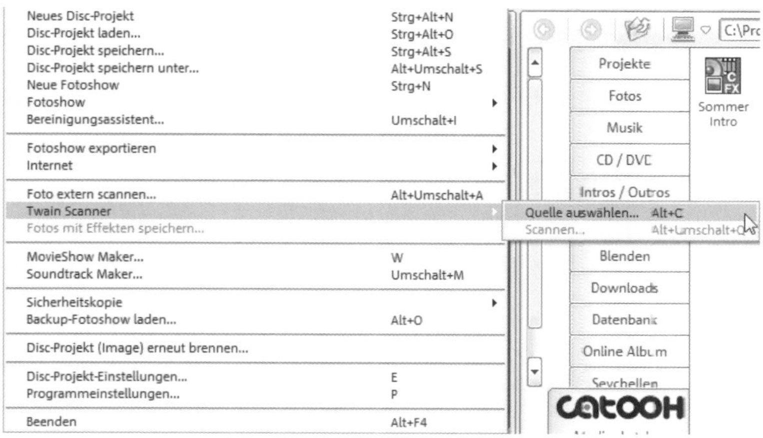

Abbildung 3.21: QUELLE AUSWÄHLEN

2. Markieren Sie den Scanner und bestätigen Sie mit WÄHLEN.

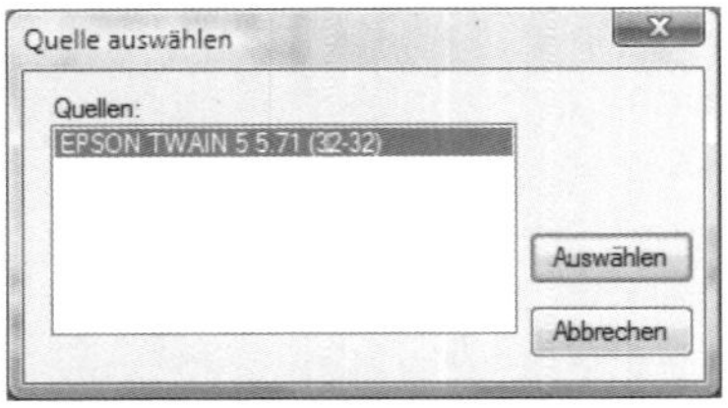

Abbildung 3.22: Scanner auswählen

3. Klicken Sie im Programm-Menü auf DATEI und wählen Sie im Kontextmenü den Punkt TWAIN SCANNER/SCANNEN aus.

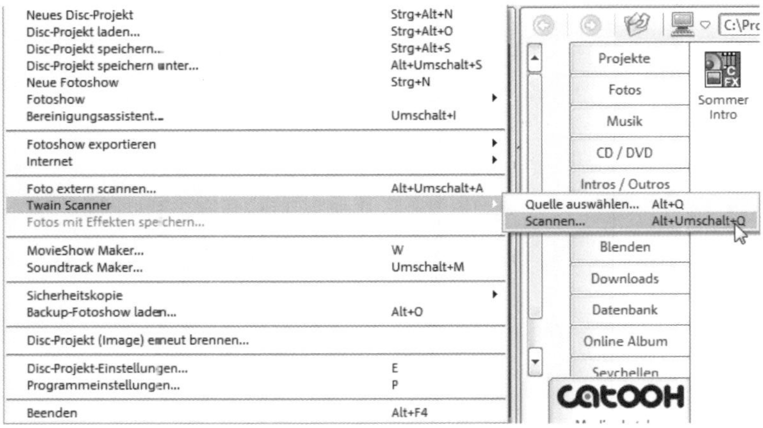

Abbildung 3.23: Der Weg zum Scannen: DATEI/TWAIN SCANNER/KAMERA/SCANNEN

Der Scanner wird gestartet und das Dokument digitalisiert.

Abbildung 3.24: Scanvorgang

4. Geben Sie dem gescannten Bild einen passenden Namen. Bestimmen Sie weiterhin unter Datei(en) in folgendem Ordner speichern den Speicherort, die Voreinstellung *.bmp (normal) im Bereich Speicherformat lassen Sie unverändert. Klicken Sie auf OK.

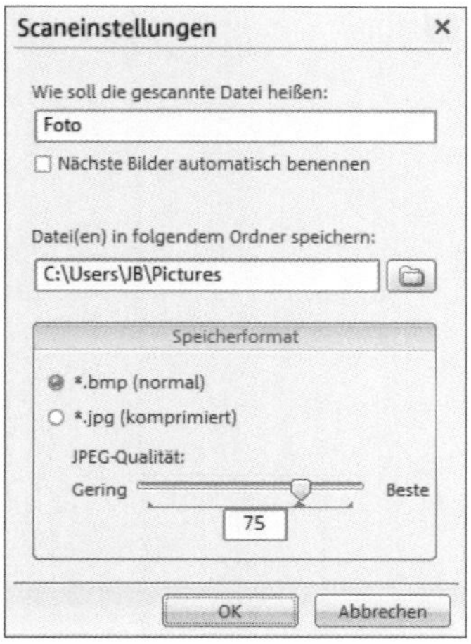

Abbildung 3.25: Fenster Scaneinstellungen

Automatisch wird das Bild nun ins Storyboard eingefügt.

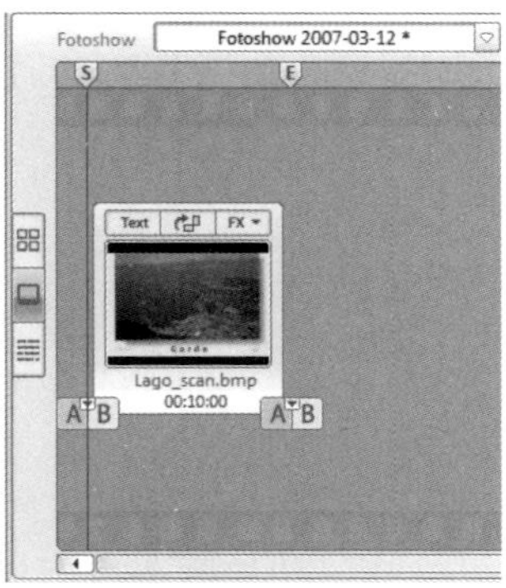

Abbildung 3.26: Bild im Storyboard

Bilder von Digitalkamera importieren

Natürlich können Sie mit MAGIX Fotos auf CD & DVD auch Bilder von einer Digitalkamera importieren.

1. Verbinden Sie Ihre Digitalkamera mit dem Rechner.
2. Nach Erkennung der Kamera durch das Computersystem (es erscheint ein entsprechendes Symbol in der Taskleiste) klicken Sie im Media Pool auf die Schalt-

fläche mit dem Computersymbol. Wählen Sie die Speicherkarte der Digitalkamera aus (diese wird fast immer als Wechseldatenträger angezeigt).

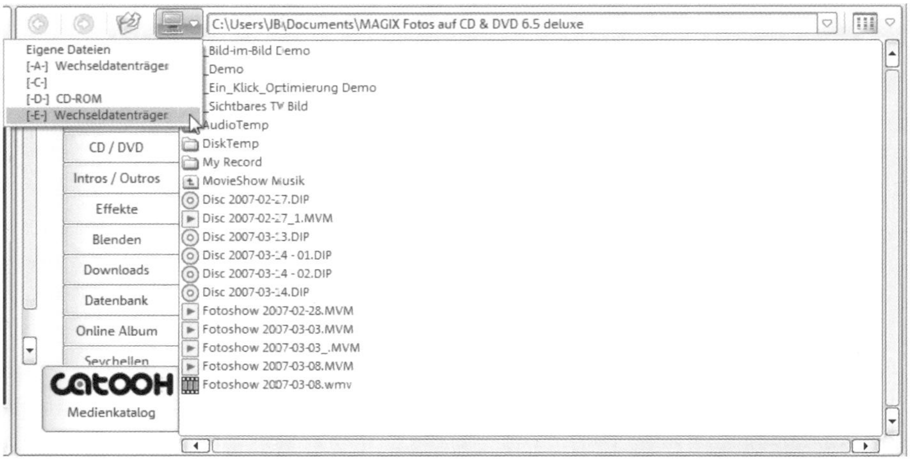

Abbildung 3.27: Wechseldatenträger auswählen

Der Inhalt der Speicherkarte wird daraufhin im Media Pool angezeigt.

3. Markieren Sie das gewünschte Foto mit dem Mauszeiger (oder mehrere mit gedrückt gehaltener [Strg]-Taste) und ziehen Sie Ihre Auswahl per Drag&Drop ins Storyboard.

▶ TIPP

MAGIX Fotos auf CD & DVD speichert genau genommen nicht die Bilder der Fotoshows, sondern nur deren Pfade, also ihre Speicherorte ab. Aus diesem Grund sollten Sie Bilder von Digitalkameras besser in einem Ordner auf der Festplatte speichern, bevor Sie sie in die Fotoshow integrieren. Anderenfalls müsste die Digitalkamera bei jedem Laden und Bearbeiten der Fotoshow mit dem Rechner verbunden sein, da das Programm die betreffenden Bilder sonst nicht finden kann.

Bilder aus Videoquelle importieren (nur deluxe-Version)

Über die Funktion Einzelbildaufnahme können Sie Schnappschüsse direkt von einer angeschlossenen Videoquelle aufnehmen. Hierfür ist eine DirectShow-kompatible TV-Karte oder ein entsprechendes USB-Gerät (beispielsweise eine Webcam) erforderlich. Ferner ist es möglich, die Aufnahme mithilfe der Zeitsteuerung zu automatisieren, um etwa Fotostorys aus Videos zu erstellen, zu Videoüberwachungen, für Zeitrafferaufnahmen oder Daumenkino und Ähnliches.

1. Beginnen Sie ein neues Disc-Projekt.

2. Klicken Sie auf die AUFNAHME-Schaltfläche unterhalb des Vorschaumonitors.

Abbildung 3.28: Aufnahme starten

3. Wählen Sie EINZELBILD als Aufnahmequelle aus.

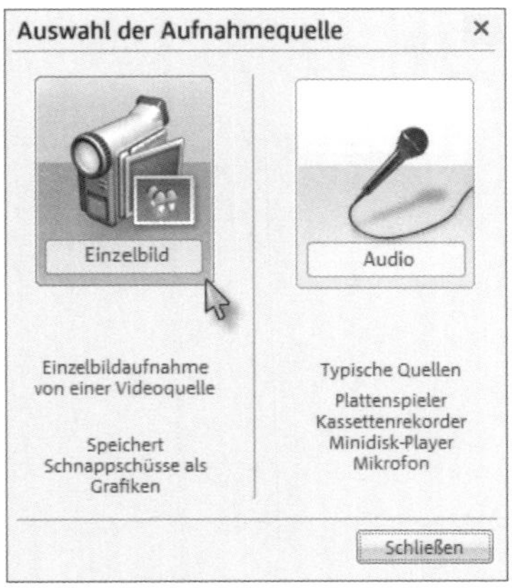

Abbildung 3.29: EINZELBILD auswählen

4. Wählen Sie im Bereich VIDEOQUELLE die Videokarte oder das USB-Gerät für die Aufnahme aus.

5. Geben Sie unter EINZELBILD SPEICHERN ALS den Titel Ihrer aufzunehmenden Schnappschüsse ein.

   Die Schnappschüsse werden dann mit diesem Namen und einer fortlaufenden Nummer gespeichert. Optional können Sie das Speicherverzeichnis auswählen.

6. Legen Sie unter AUFLÖSUNG die Auflösung der Aufnahme fest.

Diese richtet sich nach den von der Kamera bereitgestellten Auflösungen. Mit dem Schieberegler lässt sich die Bildqualität einstellen.

▶ HINWEIS

Je höher die Qualität, desto höher ist auch die Dateigröße.

Über die Schaltfläche ERWEITERT erreichen Sie den Einstellungsdialog des Videotreibers.

7. Setzen Sie ein Häkchen vor die Option KAMERAGERÄUSCH BEI DER AUFNAHME, damit zur akustischen Kontrolle bei jedem erfolgten Snapshot ein Klickgeräusch abgespielt wird.
8. Aktivieren Sie mit einem Häkchen im Bereich ZEITGESTEUERTE AUFNAHME die Option AUFNAHME IM INTERVALL VON und geben Sie einen Zeitabstand an, in dem die Snapshots gespeichert und fortlaufend nummeriert werden sollen.
9. Unter FOTOLÄNGE IN FRAMES legen Sie fest, mit welcher Länge das Foto in die Fotoshow eingefügt werden soll.
10. Mit dem roten AUFNAHME-Button lösen Sie die Aufnahme aus (bzw. starten Sie die Aufnahmeserie bei Zeitsteuerung).

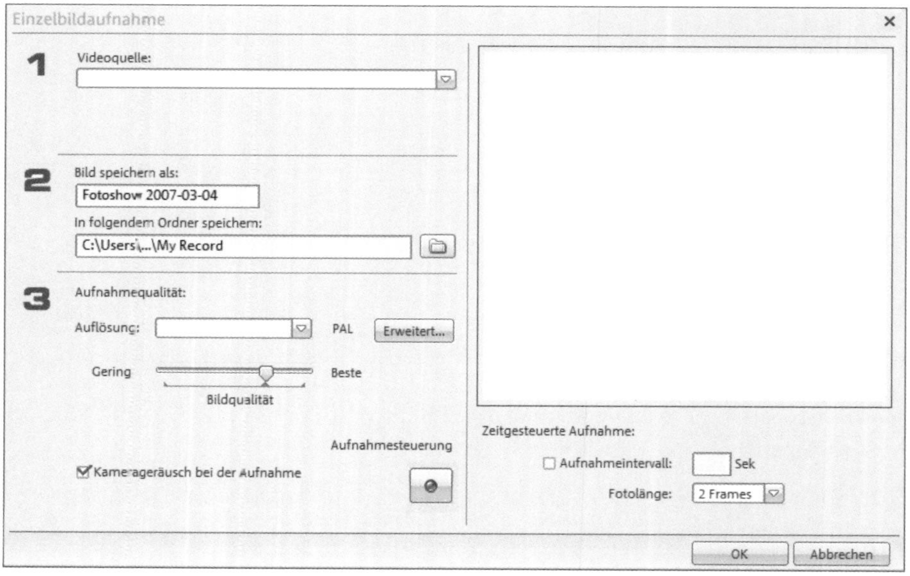

Abbildung 3.30: Einstellungen für die Einzelbildaufnahme

Alle aufgenommenen Bilder werden in die geöffnete Fotoshow eingefügt.

Workshop 2: Bilder optimieren mit Video Cleaning und Foto Clinic

In diesem Abschnitt stehen die Optimierung und Nachbearbeitung Ihrer Bilder auf dem Programm. Es passiert trotz all der Elektronik hin und wieder, dass die Belichtung nicht 100-prozentig stimmt, die Bildschärfe nachbesserungsbedürftig ist, Porträts einem rotäugig entgegenlachen usw. Für diese Fälle bringt MAGIX Foto auf CD & DVD praktische Werkzeuge mit, die Ihnen helfen, das Optimum aus Ihren Bildern herauszuholen.

Da gibt es zunächst den Video Cleaning-Editor, mit dem Störungen im Foto- oder Videomaterial korrigiert werden können. Dieser Editor wird über das Kontextmenü der FX-Schaltfläche (im Storyboard-Modus) gestartet. Daraufhin erscheint das Dialogfenster Foto optimieren, in dem Sie mittels Registerkarten auswählen können, welche Cleaning-Funktionen eingesetzt werden sollen: Belichtung, Farben, Bildschärfe oder TV-Bild. Auf der rechten Seite befindet sich eine Vorschau für die aktuellen Einstellungen. Mit einem Schieberegler können Sie verschiedene Stellen Ihrer Fotoshow ansteuern, um zu überprüfen, welche Wirkung die ausgewählte Einstellung auf das Bildmaterial hat.

Durch Setzen eines Häkchens vor Alle Effekte vorübergehend deaktivieren schalten Sie sämtliche Effekte aus. Sie haben so direkte Vergleichsmöglichkeiten zwischen Original und Bearbeitung.

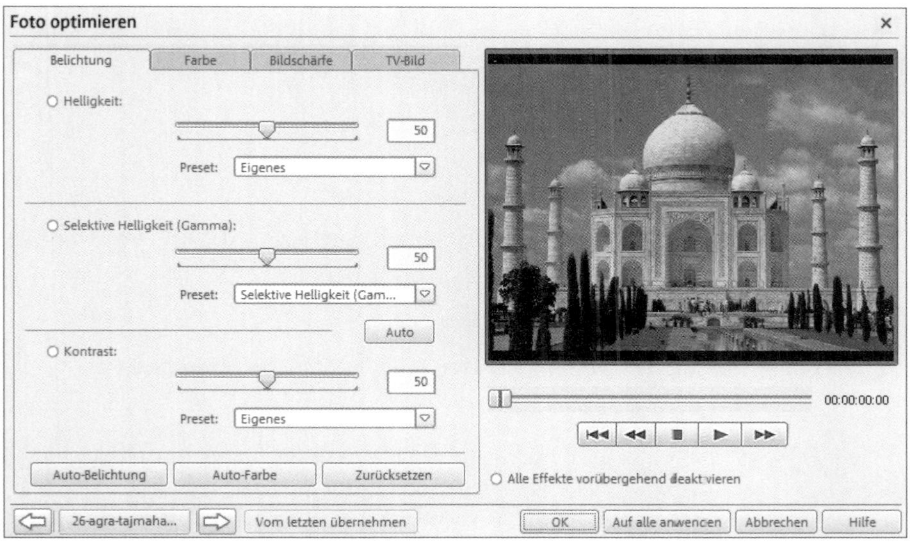

Abbildung 3.31: Dialogfenster Foto optimieren

Sinnvolle Voreinstellungen stehen in Form von Presets zur Verfügung und können aus Dropdown-Menüs ausgewählt und getestet werden.

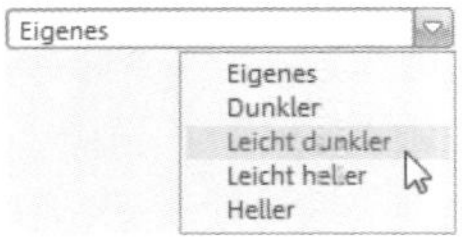

Abbildung 3.32: Preset (im Beispiel für Helligkeit)

Über die Auto-Schaltflächen erreichen Sie oftmals mit einem einzigen Klick eine gute Effekteinstellung.

Abbildung 3.33: Auto-Schaltflächen

Mit der Schaltfläche Zurücksetzen setzen Sie alle Einstellungen zurück.

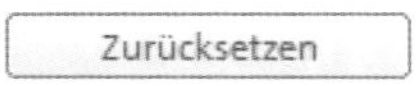

Abbildung 3.34: Schaltfläche Zurücksetzen

Über Auf alle anwenden werden die aktuellen Cleaning-Einstellungen auf alle Fotos der aktuellen Fotoshow angewendet.

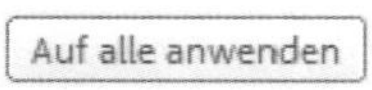

Abbildung 3.35: Schaltfläche Auf alle anwenden

Helligkeit und Kontrast nachbearbeiten

1. Markieren Sie im Storyboard das Vorschaubild des Fotos, das optimiert werden soll.
2. Klicken Sie auf seine FX-Schaltfläche.
3. Wählen Sie im nun erscheinenden Menü den Punkt Foto optimieren aus.

> ▶ TIPP
>
> Alternativ können Sie Video Cleaning (Foto optimieren) jederzeit mit der Tastenkombination [⇧]+[X] aufrufen.

Abbildung 3.36: Menü der FX-Schaltfläche

Der Foto optimieren-Dialog erscheint.

4. Probieren Sie im Register Belichtung unterschiedliche Einstellungen aus, bis Sie mit dem Ergebnis zufrieden sind. Sie können ggf. auch auf die Auto-Funktionen zurückgreifen.

Abbildung 3.37: Register Belichtung

Farbe optimieren

Auch zur Verbesserung der Farbe eines Bildes ist Video Cleaning das adäquate Mittel.

1. Starten Sie VIDEO CLEANING über das Menü der FX-Schaltfläche eines Fotos im Storyboard.
2. Wählen Sie das Register FARBE aus.

Abbildung 3.38: Register FARBE

3. Verschieben Sie den Schieberegler im Bereich SÄTTIGUNG, um blasseren Bildern mehr Farbkraft zu verleihen.
4. Verändern Sie den Farbton des gewählten Bildes, indem Sie den Markierungspunkt innerhalb des Farbspektrums mit gedrückt gehaltener linker Maustaste in die gewünschte Richtung bewegen.

> **TIPP**
>
> Helligkeit, Kontrast und Farbe können am TV ganz anders als am PC aussehen.

5. Oder regeln Sie mittels der drei Schieberegler ROT, GRÜN und BLAU den Farbton einzelner Farben separat nach.

Bildschärfe nacharbeiten

Ähnlich einfach lässt sich die Bildschärfe nachbearbeiten.

1. Rufen Sie Foto optimieren aus dem FX-Menü eines Fotos in der Fotoshow auf.
2. Wechseln Sie in das Register Bildschärfe.
3. Hier ist es möglich, die Bildschärfe des gewählten Fotos zu erhöhen.

   Nutzen Sie dafür den Schieberegler Bildschärfe oder wählen Sie eines der Presets (zum Beispiel Weichzeichnen, Bild schärfen oder Rauschen unterdrücken) aus.

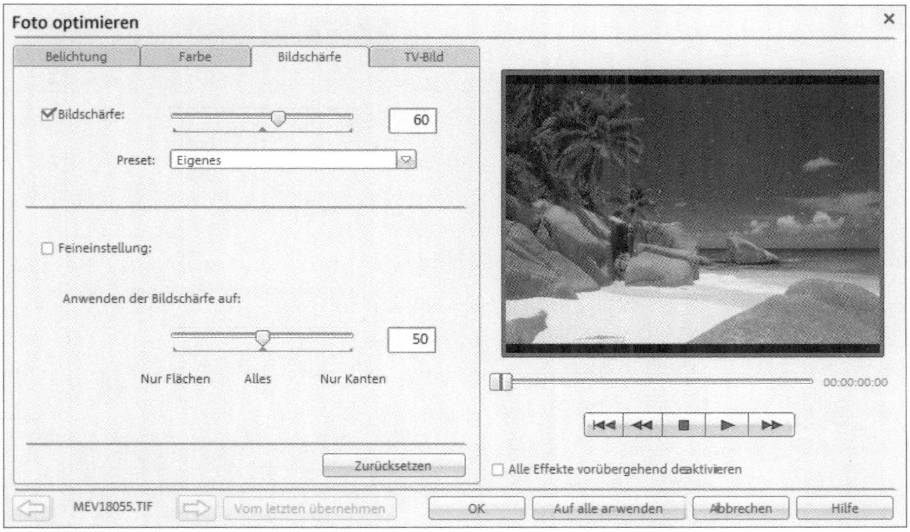

Abbildung 3.39: Register Bildschärfe

> **TIPP**
>
> Überprüfen Sie nach dem Schärfen die Bildwirkung in verschiedenen Zoomstufen.

Im Bereich Feineinstellung kann die Erhöhung der Bildschärfe beispielsweise nur auf die Kantenbereiche im Foto beschränkt werden. So werden die Kanten zwischen verschiedenen Gegenständen und Flächen klarer hervorgehoben und Sie vermeiden, dass Körnung und Bildrauschen durch die Scharfzeichnung stärker hervortreten und etwa Hautpartien oder Nachthimmel entstellen.

> **TIPP**
>
> Per Doppelklick werden die Schieberegler wieder in die Ausgangsstellung (Mittelposition) zurückgesetzt.

Zeilenflimmern verhindern

Neben Optimierungsmöglichkeiten für Helligkeit, Kontrast und Bildschärfe lässt sich mit Video Cleaning auch die Bildanzeige am Fernseher verbessern.

Beim Import von Einzelbildern aus einer Videoquelle kann es bei der Anzeige dieser Fotos am Fernsehgerät zum so genannten Zeilenflimmern kommen.

1. Markieren Sie das Vorschaubild des gewünschten Fotos im Storyboard und klicken Sie auf die FX-Schaltfläche.
2. Wählen Sie im Menü den Punkt Foto optimieren aus.
3. Öffnen Sie das Register TV-Bild.
4. Aktivieren Sie die Checkbox vor Anti-Flimmer-Filter.
5. Bestätigen Sie Ihre Einstellungen per Klick auf OK.

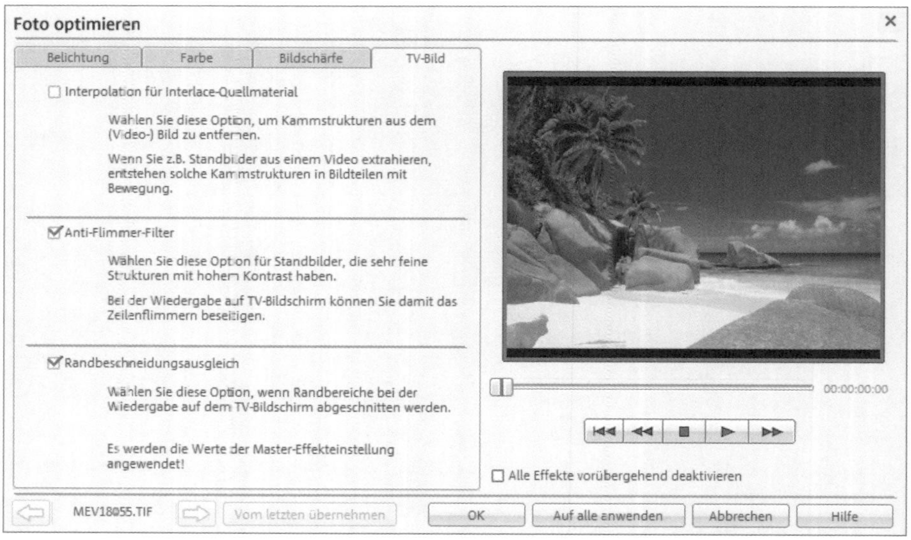

Abbildung 3.40: Register TV-Bild

Bildfehler bei Standbildern beheben

Werden Einzelbilder von einer Videoquelle importiert, können sie oftmals Bildstörungen enthalten. Diese Störungen bezeichnet man als Kammstrukturen. Foto Cleaning verfügt über eine spezielle Option, um diese Kammstrukturen und Unschärfen durch Interpolation zu beheben.

1. Markieren Sie dazu das zu optimierende Bild im Storyboard.
2. Wählen Sie im Menü der FX-Schaltfläche des zu optimierenden Bildes den Punkt Foto optimieren aus.
3. Rufen Sie das Register TV-Bild auf und markieren Sie die Checkbox vor Interpolation für Interlace-Quellmaterial.

   Je auffälliger die Bildstörung im Quellmaterial ist, desto größer ist der Qualitätsgewinn durch Aktivieren dieser Option.

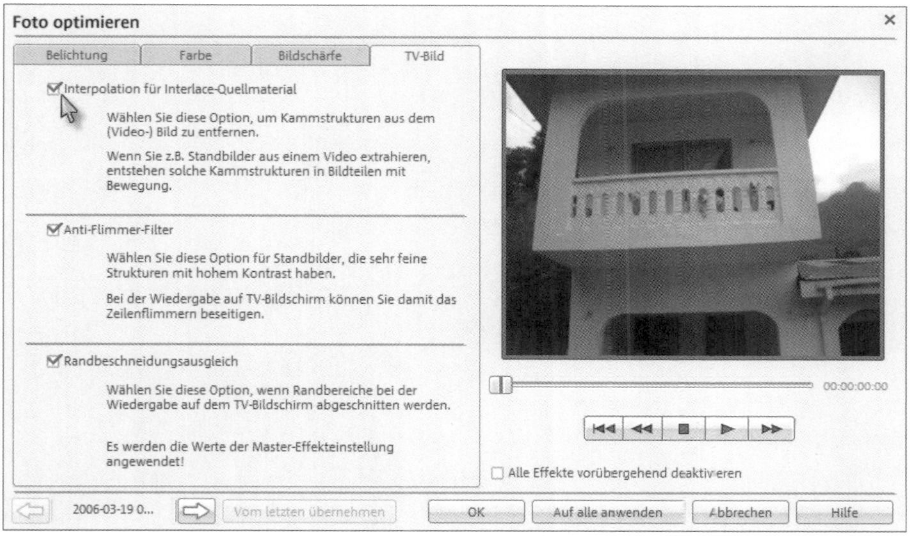

Abbildung 3.41: Die Option Interpolation für Interlace-Quellmaterial

4. Klicken Sie auf OK, um den Effekt auf das gewählte Foto anzuwenden.

Globale Optimierung durch Mastereffekt

Sie können die Bildschärfe Ihrer gesamten Fotoshow auch als Mastereffekt korrigieren. Sollten also Ihre Bilder am Fernseher besser zur Geltung kommen, wenn sie etwas schärfer oder weicher gezeichnet sind, können Sie diese Einstellung für die gesamte Fotoshow festlegen.

1. Wählen Sie EFFEKTE/EFFEKTEINSTELLUNGEN FOTOSHOW.

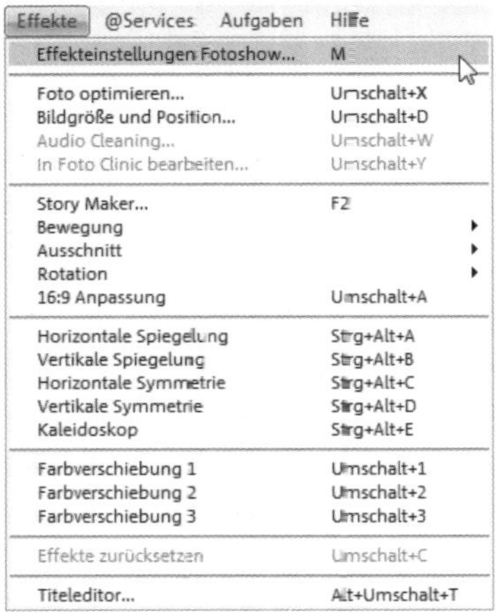

Abbildung 3.42: EFFEKTEINSTELLUNGEN FOTOSHOW aufrufen

2. Öffnen Sie das Register BILDSCHÄRFE.
3. Nehmen Sie mit dem Schieberegler BILDSCHÄRFE die gewünschte Einstellung vor.
4. Bewegen Sie den Schieberegler im Bereich FEINEINSTELLUNG in Richtung NUR KANTEN, um die Konturen der Fotos stärker hervorzuheben.

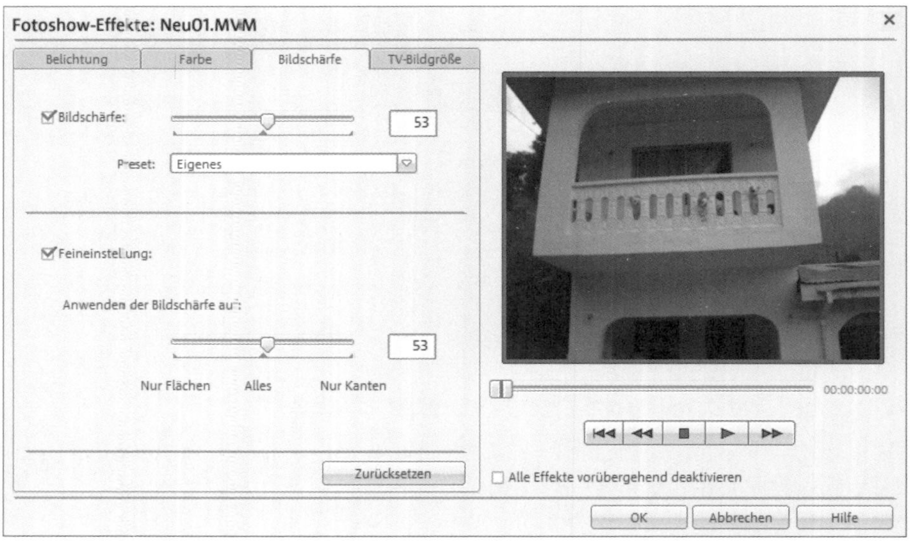

Abbildung 3.43: Register BILDSCHÄRFE der Fotoshow-Effekte

Rote Augen entfernen

Zum Entfernen roter Augen, die durch Blitzlicht entstanden sind, verwenden Sie am besten das Programm MAGIX Foto Clinic, ein mächtiges Grafik- und Bildbearbeitungsprogramm, das Sie gewissermaßen gratis zusammen mit MAGIX Fotos auf CD & DVD erhalten haben.

> ▶ **HINWEIS**
>
> Als registrierter MAGIX User haben Sie die Möglichkeit, sich stets die aktuellste Foto Clinic-Version aus Ihrem MAGIX-Produkt gratis downzuloaden.

1. Laden Sie die Fotoshow mit dem zu bearbeitenden Bild bzw. den Bildern ins Storyboard (Strg+O und FOTOSHOW auswählen).
2. Markieren Sie das Vorschaubild, klicken Sie auf seine FX-Schaltfläche und wählen Sie im Menü IN FOTO CLINIC BEARBEITEN aus.

Abbildung 3.44: Aufruf von IN FOTO CLINIC BEARBEITEN

3. Setzen Sie ein Häkchen vor DETAILLIERT BEARBEITEN und klicken Sie auf die Schaltfläche FOTO CLINIC STARTEN.

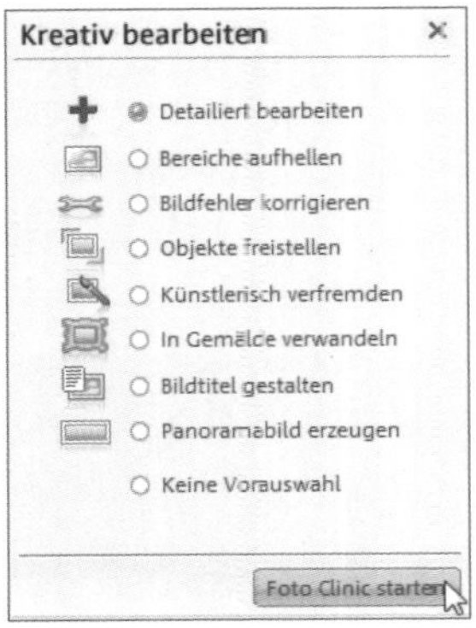

Abbildung 3.45: *Foto Clinic starten*

4. Öffnen Sie mit einem Mausklick auf Schnelle Bildoptimierung das dazugehörende Untermenü und wählen Sie dort den Eintrag Rote Augen entfernen aus.

Abbildung 3.46: *Rote Augen entfernen*

5. Vergrößern Sie das Bild mit dem Schieberegler Zoom, um den Augenbereich optimal und genau bearbeiten zu können.

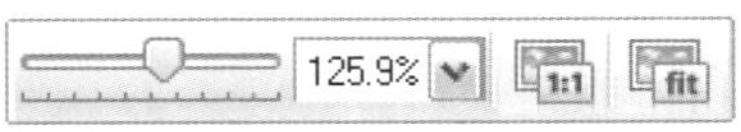

Abbildung 3.47: Schieberegler Zoom

6. Wählen Sie links die Werkzeuggröße aus. Diese sollte der Größe der Pupille entsprechen.

7. Führen Sie den Mauszeiger über das zu verändernde Auge und klicken Sie so lange mit der linken Maustaste, bis die natürliche Augenfarbe wiederhergestellt ist.

8. Mit der Schaltfläche ANWENDEN übernehmen Sie die ausgewählte Einstellung.

Abbildung 3.48: Die Werkzeuggröße sollte der Pupillengröße entsprechen

Flecken retuschieren

Ein schönes Motiv, aber dummerweise befand sich Schmutz, ein Wassertropfen oder Fingerabdruck auf der Kameralinse. Gut, dass es Foto Clinic gibt!

1. Markieren Sie das betreffende Bild im Storyboard, klicken Sie auf seine FX-Schaltfläche und wählen Sie im Menü IN FOTO CLINIC BEARBEITEN aus.

2. Setzen Sie ein Häkchen vor BILDFEHLER KORRIGIEREN und starten Sie MAGIX Foto Clinic.

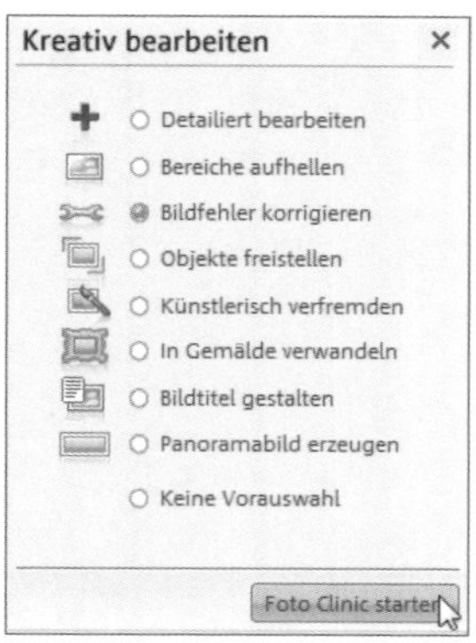

Abbildung 3.49: Option BILDFEHLER KORRIGIEREN

3. Wählen Sie die passende Werkzeuggröße aus.
4. Bewegen Sie den Mauszeiger über die Kratzer und Flecken im Bild und zeichnen Sie so mit gedrückt gehaltener linker Maustaste die zu restaurierenden Bereiche nach.
5. Verändern Sie gegebenenfalls mit den Schiebereglern den Radius und den Grenzwert.
6. Klicken Sie auf Anwenden, um die gewählten Einstellungen zu übernehmen.

Abbildung 3.50: Kratzer und Flecken entfernen

Aus Bild wird Gemälde

Durch Einsatz der Filterfunktionen von MAGIX Foto Clinic lassen sich interessante Effekte erzielen. So werden mit wenigen Klicks aus Ihren Fotos gemäldeartige Bilder. Dieser Effekt eignet sich hervorragend für Gebäude oder Landschaften. Vielleicht ist es ja eine prima Idee für eine Fotoshow der besonderen Art.

1. Laden Sie die Fotoshow mit dem zu bearbeitenden Bild bzw. den Bildern ins Storyboard.
2. Markieren Sie das gewünschte Vorschaubild, klicken Sie auf seine FX-Schaltfläche und wählen Sie im Menü In Foto Clinic bearbeiten aus.
3. Markieren Sie In Gemälde verwandeln und starten Sie dann Foto Clinic.

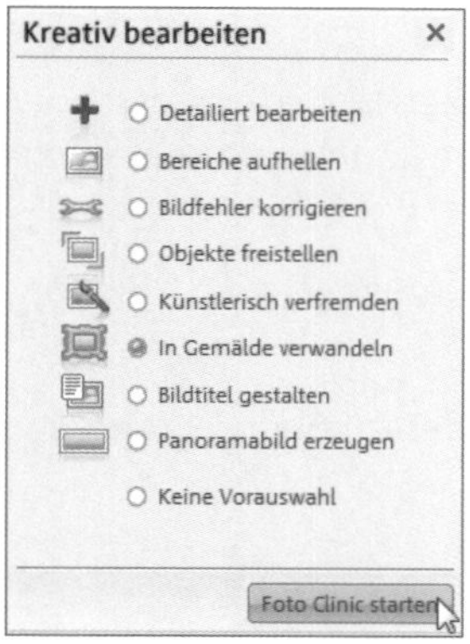

Abbildung 3.51: Option In Gemälde verwandeln

Das Programm startet und präsentiert Ihnen Ihr Bild bereits als »Gemälde«, das Sie sofort mit der Schaltfläche Anwenden übernehmen könnten.

4. Möchten Sie jedoch die Art und den Stil des Gemäldes selbst bestimmen, wählen Sie im Dropdown-Menü links zunächst den gewünschten Effekt aus.

5. Optimieren Sie gegebenenfalls die Einstellungen mit den Schiebereglern darunter.

Abbildung 3.52: Der Gemälde-Effekt

Abbildung 3.53: Effekt auswählen und optimieren

6. Übernehmen Sie mit der Schaltfläche ANWENDEN die Einstellungen für Ihr Bild.

Fotos im Nostalgie-Look

Überraschen Sie Ihr Publikum mit einer Fotoshow mit Bildern wie aus Großmutters Fotoalbum. Es ist einfacher, als Sie denken, und wird seine Wirkung sicher nicht verfehlen.

1. Doppelklicken Sie auf das zu bearbeitende Foto im Storyboard, um MAGIX Story Maker zu starten.
2. Klicken Sie im Bereich 1-KLICK-OPTIMIERUNG doppelt auf ALTES FOTO und schon erhält Ihr Bild den gewünschten rotbraunen Farbton.

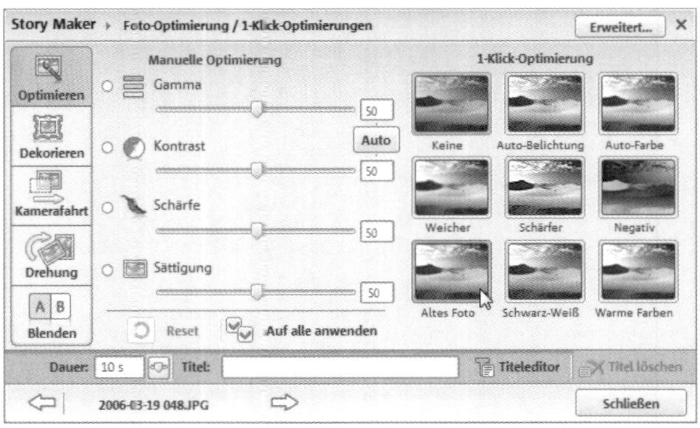

Abbildung 3.54: Den Effekt ALTES FOTO auswählen

Abbildung 3.55: ALTES FOTO-Effekt

3. Sollte es Ihnen noch nicht alt genug sein, klicken Sie auf die Schaltfläche ERWEITERT.

Abbildung 3.56: Schaltfläche ERWEITERT

4. Wechseln Sie in das Register FARBE und benutzen Sie das Farbfeld, um den Rotton mehr in Richtung Braun zu verschieben.

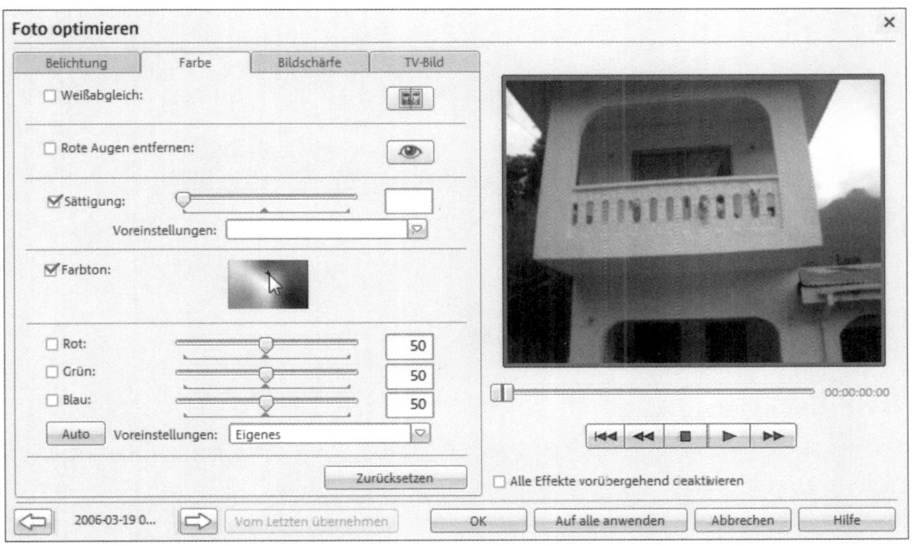

Abbildung 3.57: Register FARBE

So werden Ihre Bilder richtig schön »old-fashioned«.

Workshop 3: Alles auf die Plätze – Fotoshow arrangieren

Der nächste Punkt ist das Arrangement Ihrer Fotoshow. Ihre Bilder werden zusammengestellt und in die richtige Reihenfolge gebracht. Sie lernen, Animationen einzufügen und überlange Fotoshows zu teilen.

Einfügen von Elementen in das Storyboard

1. Ziehen Sie die gewünschten Elemente per Drag&Drop aus dem Media Pool in das Storyboard.

   Möchten Sie mehrere Fotos auf einmal einfügen, halten Sie die [Strg]-Taste gedrückt und markieren die gewünschten im Media Pool. Ziehen Sie diese per Drag&Drop ins Storyboard.

Abbildung 3.58: Element ins Storyboard ziehen

Reihenfolge verändern

Im Storyboard können Sie die Reihenfolge der einzelnen Elemente Ihrer Fotoshow jederzeit verändern.

1. Klicken Sie auf ein Foto oder Video im Storyboard und ziehen Sie es per Drag&Drop an die gewünschte Stelle (z. B. zwischen zwei andere Elemente).

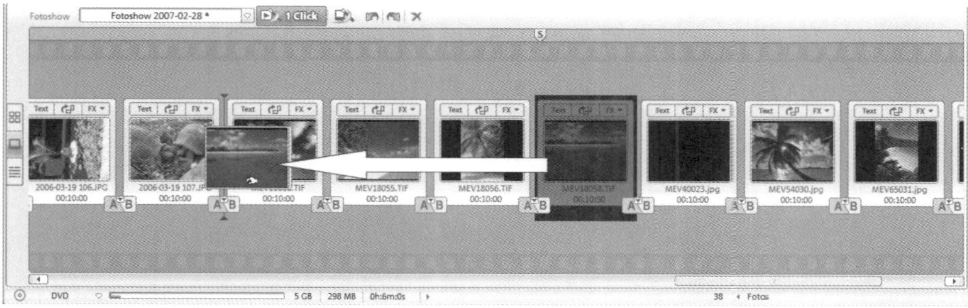

Abbildung 3.59: Element verschieben

MAGIX Fotos auf CD & DVD fügt das Element automatisch an diese Stelle ein und verschiebt die nachfolgenden nach hinten.

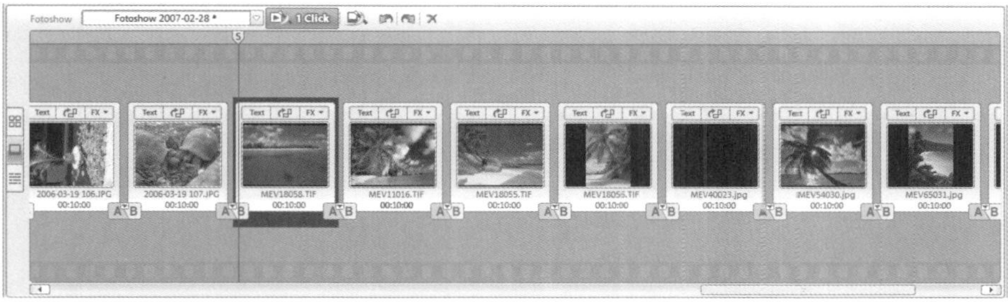

Abbildung 3.60: Element an der neuen Position

▶ TIPP

Über die Schaltfläche FOTOÜBERSICHT rufen Sie eine Übersichtsdarstellung aller Elemente Ihrer Fotoshow auf. Mehrere Fotos lassen sich mit gedrückter [Strg]-Taste auswählen. Sie haben auch hier die Möglichkeit, diese Fotos zu verschieben oder aus Ihrem Projekt zu löschen.

Abbildung 3.61: Schaltfläche FOTOÜBERSICHT

Abbildung 3.62: Fotoübersicht

▶ TIPP (FORTS.)

Mittels der Schaltflächen mit dem Lupensymbol bzw. des Schiebereglers dazwischen wird die Größe der Miniaturansichten so lange verändert, bis alle Bilder der Fotoshow im Programmfenster sichtbar sind.

Abbildung 3.53: Ansichten verkleinern

Abbildung 3.54: Ansichten vergrößern

Abbildung 3.55: Schieberegler

▶ UMGANG MIT HOCHKANTFORMATEN

Beim Arrangement einer Fotoshow erscheinen Bilder im Hochkantformat anfangs unproblematisch.

Abbildung 3.66: Hochkantformat nach dem Einfügen

▶ UMGANG MIT HOCHKANTFORMATEN (FORTS.)

Das ändert sich schlagartig nach Betätigung der ROTATION-Schaltfläche, denn das Bild sollte ja bei der Fotoshow nicht auf der Seite liegen. Zwangsläufig zieht diese Aktion die beiden unschönen schwarzen Streifen links und rechts nach sich.

Abbildung 3.67: Bild aufgerichtet

Bei MAGIX hat man sich dieses Problems angenommen. Zum einen gibt es jetzt im Menü der FX-Schaltfläche den Punkt HOCHKANT-EFFEKTE, wo dem Bild eine bestimmte Position bzw. ein Bewegungseffekt zugewiesen werden kann.

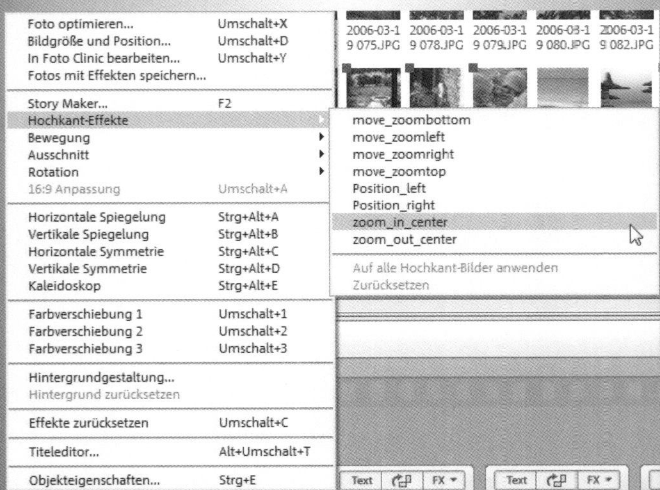

Abbildung 3.68: HOCHKANT-EFFEKTE

▶ UMGANG MIT HOCHKANTFORMATEN (FORTS.)

Zusätzlich ist der Menüpunkt HINTERGRUNDGESTALTUNG neu hinzugekommen.

ABBILDUNG 3.69: HINTERGRUNDGESTALTUNG

Dadurch ist es nun möglich, die schwarzen Balken beliebig einzufärben oder sie durch eine Bild- oder Videodatei zu ersetzen.

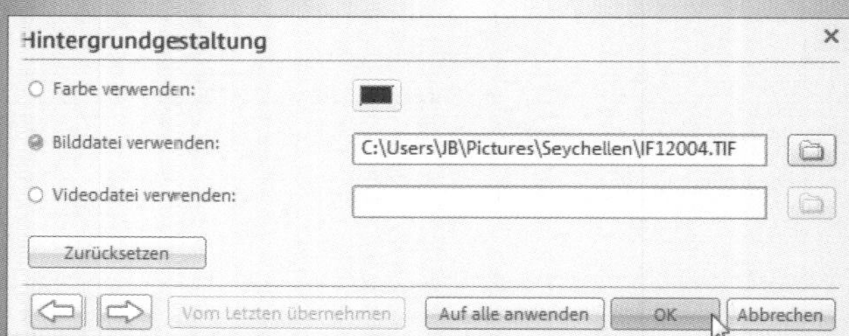

Abbildung 3.70: Hintergrund verändern

Im Beispiel wurde das Bild mit HOCHKANT-EFFEKTE/POSITION_LEFT an den linken Rand verschoben, der Hintergrund durch eine Bilddatei verändert und der so gewonnene freie Bereich zur Rechten für einen Textkommentar genutzt.

▶ UMGANG MIT HOCHKANTFORMATEN (FORTS.)

Abbildung 3.71: Das Ergebnis

Videoclips aus Fotokameras einfügen

Mit vielen der aktuellen Fotokameras lassen sich kurze Videoclips aufnehmen, die richtig eingesetzt ein willkommener Eyecatcher für eine Fotoshow sind.

1. Kopieren Sie den Videoclip in den aktuell benutzten Fotoordner, so dass das neue Element im Media Pool gelistet und so verfügbar wird.

2. Ziehen Sie den Videoclip wie ein normales Foto ins Storyboard.

   Der Videoclip fügt sich wie ein normales Foto in das Storyboard ein und ist lediglich an der eingeblendeten Tonspur unter dem Vorschaubild zu erkennen. Wie jedes Element können Sie ihn dort frei positionieren und ihm die gewünschten Effekte zuweisen.

Überlange Fotoshows trennen und gleichzeitig bearbeiten

Es ist passiert: Die Fotoshow ist zu lang geworden. Kein Problem, denn in MAGIX Fotos auf CD & DVD findet sich eine Funktion, um die Fotoshow zu teilen.

1. Markieren Sie im Storyboard das gewünschte Bild in der Fotoshow, bei dem die Fotoshow gesplittet werden soll.

2. Klicken Sie auf das Symbol mit der Schere am rechten unteren Rand des Vorschaubildschirms. Wählen Sie im Schnitt-Menü, das zu diesem Scherensymbol gehört, den Punkt FOTOSHOW TRENNEN aus.

HINWEIS

Schnelle Alternative: der Tastenbefehl [Alt]+[T], der bereits im Menü genannt wird.

Abbildung 3.72: Den Befehl Fotoshow trennen *aufrufen*

Die Fotoshow wird hinter dem ausgewählten Foto abgeschnitten und der Rest als neue Fotoshow angelegt. Diese rufen Sie per Fotoshow-Menü unter dem Vorschaumonitor auf. Sobald Sie das Menü öffnen, sehen Sie, dass eine weitere Show erzeugt wurde: An den ursprünglichen Namen wird dabei der Index 01 hinzugefügt.

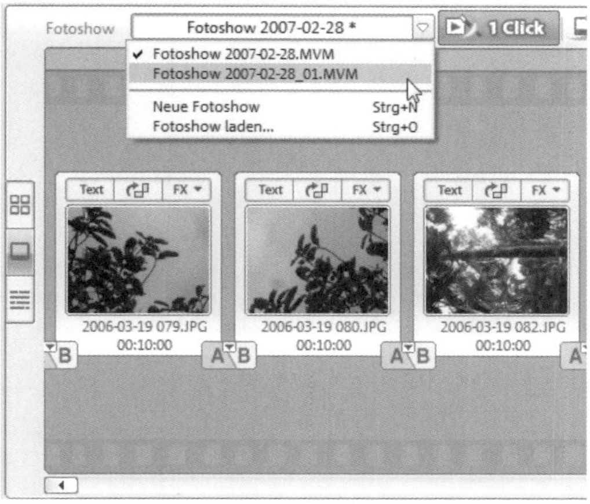

Abbildung 3.73: Fotoshow-Menü

Über das Fotoshow-Menü können Sie jederzeit zwischen Ihren geöffneten Fotoshows hin- und herwechseln und diese so parallel bearbeiten.

Workshop 4: Fesselnde Übergänge – Arbeiten mit Blenden und Effekten

Am Anfang wurde der Fotoshow bereits ein Kreuzblende-Effekt zugewiesen und damit schon für einen gewissen Showcharakter gesorgt, der zunächst für sämtliche Bilder der Fotoshow gilt. Da diese Standardüberblendung aber auf Dauer ziemlich schnell langweilig wird, heißt es nun, Ihre Präsentation richtig zum Leben zu erwecken. Anhand mehrerer praxisbezogener Beispiele bekommen Sie Anregungen und Tipps für den richtigen Umgang mit den Übergangseffekten und deren gezieltem Einsatz in MAGIX Fotos auf CD & DVD.

Fotos überblenden

1. Um den Übergang zwischen zwei Bildern anzupassen, klicken Sie im Storyboard auf die AB-Schaltfläche zwischen den beiden Bildern.

Abbildung 3.74: AB-Schaltfläche

2. Wählen Sie aus dem Menü einen Effekt aus, beispielsweise Fliegen. Er bewirkt, dass das erste Bild aus dem Bildschirm fliegt und die Sicht auf das nachfolgende freigibt.

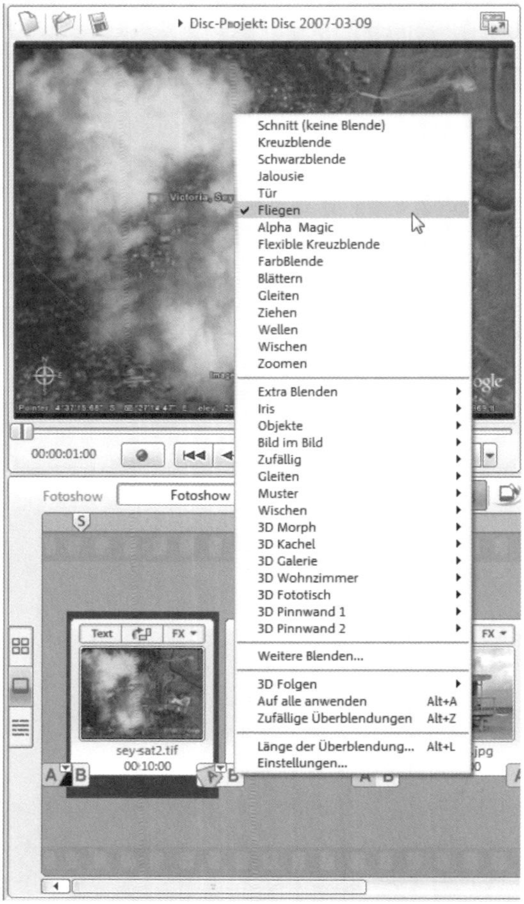

Abbildung 3.75: Menüeintrag Fliegen auswählen

Abbildung 3.76: Fliegen-Effekt

3. Für den Übergang zum nächsten Bild probieren Sie zum Beispiel eine beliebige Form der Überblendung IRIS aus. Dabei wird das neue Bild aus der Mitte des vorherigen Fotos mit unterschiedlichen Rändern (KREUZ, DIAMANT, RECHTECK usw.) eingeblendet. Versuchen Sie auch den Effekt EXTRA BLENDEN/JALOUSIE LÄNGS.

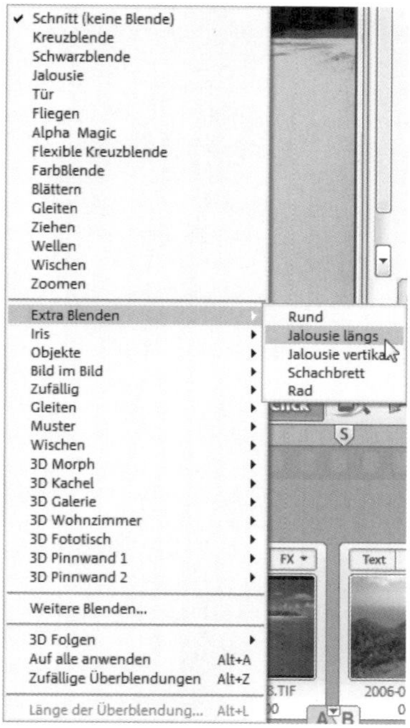

Abbildung 3.77: EXTRA BLENDEN/JALOUSIE LÄNGS

Wie bei den sich schließenden Lamellen einer Jalousie verschwindet das vorherige hinter dem nachfolgenden Foto.

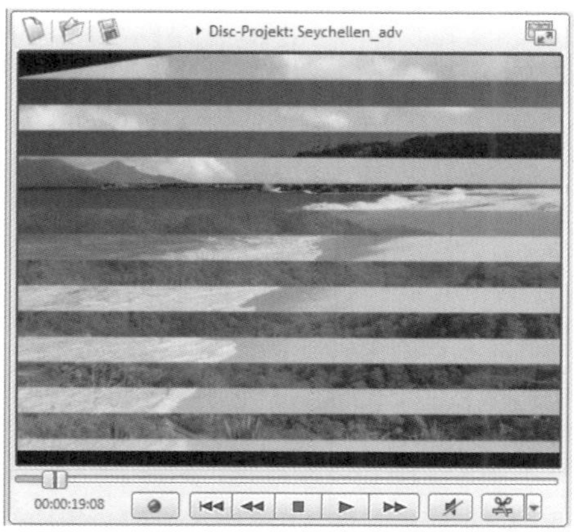

Abbildung 3.78: Effekt JALOUSIE LÄNGS

Nachfolgend weitere Beispiele:

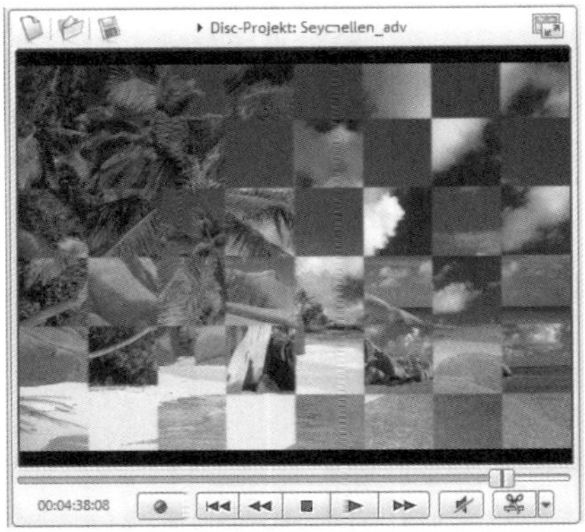

Abbildung 3.79: EXTRA BLENDEN/SCHACHBRETT

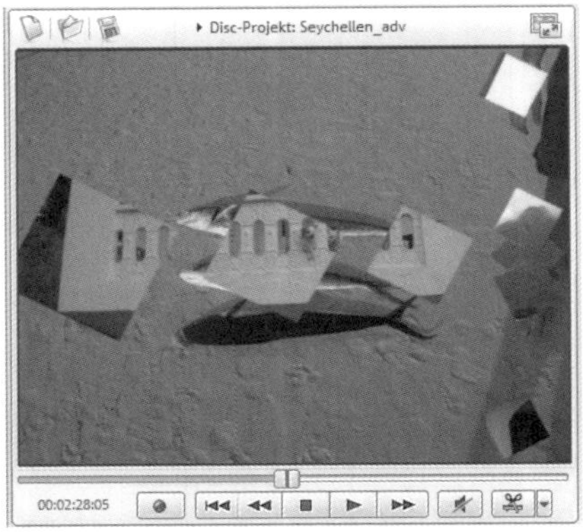

Abbildung 3.80: OBJEKTE/QUADRATE DREHEN

Abbildung 3.81: GLEITEN/MORPHEN 1

Noch mehr Tempo mit schnellen Schnitten und kurzer Anzeigedauer

In Actionfilmen oder auch Musikvideos sorgen schnelle Schnitte und rasante Szenenwechsel für Tempo und Spannung. Die Zuschauer werden regelrecht gefesselt. Machen Sie sich diesen Kunstgriff auch für Ihre Fotoshow zu Nutze, indem Sie mit möglichst kurzen Blenden und reduzierter Anzeigedauer für ähnliche Rasanz sorgen.

1. Klicken Sie auf die AB-Schaltfläche zwischen den beiden in Frage kommenden Bildern.
2. Wählen Sie im Menü den Punkt Länge der Überblendung aus.

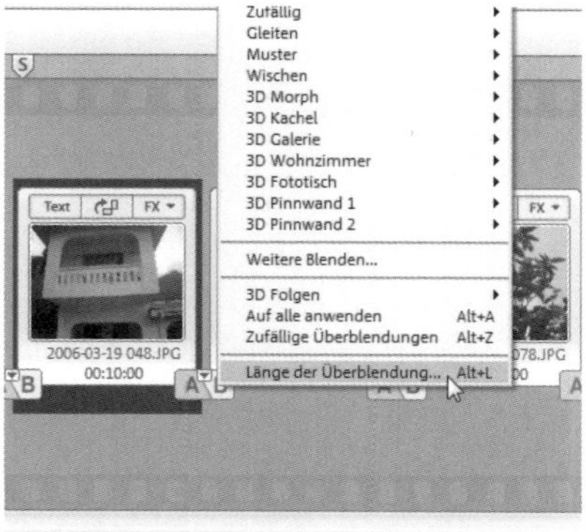

Abbildung 3.82: Befehl Länge der Überblendung aufrufen

3. Passen Sie mit dem Schieberegler die Dauer der Überblendung an. Mit einem Klick auf OK bestätigen Sie die Einstellung für den aktuellen Übergang. Soll die gewählte Dauer für die gesamte Fotoshow durchgängig verwendet werden, klicken Sie auf die Schaltfläche Auf alle anwenden.

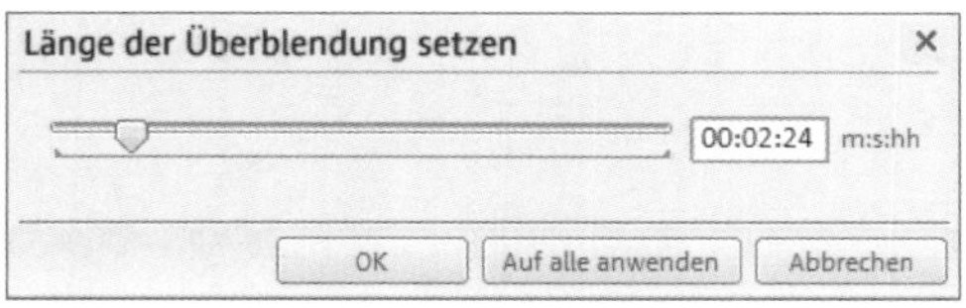

Abbildung 3.83: Länge der Überblendung bestimmen

Sorgen Sie für noch mehr Dynamik, indem Sie auf Blenden ganz verzichten! Dazu deaktivieren Sie einfach die Überblendung:

1. Klicken Sie auf die AB-Schaltfläche zwischen den Bildern, deren Übergang einem harten Schnitt weichen soll, und wählen Sie aus dem Kontextmenü Schnitt (keine Blende) aus.

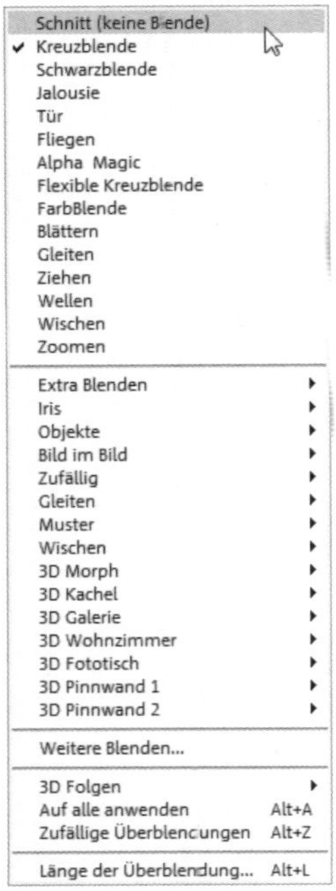

Abbildung 3.84: SCHNITT (KEINE BLENDE)

▶ ACHTUNG

Bei diesem Vorgang geht eventuell der Synchronismus mit der Musik verloren.

Verstärken Sie den Effekt noch zusätzlich durch Reduzieren der Anzeigedauer.

2. Dazu klicken Sie auf die Zeitanzeige des Vorschaubildes.
3. Verringern Sie die Anzeigedauer mit dem Schieberegler um zwei oder drei Sekunden.
4. Bestätigen Sie mit OK. Wenn der eingestellte Wert für die gesamte Fotoshow durchgängig verwendet werden soll, klicken Sie auf die Schaltfläche AUF ALLE ANWENDEN.

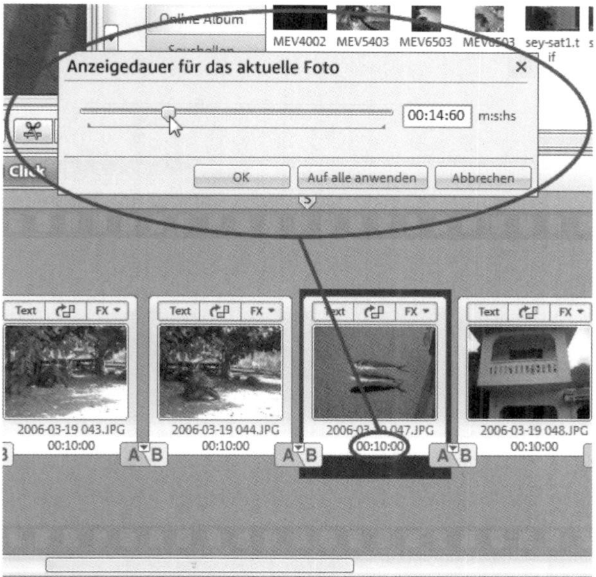

Abbildung 3.85: Anzeigedauer reduzieren

Zufällige Überblendungen

Bei Fotoshows mit sehr vielen Bildern kann es gelegentlich recht stressig werden, jeden einzelnen Übergang selbst festzulegen. Lassen Sie doch MAGIX Fotos auf CD & DVD diesen Job für Sie erledigen!

1. Klicken Sie einfach auf die AB-Schaltfläche eines beliebigen Fotos im Storyboard.
2. Wählen Sie dann im Kontextmenü den Effekt ZUFÄLLIGE ÜBERBLENDUNGEN aus.

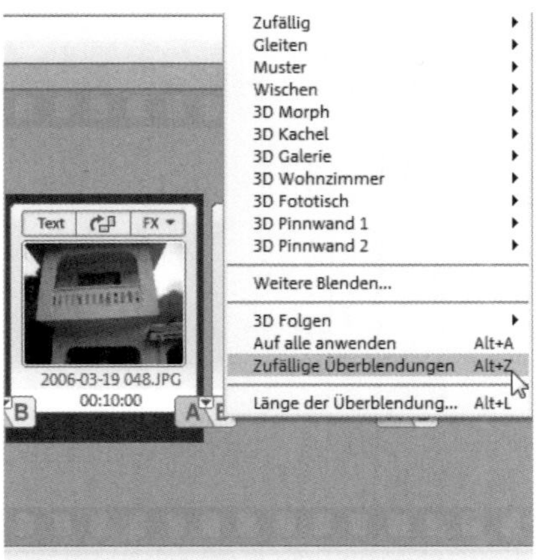

Abbildung 3.86: ZUFÄLLIGE ÜBERBLENDUNGEN aufrufen

Das Programm versieht nun nach dem Zufallsprinzip alle Übergänge mit einer der verfügbaren Blenden.

> **ACHTUNG**
>
> Auch hier besteht die Gefahr, dass eventuell der Synchronismus mit dem Sound nicht mehr funktioniert.

Sie können danach die Übergänge, die Ihnen nicht recht gefallen, manuell nacharbeiten. Oder Sie starten die »Lotterie« erneut. Eventuell findet ja der nächste Durchgang Ihre ungeteilte Zustimmung.

»Wellen machen« für den Strandurlaub

Versuchen Sie, dem Thema einer Fotoshow Rechnung zu tragen, indem Sie stimmige Effekte auswählen. Ein gutes Beispiel hierfür ist die Verwendung des Wellen-Effekts bei Fotos von Meer, Küsten, Seen und Stränden.

1. Klicken Sie auf die AB-Schaltfläche zwischen den zwei gewünschten Fotos und wählen Sie aus dem Kontextmenü den Effekt Objekte/Wellen aus.

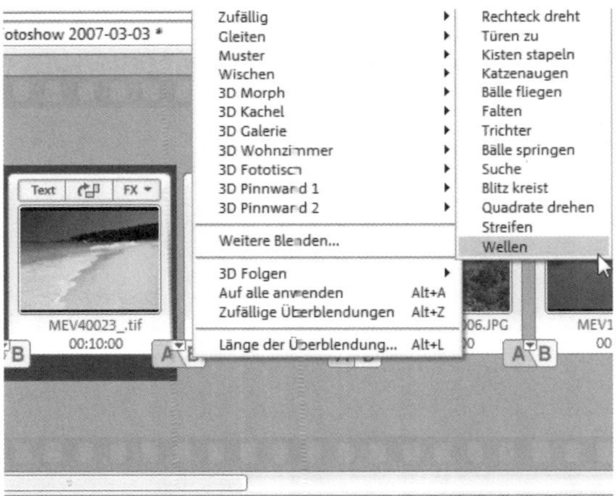

Abbildung 3.87: Effekt Wellen im Untermenü Objekte

2. Damit der Effekt noch besser zur Geltung kommt, erhöhen Sie anschließend noch die Länge der Überblendung um ein paar Sekunden.

Abbildung 3.88: Wellen!

Weitere coole Dekomöglichkeiten für den Urlaub am Strand finden Sie im Bereich DEKORIEREN des Story Makers, zu dem wir noch später kommen. Hier zunächst einige Eindrücke:

Abbildung 3.89: STAFFELEI

Abbildung 3.90: HAI EINZELN

Abbildung 3.91: FISCH

Eine weitere Möglichkeit, Ihre Bilder in einen thematischen Kontext zu bringen, sind die tollen dreidimensionalen Überblendungsreihen von MAGIX Fotos auf CD & DVD. Neben 3D PINNWAND, 3D WOHNZIMMER usw. finden sich darunter auch 3D GALERIE-Effektblenden – genau das, was wir brauchen. Diese lassen sich manuell über das Kontextmenü der FX-Schaltfläche zwischen den einzelnen Bildern einbinden (wir kommen später noch genauer darauf zu sprechen).

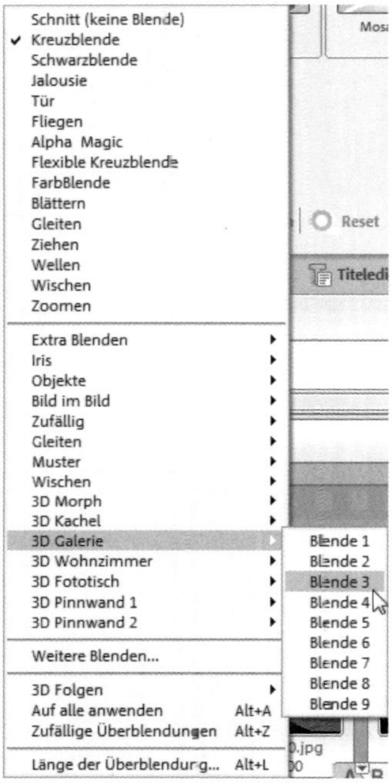

Abbildung 3.92: 3D GALERIE-Effektblenden

Noch schneller geht es allerdings mit dem MovieShow Maker, in dessen STYLE-AUSWAHL sich die 3D GALERIE befindet.

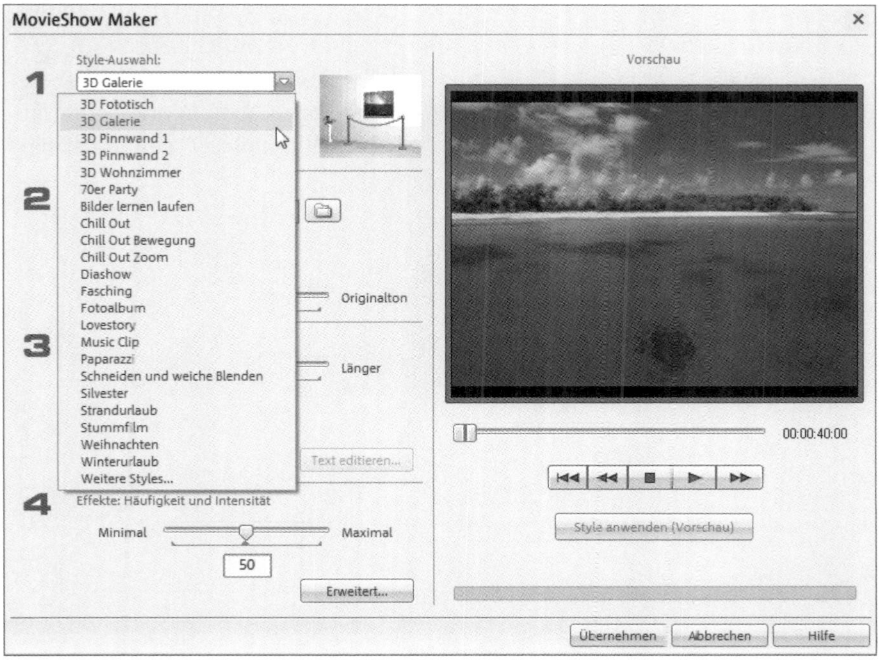

Abbildung 3.93: 3D GALERIE

So bringen Sie im Handumdrehen Ihre Bilder an die Wände eines virtuellen Museums.

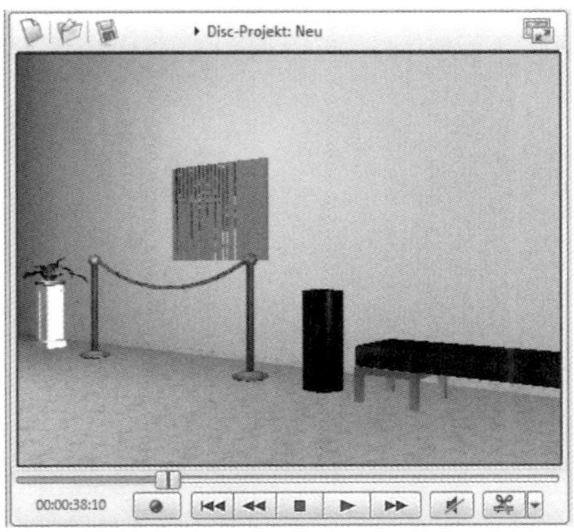

Abbildung 3.94: »Museum«

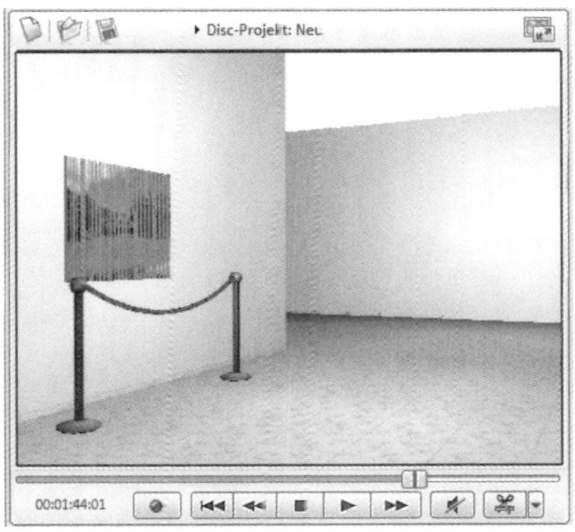

Abbildung 3.95: »Museum«

> **HINWEIS**
>
> Wem der Weg über das Menü der AB-Schaltfläche zu umständlich ist, betätigt die BLENDEN-Schaltfläche im Media Pool.

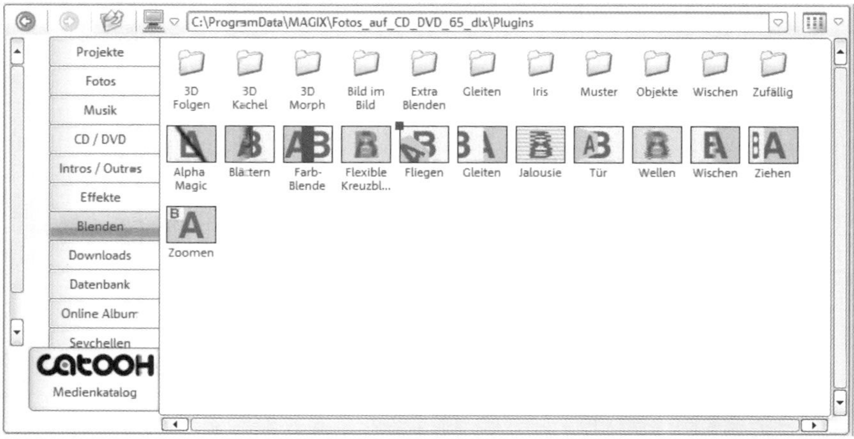

Abbildung 3.96: Auswahl BLENDEN im Media Pool

So lassen sich die gewünschten Blenden einfach auswählen, in der Vorschau betrachten und per Doppelklick oder Drag&Drop dem gewünschten Bildübergang zuordnen.

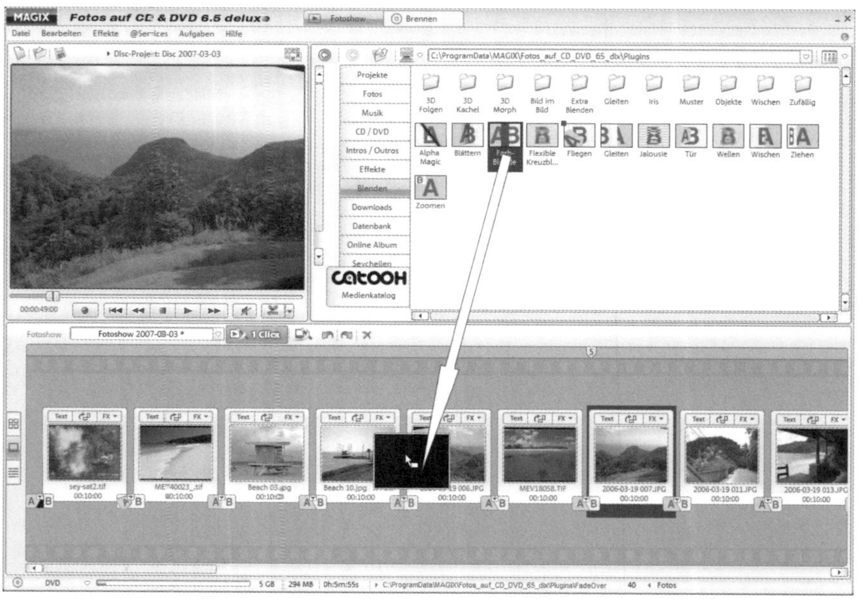

Abbildung 3.97: Blende zuordnen

Fensterln bei Rundreisen

Bei einer Rundreise bieten sich jeden Tag neue Motive und neue Eindrücke. Das sollte hinterher durch klare Einschnitte auch bei der daraus entstehenden Fotoshow zur Geltung kommen. Dafür bietet sich besonders der Fenster-Effekt an.

1. Klicken Sie auf die AB-Schaltfläche zwischen den beiden betreffenden Bildern.
2. Wählen Sie im Menü den Eintrag 3D KACHEL/FENSTER aus.

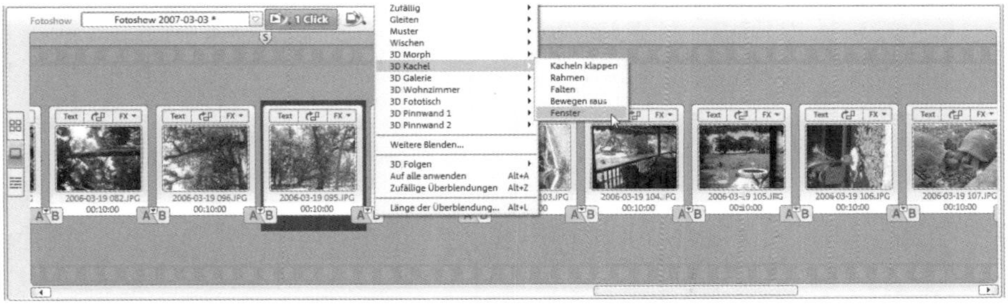

Abbildung 3.98: Effekt FENSTER im Untermenü 3D KACHEL

Abbildung 3.99: Ein Fenster öffnet sich

3. Erhöhen Sie die LÄNGE DER ÜBERBLENDUNG auf etwa vier Sekunden.

> **TIPP**
>
> Verwenden Sie die Überblendeffekte in Ihrer Fotoshow nicht wahllos, sondern sorgen Sie für eine Struktur: Setzen Sie beispielsweise bei Orts-, Jahreszeiten- oder Tageswechseln stets gleichartige Übergänge ein. Dazwischen liegende Fotos verbinden Sie mit eher unauffälligen Überblendungen. Mit Effekten überladene Fotoshows wirken wenig professionell.

Sportfotos auf den Punkt gebracht

Die 3D MORPH-Blende PUNKT SPRINGT drängt sich einem für Fotos von Ballsportarten wie beispielsweise Volleyball, Fußball, Handball, Tennis etc. förmlich auf. Dabei springt ein Bild auf einer rotierenden Kugel aus dem Bildschirm und leitet so zum nachfolgenden Bild über.

1. Klicken Sie auf die AB-Schaltfläche zwischen den beiden in Frage kommenden Bildern im Storyboard.
2. Wählen Sie aus dem Menü den Eintrag 3D MORPH/ PUNKT SPRINGT aus.

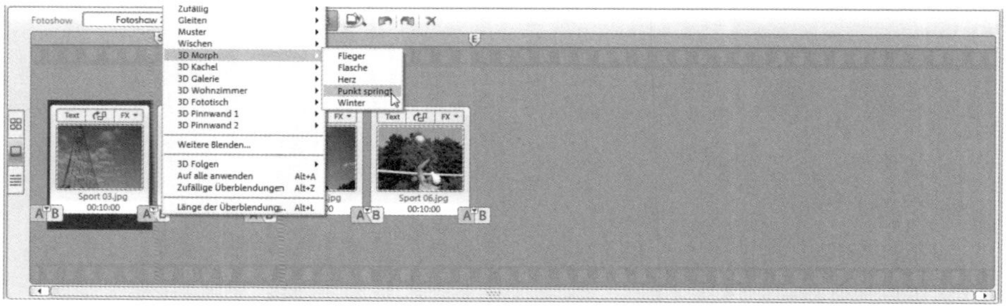

Abbildung 3.100: 3D MORPH/PUNKT SPRINGT

3. Klicken Sie erneut auf die AB-Schaltfläche und wählen Sie LÄNGE DER ÜBERBLENDUNG aus.

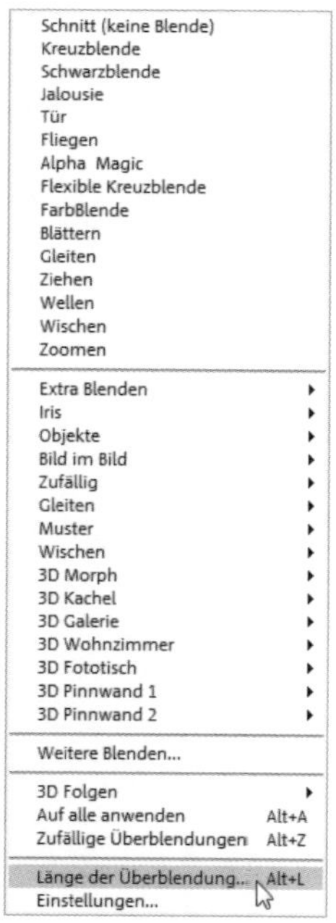

Abbildung 3.101: LÄNGE DER ÜBERBLENDUNG aufrufen

4. Erhöhen Sie mit dem Schieberegler die Dauer des Effekts auf mindestens vier bis fünf Sekunden.

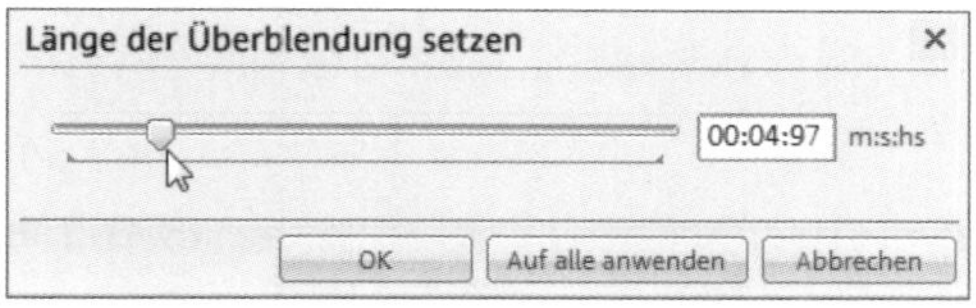

Abbildung 3.102: Überblendungsdauer erhöhen

Abbildung 3.103: Effekt PUNKT SPRINGT

Weitere »sportliche« Effekte:

Abbildung 3.104: ZUFÄLLIG/BÄLLE

Abbildung 3.105: OBJEKTE/BÄLLE SPRINGEN

Abbildung 3.106: OBJEKTE/BÄLLE FLIEGEN

Abbildung 3.107: ZUFÄLLIG/KREISE

Ein Schneemann für den Winter

Bei Fotos vom Ski- oder Winterurlaub und bei allem, was sonst noch mit Schnee zu tun hat, sollte die 3D MORPH-Blende WINTER nicht fehlen. Dabei wird ein Bild auf einen sich Stück um Stück aufbauenden Schneemann projiziert, der aus dem Bild schwebt, während im Hintergrund das nachfolgende bereits angezeigt wird.

1. Klicken Sie auf die AB-Schaltfläche zwischen den beiden gewünschten Fotos.
2. Wählen Sie im Menü 3D MORPH/WINTER aus.

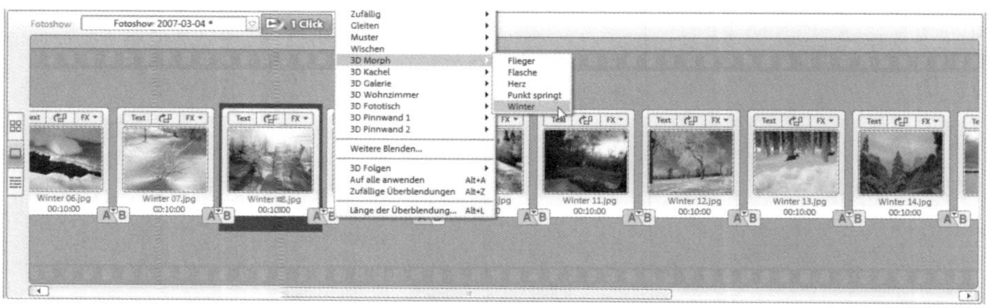

Abbildung 3.108: Effekt 3D MORPH/WINTER aufrufen

3. Klicken Sie erneut auf die AB-Schaltfläche. Wählen Sie den Menüeintrag LÄNGE DER ÜBERBLENDUNG aus (vgl. Abbildung 3.109).
4. Erhöhen Sie die Überblendungsdauer auf etwa sechs Sekunden.
5. Klicken Sie abschließend auf die Zeitanzeige im Vorschaubild und erhöhen Sie die Anzeigedauer ebenfalls (vgl. Abbildung 3.110). Etwa 13 Sekunden sollten reichen. Bestätigen Sie mit OK.

Abbildung 3.109: Länge Der Überblendung aufrufen

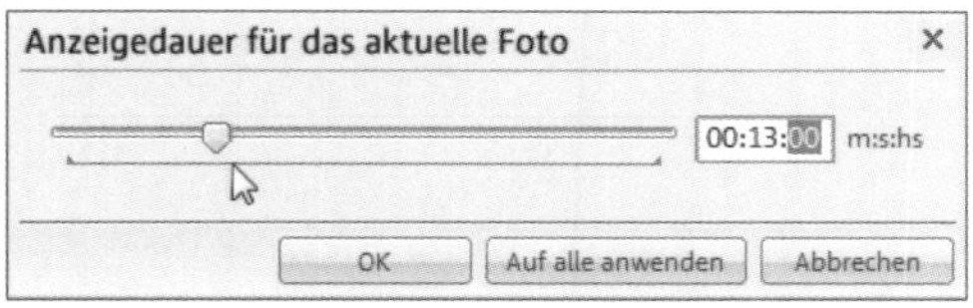

Abbildung 3.110: Anzeigedauer heraufsetzen

Abbildung 3.111: Schneemann

Weitere Effekte und Dekoelemente, mit denen sich der winterliche Charakter Ihrer Bilder verstärken lässt, finden Sie im Story Maker durch Klicken auf die Schaltfläche DEKORIEREN, so beispielsweise den Effekt SCHNEE im Register VOLL.

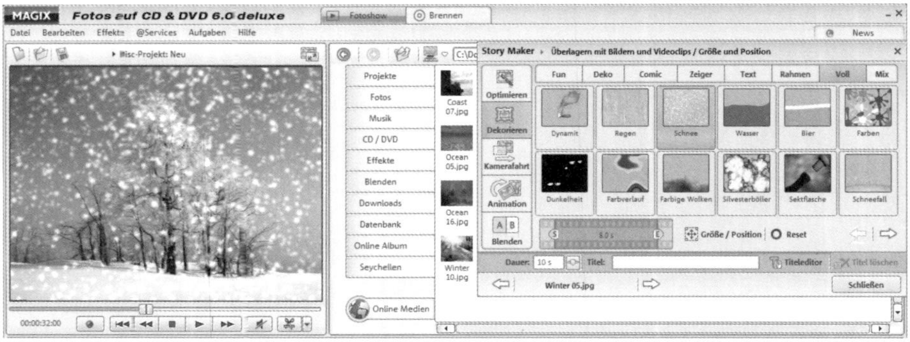

Abbildung 3.112: Effekt SCHNEE

Oder platzieren Sie die SKI IM SCHNEE aus dem Register DEKO an einer geeigneten Stelle Ihres Bildes.

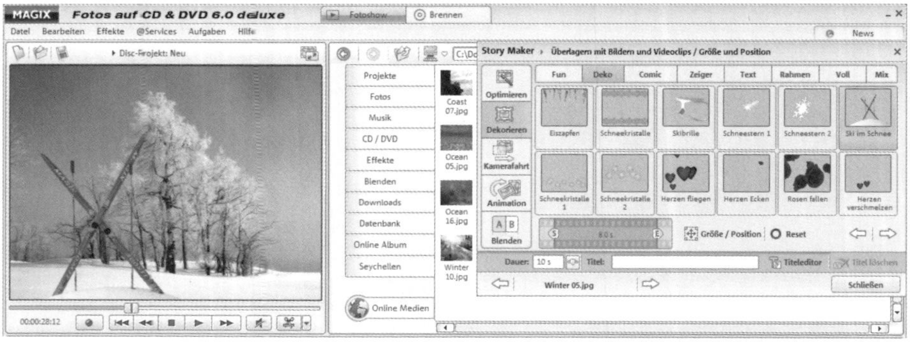

Abbildung 3.113: SKI IM SCHNEE

Der besondere Liebesbrief

Überraschen Sie Ihre Liebste oder Ihren Liebsten mit einer Fotoshow als Liebesbrief der besonderen Art. Zeigen Sie, wie viel Ihnen der Partner bedeutet, und lassen Sie ein Herz fliegen. MAGIX Fotos auf CD & DVD hat auch dafür die passende Blende parat.

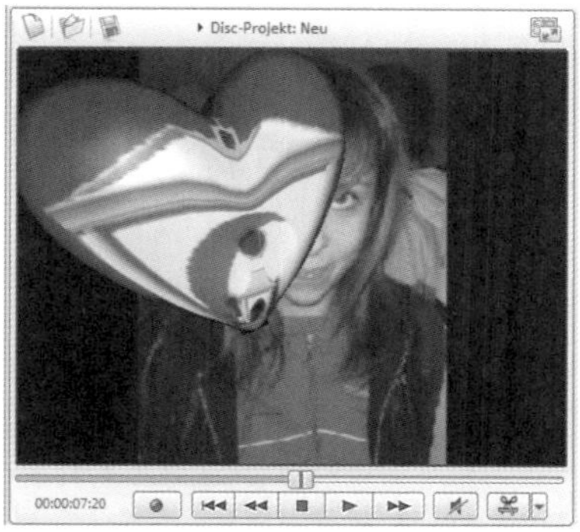

Abbildung 3.114: Herz-Effekt

1. Klicken Sie auf die AB-Schaltfläche zwischen den zwei gewünschten Fotos.
2. Wählen Sie im Menü den Eintrag 3D Morph/Herz aus.

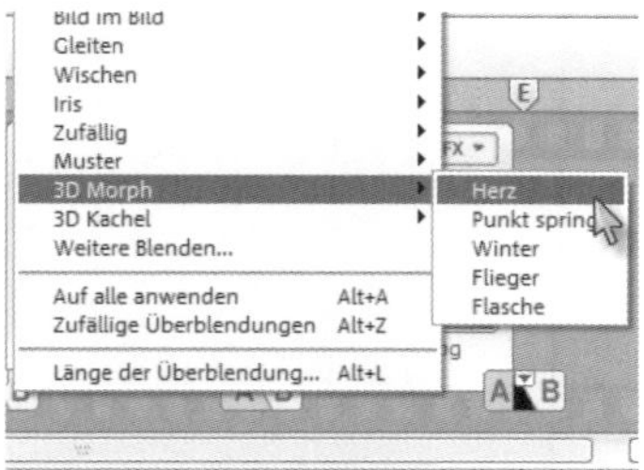

Abbildung 3.115: 3D Morph/Herz aufrufen

3. Klicken Sie erneut auf die AB-Schaltfläche und wählen Sie dieses Mal Länge der Überblendung aus.
4. Erhöhen Sie die Überblendungsdauer auf ca. sieben Sekunden.
5. Klicken Sie doppelt auf das Feld der Anzeigedauer im Vorschaubild und erhöhen Sie auch diesen Wert auf etwa 12 bis 13 Sekunden.

Auch hier bietet die »Dekoabteilung« des Story Makers zusätzliche Herzlichkeiten:

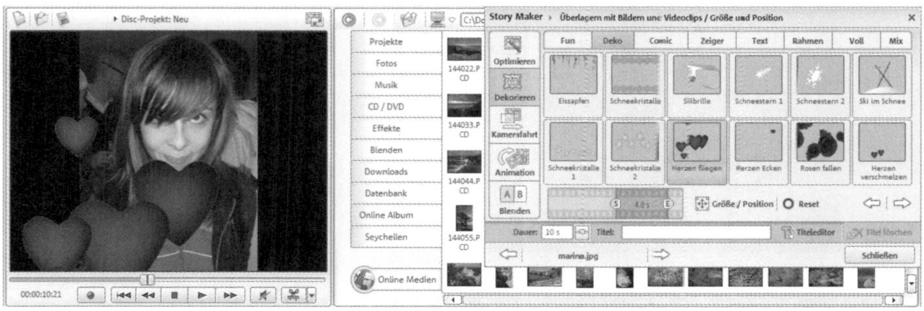

Abbildung 3.116: Effekt Herzen fliegen

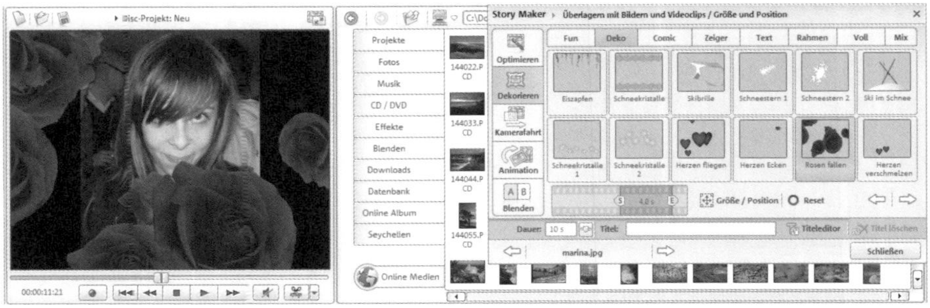

Abbildung 3.117: Effekt Rosen fallen

Fotostory im Comicstil

Probieren Sie doch mal etwas Neues aus. Wie wäre es mit einer Fotostory im Stil eines Comics? Alles Nötige dafür findet sich im Story Maker unter Dekorieren in den Registern Text und Comic.

1. Doppelklicken Sie auf das gewünschte Bild im Storyboard, um den Story Maker zu öffnen.
2. Wählen Sie die Schaltfläche Dekorieren im Story Maker und klicken Sie auf das Register Text.
3. Markieren Sie die gewünschte Sprechblase. Geben Sie dann unten im Bereich Titel den zu verwendenden Text ein.

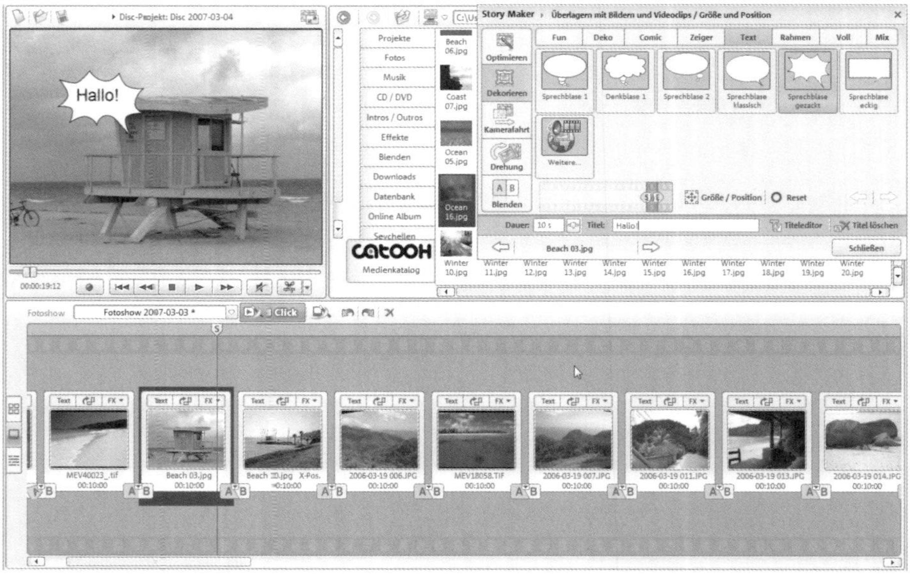

Abbildung 3.118: Sprech- und Denkblasen für Comics und Ähnliches

Abbildung 3.119: Sprechblase im Bild

Durchstöbern Sie unbedingt auch das Register Comic mit den vielen lustigen Dekorationselementen.

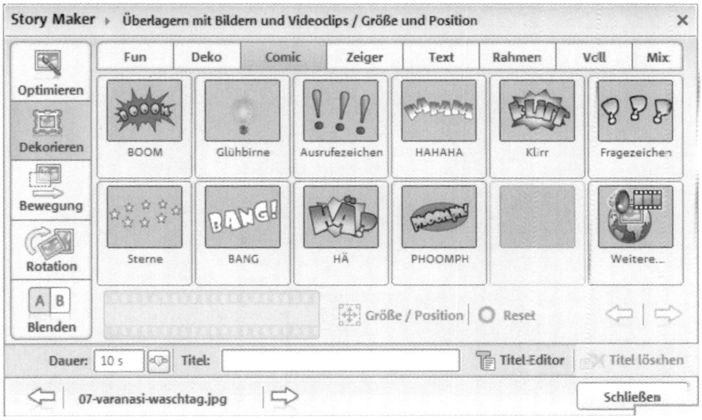

Abbildung 3.120: Register Comic

Abbildung 3.121: Bild mit Comicelement

Workshop 5: Der Feinschliff – Bewegung, Zooms, Spezialeffekte, OverlayFX und Rahmen

Sorgen Sie mit Zooms, Rotationen und Kamerafahrten für noch mehr Dynamik in Ihrer Fotoshow. Peppen Sie Ihre Bilder mit Rahmen auf. Greifen Sie danach tief in die Trickkiste von MAGIX Fotos auf CD & DVD und holen Sie die geheimen Spezialeffekte hervor.

Mehr Dynamik: Bewegung

Kamerafahrten steigern das Tempo Ihrer Fotoshow. Durch die Bewegung eines Bildausschnitts über den Monitor entsteht der Eindruck einer Videosequenz. Und das geht so:

1. Doppelklicken Sie auf das Bild, dem Sie eine Kamerafahrt zugedacht haben.

   MAGIX Story Maker erscheint.

2. Klicken Sie in der linken Rubrik auf die Schaltfläche Bewegung.

Abbildung 3.122: Die Schaltfläche Bewegung wählen

3. Markieren Sie im Bereich Zoom/Kamerafahrt die Checkbox Kamerafahrt (Ausschnitt bewegen). Geben Sie mit den Pfeiltasten darunter die Bewegungsrichtung(en) vor.

> **TIPP**
>
> Für diagonale Bewegungen kombinieren Sie per Anklicken eine horizontale mit einer vertikalen Pfeiltaste.

Abbildung 3.123: Kamerafahrt (Ausschnitt bewegen)

4. Bestimmen Sie im Vorschaubereich rechts mittels der orangefarbenen Anfasspunkte die Größe des Bildausschnitts.

   Um die Position des Rahmens im Bild zu verändern, klicken Sie mit der Maus in den Rahmen, halten die linke Maustaste gedrückt und ziehen ihn an die gewünschte Position.

5. Öffnen Sie das Dropdown-Menü Bewegungsdauer und wählen Sie den Eintrag Zoom mit 2 Sekunden Rand aus.

Abbildung 3.124: Einstellung Zoom mit 2 Sekunden Rand

6. Klicken Sie auf Schliessen, um den Story Maker zu verlassen.

Abbildung 3.125: Zum Schluss die ganze Kamerafahrt

> **HINWEIS**
>
> Beim KAMERAFAHRT-Effekt kann zwangsläufig nicht das komplette Bild gezeigt werden. Er eignet sich aber hervorragend für Panoramen, kann jedoch später am TV-Gerät eventuell ruckelig erscheinen.

Kamerafahrt mit eingezeichneten Bewegungspfaden (nur deluxe-Version)

In der deluxe-Version des Programms funktioniert diese Sache ein wenig anders:

1. Nach Auswahl und Doppelklick auf das entsprechende Bild im Storyboard aktivieren Sie im Story Maker die Schaltfläche KAMERAFAHRT.
2. Nutzen Sie die orangefarbenen Anfasspunkte des Rahmens in der Vorschau (links), um die Größe des Bildausschnitts zu bestimmen.
3. Markieren Sie die Option 2 SEKUNDEN RAND und definieren Sie mit den Pfeiltasten die gewünschte Bewegungsrichtung.

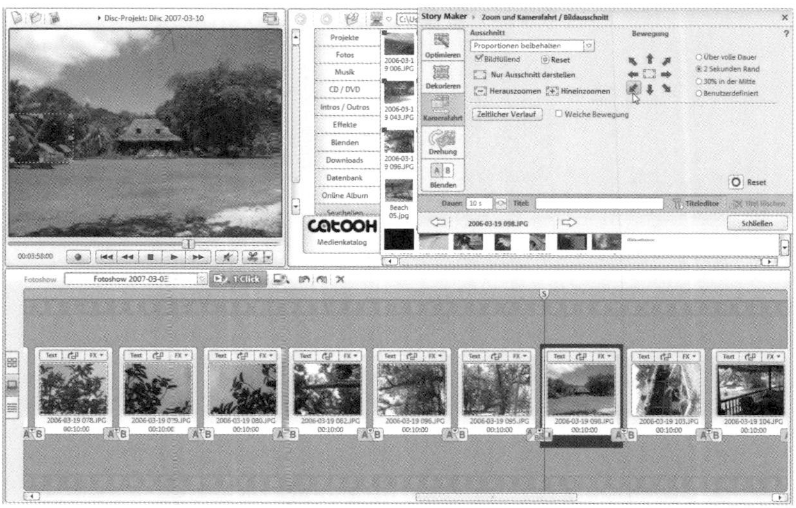

Abbildung 3.126: Ausschnitt und Bewegungsrichtung festlegen

Doch da ist noch mehr drin! Sie sind nicht an eine Bewegungsrichtung gebunden, sondern können praktisch mehrere »kleine Fahrten« in die gesamte Kamerafahrt einbinden. Zusätzlich lässt sich dabei noch die Größe des Ausschnitts verändern.

1. Doppelklicken Sie auf das entsprechende Bild im Storyboard und aktivieren Sie im Story Maker die Schaltfläche KAMERAFAHRT.
2. Klicken Sie auf die Schaltfläche ZEITLICHER VERLAUF.

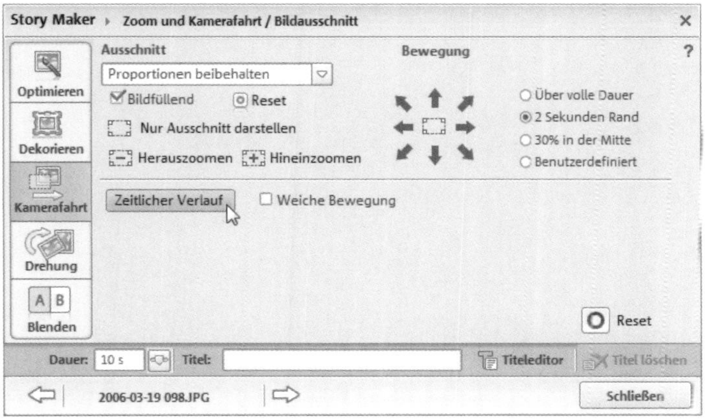

Abbildung 3.127: ZEITLICHER VERLAUF

3. Setzen Sie zuerst den roten Marker im Story Maker an die gewünschte Stelle.
4. Bestimmen Sie anschließend im Vorschaumonitor die Größe des Ausschnitts, ziehen Sie ihn auf die gewünschte Position und klicken Sie auf WEGPUNKT SETZEN.

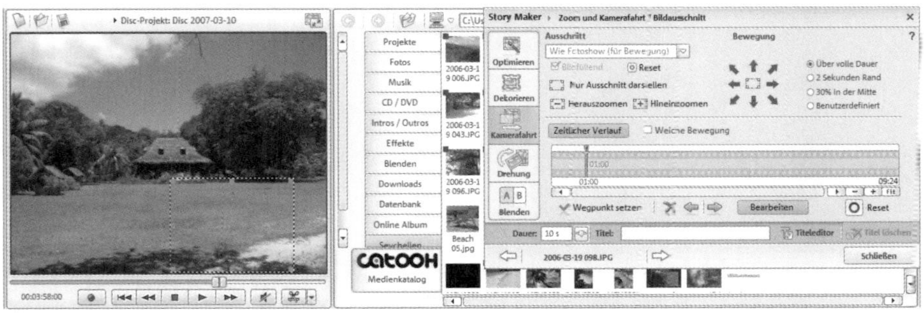

Abbildung 3.128: Nächsten Zeitpunkt, Ausschnittsgröße und Position festlegen

5. Verschieben Sie den Marker zur nächsten Stelle Ihrer Wahl, klicken Sie auf den Ausschnitt, ziehen Sie diesen mit gedrückter linker Maustaste auf die neue Position und klicken Sie erneut auf WEGPUNKT SETZEN.

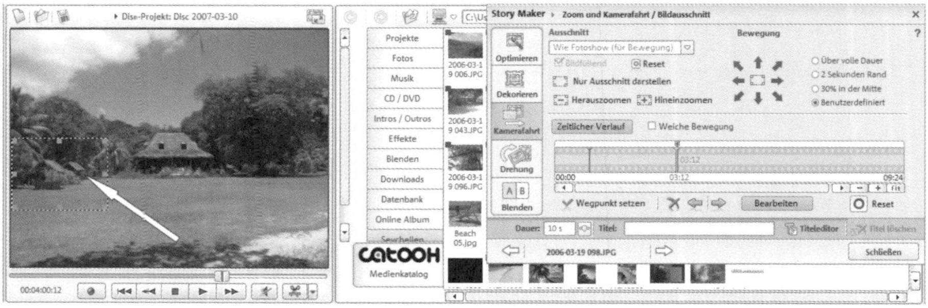

Abbildung 3.129: Zeitpunkt und Position bestimmen

Innerhalb eines Bildes können Sie beliebig viele Wegpunkte mit verschiedenen Ausschnitten setzen.

6. Wiederholen Sie die Prozedur für den nächsten Kameraschwenk.

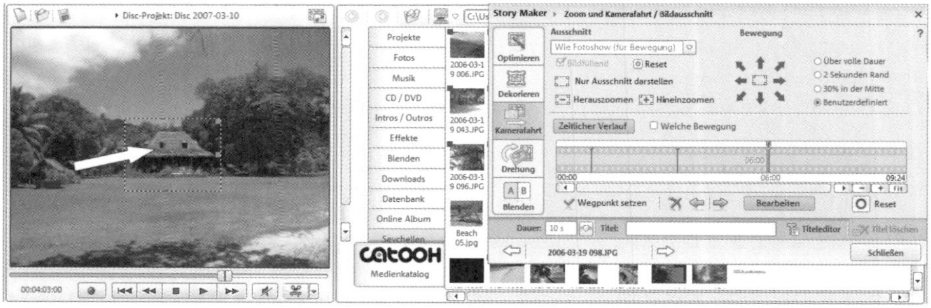

Abbildung 3.130: Ein weiterer Wegpunkt

▶ TIPP

Die Wegpunkte können mit der Maus verschoben und mit der X-Schaltfläche gelöscht werden.

7. Nachdem der letzte Wegpunkt gesetzt ist, markieren Sie die Option WEICHE BEWEGUNG.

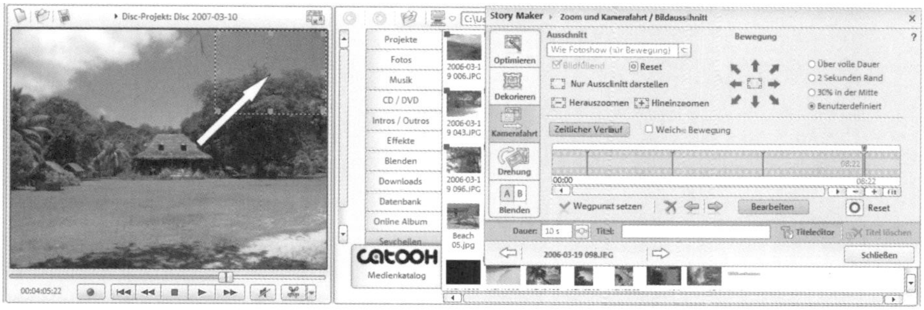

Abbildung 3.131: Weiche Bewegung

8. Per Klick auf die Schaltfläche Schließen verlassen Sie den Story Maker.

Abbildung 3.132: Kameraschwenks wie bei den Profis

Rasanter Effekt: Rotation

Rotation ist ein schöner Effekt, um in Ihrer Fotoshow für Tempo und Abwechslung zu sorgen. Genau wie die Kamerafahrten kann er leicht mit dem MAGIX Story Maker konfiguriert werden.

Abbildung 3.133: Effekt Rotation

1. Doppelklicken Sie im Storyboard auf das gewünschte Bild.
2. Klicken Sie im Story Maker auf die Schaltfläche ROTATION.
3. Markieren Sie die Checkbox vor NACH VORLAGE.
4. Wählen Sie aus dem Dropdown-Menü darunter den Listeneintrag BILD EIN- UND AUSDREHEN.

   Dadurch wird das ausgewählte Bild zu Beginn hereinbewegt, verharrt dann für einen Moment als Standbild und wird schließlich in einer weiteren Drehbewegung ausgeblendet.

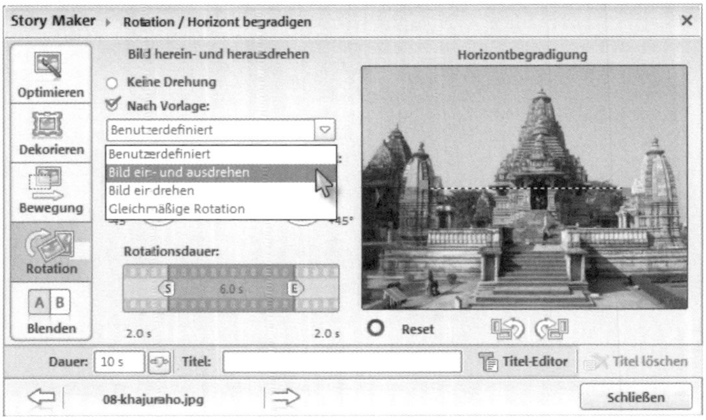

Abbildung 3.134: Einstellung für die Rotation: BILD EIN- UND AUSDREHEN

> **HINWEIS**
>
> Mit den 360°-Symbolen unter dem Listeneintrag BENUTZERDEFINIERT können Sie die Rotation individuell festlegen. Klicken Sie mit der Maus an der gewünschten Stelle in den Kreis, um die Neigung des Bildes zu Beginn (STARTWINKEL) der Rotation einzustellen und ebenso den ENDWINKEL entsprechend anzupassen.
>
> 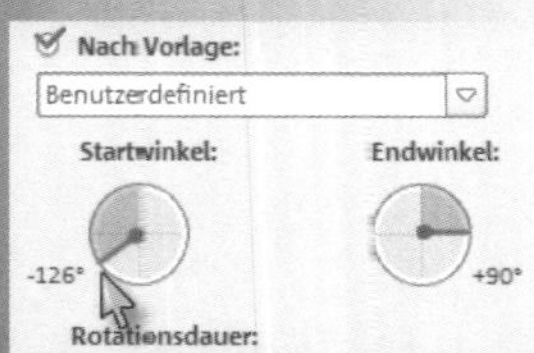
>
>
> *Abbildung 3.135: Animation individuell anpassen*

5. Bestimmen Sie unter Rotationsdauer durch Verschieben der Punkte S und E mit der Maus, wie lange die erste Drehung, die Darstellung des Standbildes und das Ausdrehen dauern sollen.

   Im Beispiel unten rotiert das Bild 4.3 Sekunden, bleibt für 2.2 Sekunden stehen und dreht sich dann 3.5 Sekunden aus.

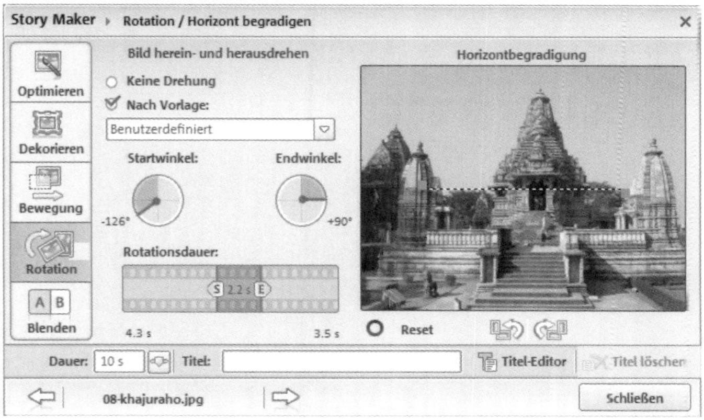

Abbildung 3.136: Dauer der Rotation bestimmen

6. Um die Gesamtanzeigedauer des Bildes zu ändern, benutzen Sie das Feld Dauer links unten.

7. Klicken Sie auf Schließen, um Ihre Einstellungen zu bestätigen und den Story Maker zu verlassen.

Animation

Wenn Sie Rotationseffekte wollen, können Sie auf die Schaltfläche Animation des Story Makers in einem Dropdown-Menü verschiedene Voreinstellungen für Rotation und Zoom wählen.

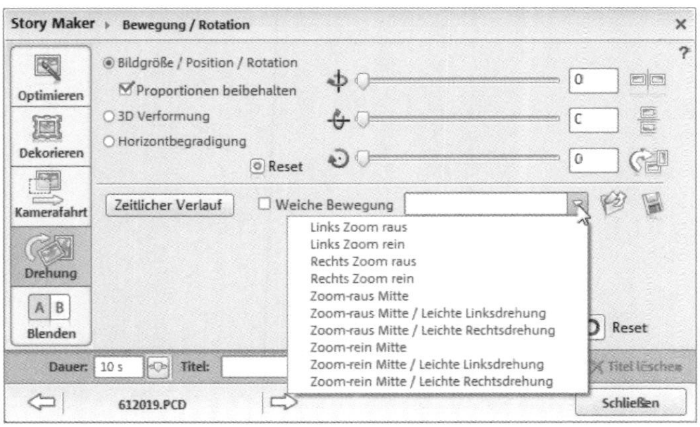

Abbildung 3.137: Voreinstellung

Und es geht noch weiter. Ähnlich wie schon bei der Kamerafahrt lassen sich auch hier auf einer Zeitachse beliebige Wegpunkte festlegen, die mit Bildausschnitten verbunden werden. So können Sie vollkommen »durchgedrehte« Bilder erstellen, oder versuchen Sie doch, einen Schriftzug durch Ihr Bild rotieren zu lassen.

1. Erstellen Sie mithilfe von MAGIX Foto Clinic ein Bild in den Maßen 720 x 576 Pixel mit dem gewünschten Text. Speichern Sie es dann, vorzugsweise mit transparentem Hintergrund, als PNG- oder GIF-Datei in einem beliebigen Verzeichnis ab.

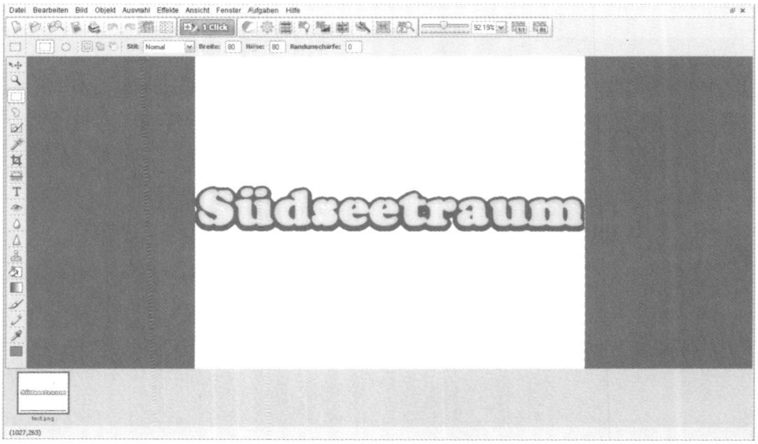

Abbildung 3.138: Text in Foto Clinic

2. Ziehen Sie es von dort an die gewünschte Stelle im Storyboard und doppelklicken Sie anschließend darauf, um den Story Maker zu starten.
3. Klicken Sie auf die Schaltfläche DREHUNG und aktivieren Sie die Checkbox vor BILDGRÖSSE / POSITION / ROTATION.
4. Klicken Sie auf die Schaltfläche ZEITLICHER VERLAUF.

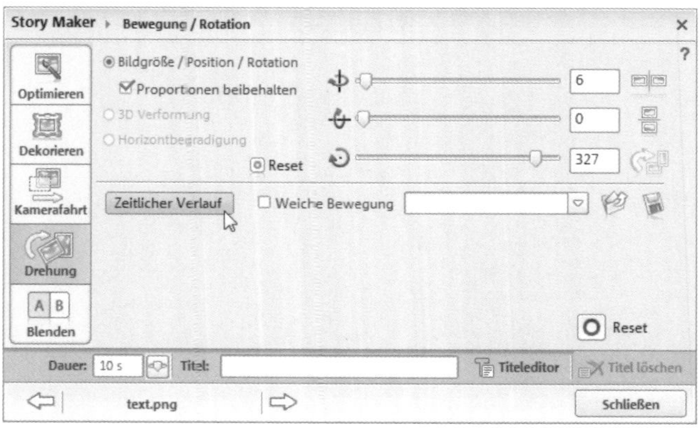

Abbildung 3.139: ZEITLICHER VERLAUF

5. Ziehen Sie den roten Marker auf die entsprechende Stelle der Zeitachse.
6. Bestimmen Sie mit den orangefarbenen Anfasspunkten die Bildgröße.
7. Legen Sie mit dem oberen Schieberegler den Grad der vertikalen Drehung fest, mit dem mittleren die horizontale Drehung und mit dem unteren die Drehung um den Mittelpunkt.
8. Betätigen Sie die Schaltfläche Wegpunkt setzen.
9. Wiederholen Sie die Schritte 4 bis 7, bis alle geplanten Wegpunkte gesetzt sind.

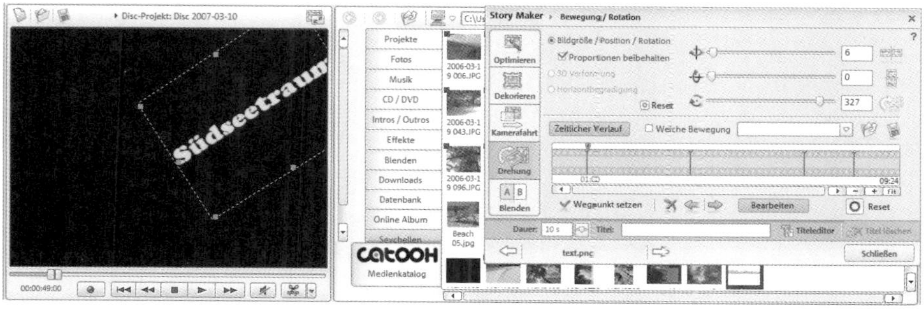

Abbildung 3.140: Wegpunkte setzen

10. Kontrollieren Sie das Ergebnis auf dem Vorschaumonitor. Sollte die Bewegung zu ruckelig sein, setzen Sie ein Häkchen vor Weiche Bewegung.
11. Verlassen Sie den Story Maker mit einem Klick auf Schließen.
12. Schalten Sie das Storyboard nun in den Timeline-Modus.
13. Ziehen Sie das »Text«-Bild ein Stück in das benachbarte Bild zu seiner Linken.
14. Das Bild rechts davon ziehen Sie ebenfalls ein gutes Stück in Ihr »Text«-Bild.

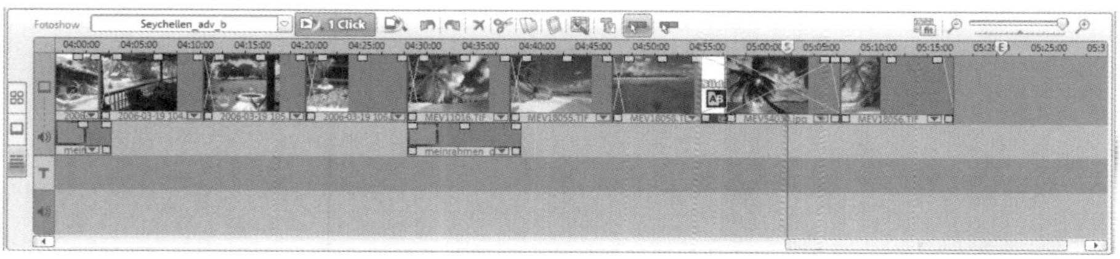

Abbildung 3.141: Bildelemente verschieben

15. Sehen Sie sich das Ergebnis in der Vorschau an und variieren Sie bei Bedarf die Länge der einzelnen Überblendungen sowie die Anzeigedauer der betreffenden Bilder.

Abbildung 3.142: Der Text »tanzt« durch Ihr Bild – sogar über die Überblendung hinaus

Sofern Sie nach dem dritten Schritt das Feature 3D VERFORMUNG auswählen, können Sie Ihr Bild neben den drei Rotationsmöglichkeiten zusätzlich noch beliebig verformen.

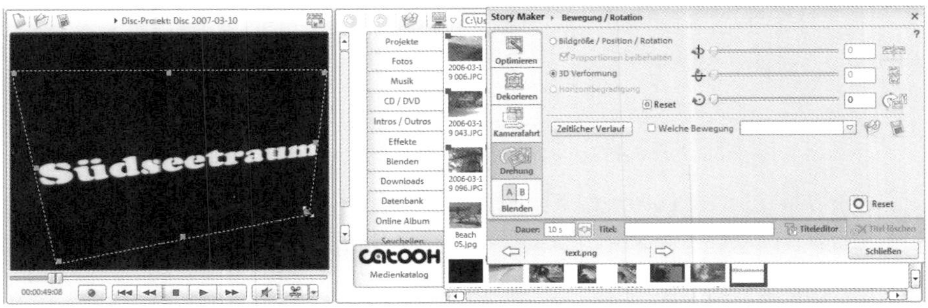

Abbildung 3.143: Option 3D VERFORMUNG

Was ist wichtig? (Zooms)

Machen Sie Ihr Publikum mit Zoom-Effekten auf wichtige Details Ihrer Fotoshow aufmerksam. Auch das lässt sich recht einfach mit dem Story Maker bewerkstelligen.

1. Doppelklicken Sie auf das gewünschte Foto, dem Sie einen Zoom-Effekt zuweisen wollen. Der Dialog mit dem Story Maker erscheint.
2. Klicken Sie auf die Schaltfläche BEWEGUNG.
3. Aktivieren Sie die Checkbox vor HINEINZOOMEN.

Abbildung 3.144: Den Effekt Hineinzoomen auswählen

4. Legen Sie im rechten Vorschaufenster mit dem angezeigten Rahmen den Ausschnitt fest, auf den Sie zoomen wollen.

   Dadurch wird das Originalbild zuerst in der Totalen gezeigt und dann bis zum ausgewählten Ausschnitt herangezoomt. Die Animation endet mit einer bildschirmfüllenden Ansicht des Wunschausschnitts.

5. Wählen Sie aus dem Dropdown-Menü Bewegungsdauer den Punkt Zoom mit 2 Sekunden Rand aus.

Abbildung 3.145: Einstellung festlegen: Zoom mit 2 Sekunden Rand

Abbildung 3.146: Den Effekt HINEINZOOMEN *überprüfen*

Natürlich lässt sich der Effekt auch umgekehrt als HERAUSZOOMEN gestalten. Die Anzeige startet dann mit der bildschirmfüllenden Ansicht Ihres Ausschnitts, um danach in das Originalbild herauszuzoomen.

1. Um nur einen vergrößerten Ausschnitt des Originalfotos zu zeigen, markieren Sie die Checkbox vor NUR AUSSCHNITT DARSTELLEN.

Abbildung 3.147: NUR AUSSCHNITT DARSTELLEN *wählen*

2. Bestimmen Sie im rechten Vorschaufenster mit den orangefarbenen Anfasspunkten des angezeigten Rahmens den gewünschten Ausschnitt. Klicken Sie in den Rahmen, um ihn mit gedrückter linker Maustaste zu verschieben.
3. Kontrollieren Sie das Endergebnis links im Vorschaumonitor.

Abbildung 3.148: Ausschnitt vergrößert

4. Verlassen Sie den Story Maker per Klick auf SCHLIEßEN.

Zooms und Ausschnitte mit der deluxe-Version

1. Für Zooms klicken Sie als Nutzer der deluxe-Version im Story Maker auf KAMERAFAHRT.

2. Legen Sie mit dem Rahmen links den Bildausschnitt fest, auf den gezoomt werden soll.

3. Klicken Sie auf die Schaltfläche HINEINZOOMEN.

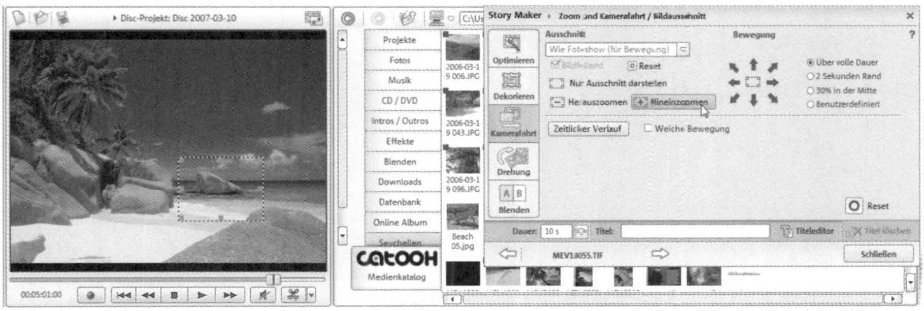

Abbildung 3.149: Zoomen

Analog lässt sich der Effekt auch umgekehrt (HERAUSZOOMEN) nutzen.

4. Um nur einen vergrößerten Bereich des Bildes zu zeigen, betätigen Sie nach Festlegen des Ausschnitts die Schaltfläche NUR AUSSCHNITT DARSTELLEN.

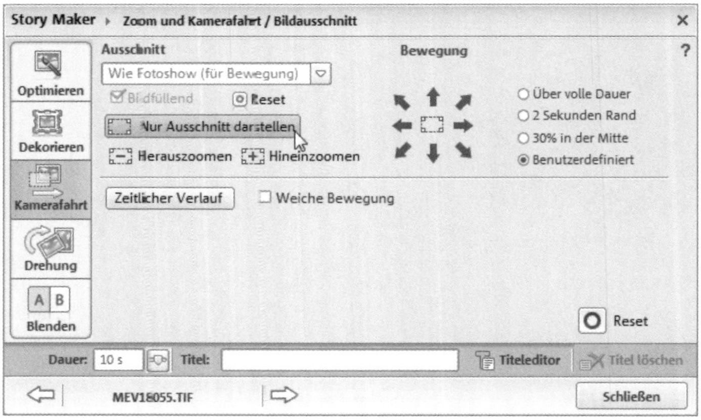

Abbildung 3.150: NUR AUSSCHNITT DARSTELLEN

Im Dropdown-Menü AUSSCHNITT können Sie zwischen verschiedenen Voreinstellungen wählen. Bei Wahl des Menüpunkts PROPORTIONEN FREI lässt sich in der Vorschau der Bildausschnitt mit der Maus pixelgenau selbst festlegen.

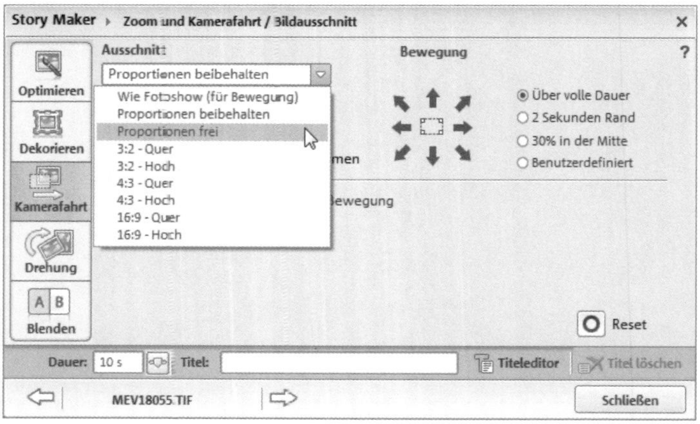

Abbildung 3.151: Dropdown-Menü AUSSCHNITT

Seitenverkehrt und ein falscher See: Spiegel- und Symmetrieeffekte

Ab und zu müssen Bilder seitenverkehrt – gespiegelt – dargestellt werden, um vielleicht besser in einen bestehenden Kontext zu passen. Wie man das macht und welche interessanten Möglichkeiten sich hinter horizontaler und vertikaler Symmetrie verbergen, erfahren Sie gleich.

1. Um ein Bild zu spiegeln, klicken Sie auf die FX-Schaltfläche des entsprechenden Vorschaubildes im Storyboard und wählen aus dem Kontextmenü HORIZONTALE SPIEGELUNG aus

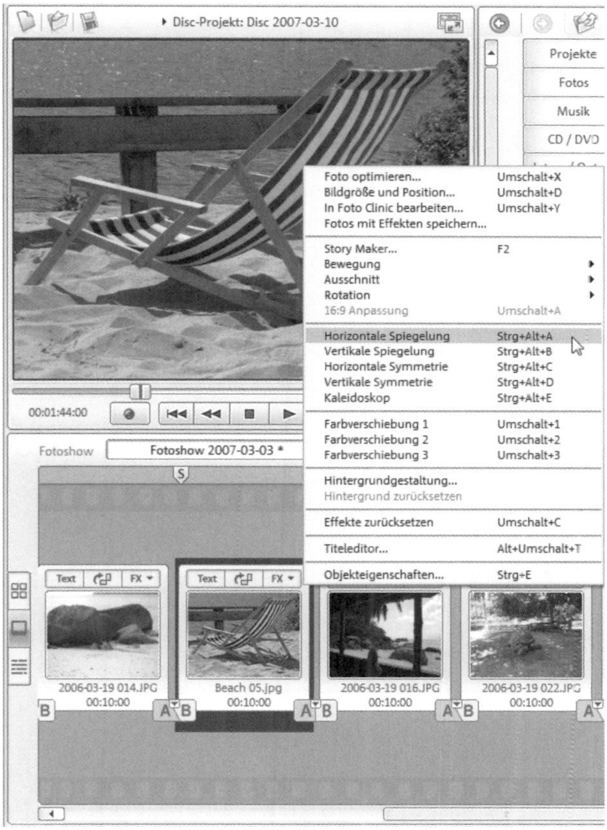

Abbildung 3.152: HORIZONTALE SPIEGELUNG wählen

Entsprechend kippt VERTIKALE SPIEGELUNG das Bild senkrecht nach unten. Allerdings bleibt dessen rechte Seite auch nach der Spiegelung rechts.

2. Betrachten Sie das Ergebnis in der Vorschau links.

Abbildung 3.153: Das Ergebnis: Horizontal gespiegelt

Noch viel interessanter ist die horizontale bzw. vertikale Symmetrie. Letztere wirkt besonders gut bei Landschaftsaufnahmen mit nahezu wolkenlosem Himmel.

1. Klicken Sie auf die FX-Schaltfläche des gewünschten Fotos im Storyboard.
2. Wählen Sie aus dem Menü VERTIKALE SYMMETRIE aus.

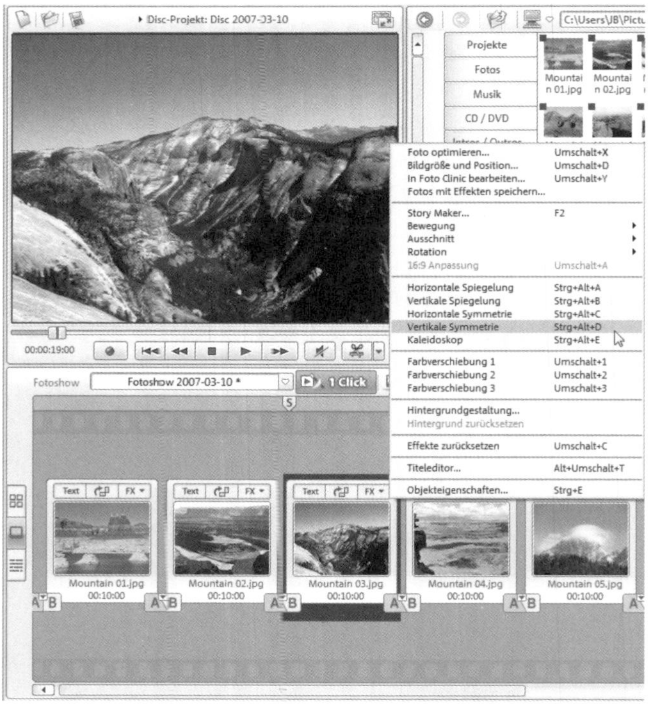

Abbildung 3.154: VERTIKALE SYMMETRIE auswählen

Die obere Hälfte des Bildes wird an der horizontalen Mittelachse nach unten gespiegelt. Und Ihre Zuschauer sehen einen See, wo keiner ist.

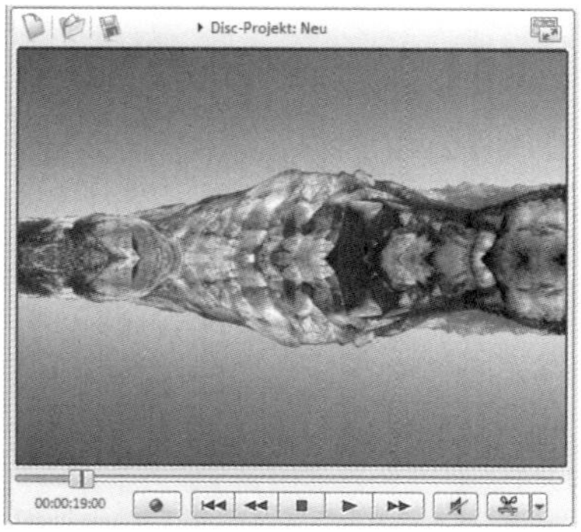

Abbildung 3.155: Genial, der falsche See!

Analog funktioniert der Effekt für die Spiegelung an der vertikalen Mittelachse.

1. Klicken Sie auf die FX-Schaltfläche des betreffenden Fotos im Storyboard.
2. Wählen Sie aus dem Menü HORIZONTALE SYMMETRIE aus.

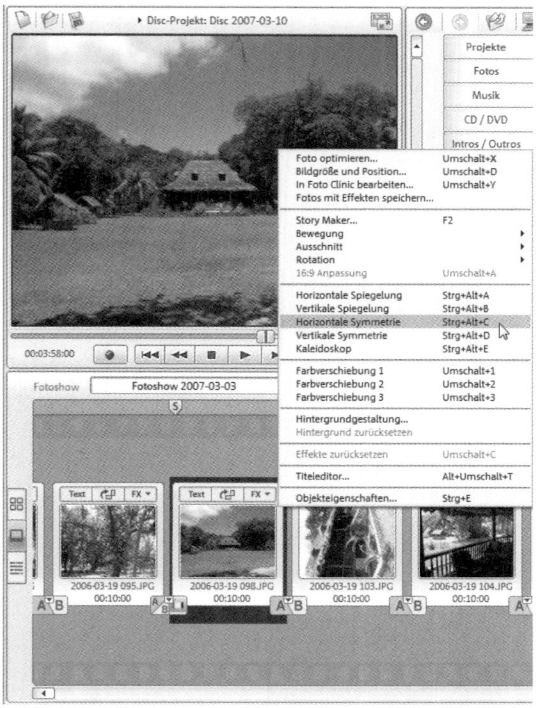

Abbildung 3.156: Diesmal fällt die Wahl auf HORIZONTALE SYMMETRIE

Dadurch entsteht beim Publikum der Eindruck eines vollkommen symmetrischen Objekts, obwohl das Gegenteil der Fall ist.

Abbildung 3.157: Schön symmetrisch

Farbenspiele: Farbverschiebungen

Gestalten Sie doch mal eine knallige, effektvolle Fotoshow außerhalb der strengen, sauberen Farbwiedergabe – das ideale Einsatzgebiet für Farbverschiebungen.

Das geht am einfachsten mit den drei Farbverschiebungsfunktionen.

1. Klicken Sie auf die FX-Schaltfläche eines Bildes im Storyboard.
2. Wählen Sie im Menü FARBVERSCHIEBUNG 1 aus.

Abbildung 3.158: FARBVERSCHIEBUNG 1 wählen

3. Überprüfen Sie das Ergebnis im Vorschaumonitor.

Bei Nichtgefallen probieren Sie einfach FARBVERSCHIEBUNG 2 oder FARBVERSCHIEBUNG 3 aus.

Abbildung 3.159: Farbverschiebung

Eine weitere Möglichkeit, die Farben eines Bildes zu verändern, bieten die *1-Klick-Optimierungen* des Story Makers.

1. Doppelklicken Sie auf das Foto, das bearbeitet werden soll.

Der Story Maker startet.

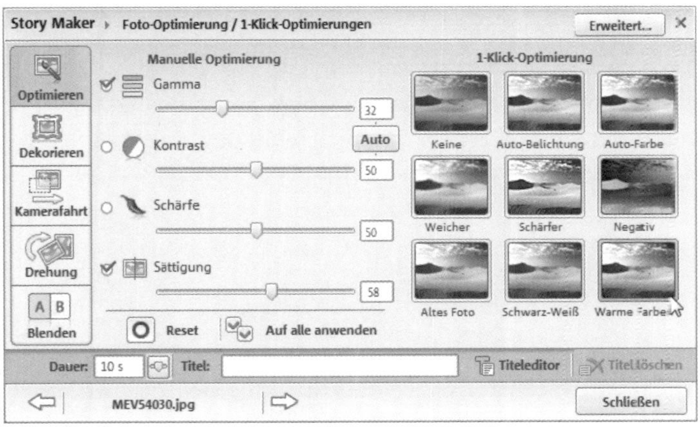

Abbildung 3.160: Dialog STORY MAKER

2. Klicken Sie rechts im Bereich 1-KLICK-OPTIMIERUNG beispielsweise auf die Schaltfläche WARME FARBEN.

Bewundern Sie Ihre tolle Abendstimmung.

Abbildung 3.161: Ihre Abendstimmung

> **HINWEIS**
>
> Probieren Sie die vielfältigen 1-Klick-Optimierungen ruhig aus. Bei Nichtgefallen lässt sich die Einstellung per Klick auf RESET wieder rückgängig machen.
>
> 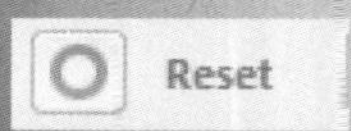
>
>
> *Abbildung 3.162: RESET*

Der Griff in die Trickkiste: noch mehr 1-Klick-Optimierungen

Die 1-Klick-Optimierungen mit dem Story Maker haben Sie bereits kennen und schätzen gelernt. MAGIX Fotos auf CD & DVD hat noch mehr davon zu bieten. Aber wo sind sie?

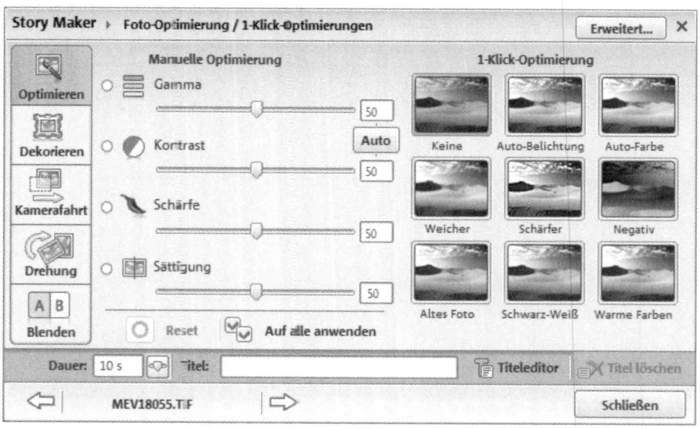

Abbildung 3.163: Es gibt mehr als neun 1-Klick-Optimierungen

Um Zugang zu weiteren supernützlichen 1-Klick-Optimierungen (nur in der deluxe-Version) zu bekommen, müssen Sie den Umweg über den Media Pool nehmen.

1. Klicken Sie auf die Schaltfläche EFFEKTE.
2. Öffnen Sie den Ordner 1-KLICK OPTIMIERUNG per Doppelklick.

Abbildung 3.164: Ordner 1-KLICK OPTIMIERUNG

Dieser Ordner enthält viele weitere Effekte.

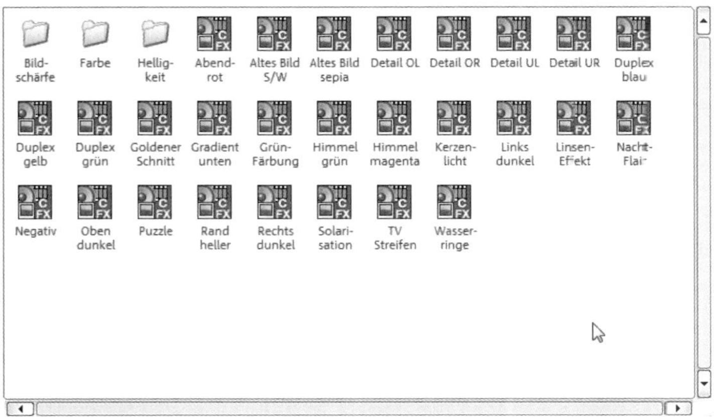

Abbildung 3.165: Die versteckten Funktionen

3. Um einen dieser Effekte einem Bild im Storyboard zuzuweisen, markieren Sie es durch einen Einzelklick.
4. Doppelklicken Sie dann auf den Eintrag der gewünschten Optimierung im Media Pool.

Hier einige Beispiele:

Abbildung 3.166: PUZZLE

Abbildung 3.167: KERZENLICHT

Abbildung 3.168: GRÜN-FÄRBUNG

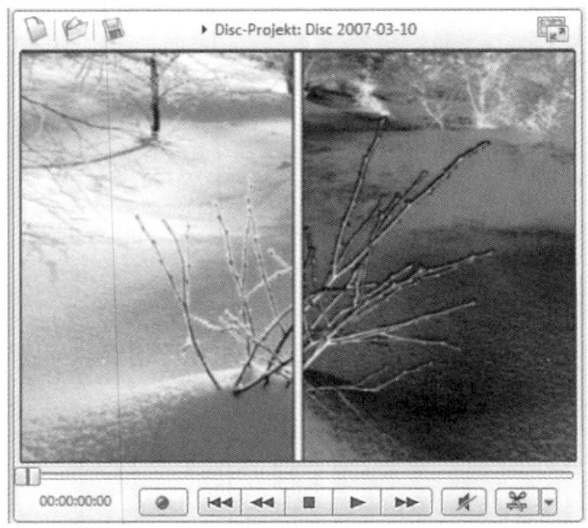

Abbildung 3.169: NEGATIV

Zusatzeffekte, Bilder und vieles mehr aus Catooh – dem Online Medien Katalog

Fehlt hier und da noch eine Kleinigkeit? Etwa ein Bild, ein besonderer Effekt, vielleicht ein bestimmter Song oder etwas Ähnliches? Durchstöbern Sie doch mal den MAGIX Online Medien Katalog, eine umfangreiche – leider kostenpflichtige – Sammlung von Bildern, Videoclips und Sounds. Sie können dort in aller Ruhe herumstöbern, alles ausprobieren und es sich anschließend herunterladen.

Den Online-Medienkatalog starten Sie mit einem Klick auf die Schaltfläche CATOOTH.

Abbildung 3.170: CATOOTH-Schaltfläche

Beim ersten Besuch dort müssen Sie sich – sofern Sie etwas kaufen möchten – zunächst über den Button JETZT ANMELDEN oder die Schaltfläche ANMELDEN registrieren, einfaches Herumstöbern bedarf keiner Anmeldung. Wählen Sie links oben aus, welches Angebot Sie interessiert: BILDER, VIDEOS, AUDIO, VORLAGEN & EFFEKTE oder MOBILE.

Abbildung 3.171: Angebot auswählen

Auf der nächsten Seite sehen Sie links noch mehr Kategorien, um das Gesuchte weiter einzugrenzen, im rechten Bereich befinden sich Miniaturdarstellungen der verfügbaren Elemente.

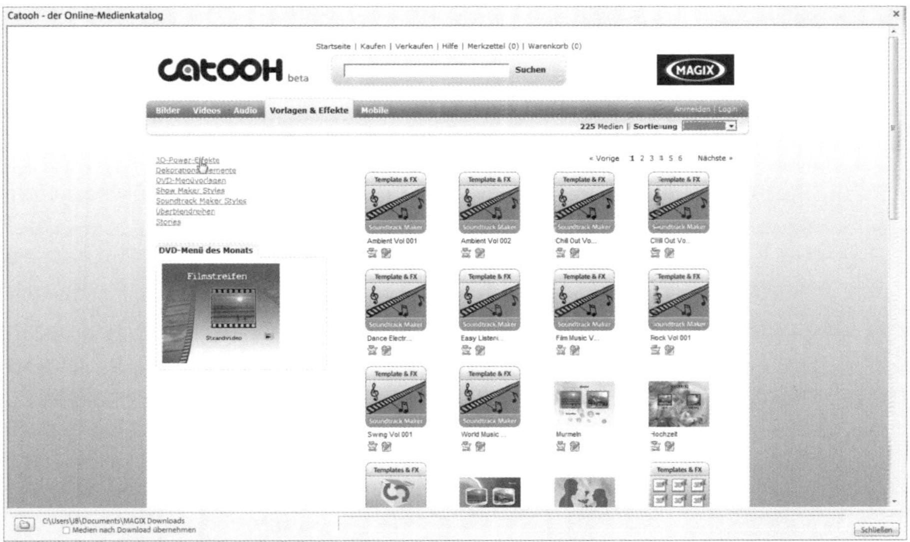

Abbildung 3.172: Unterkategorie festlegen

Links befinden sich weitere Unterkategorien zur stärkeren Verfeinerung der Suche. Sobald Sie ein Angebot interessiert, können Sie sich durch Bewegen des Mauszeigers über die Miniaturdarstellung genauere Informationen über das Produkt einblenden lassen, wie etwa die Programmversionen, zu denen es passt, den Preis usw.

Abbildung 3.173: Informationen zum Angebot abrufen

Möchten Sie eine Vorschau bzw. vorhören, wenn es sich um Audiodateien oder vertonte Videos handelt, klicken Sie einfach auf die Miniaturdarstellung.

Auf der Folgeseite (Abbildung 3.174) können Sie Ihre Auswahl ansehen (vorhören), Sie erhalten nochmals eine Übersicht über die Details sowie eine Beschreibung (Register Beschreibung).

Gefällt Ihnen das Angebot und möchten Sie es käuflich erwerben, klicken Sie einfach auf den Link In den Warenkorb legen (Abbildung 3.175).

Um Ihre Auswahl herunterzuladen, klicken Sie auf die Schaltfläche Warenkorb öffnen/Download. Bei Ihrem ersten Einkauf müssen Sie sich für den Service registrieren lassen. Dazu klicken Sie im eingeblendeten Fenster auf Infos & Anmeldung. Wenn Sie bereits bei MAGIX mit E-Mail-Adresse und Passwort registriert sind, können Sie diese Daten nutzen. Geben Sie anschließend gegebenenfalls noch Ihre Bankverbindung an und schon kann der Download beginnen. Sobald alle Elemente heruntergeladen sind, werden sie vom Programm automatisch installiert.

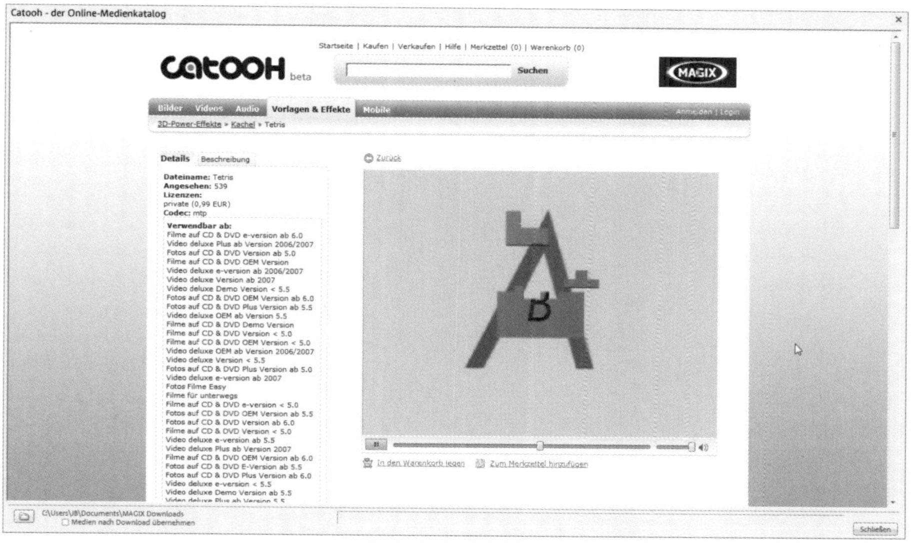

Abbildung 3.174: Vorschau

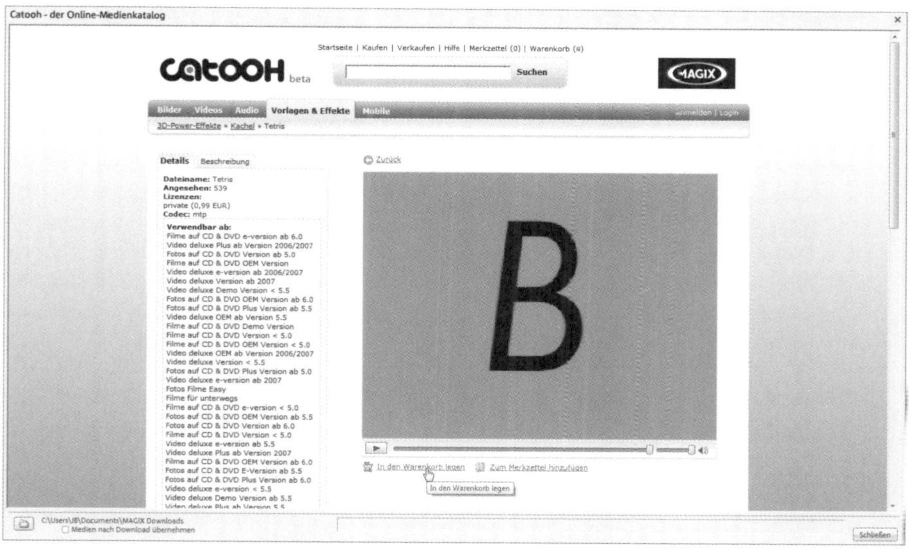

Abbildung 3.175: In den Warenkorb legen

Bearbeitete Fotos speichern

Anders als in MAGIX Foto Clinic wirken sich Optimierungen mit dem Video Cleaning-Editor und Story Maker nicht auf die ursprüngliche Bilddatei aus (nicht destruktiv). Alle Änderungen und Effekte sind also nicht permanent und lassen sich jederzeit wieder rückgängig machen. Sie können also nach Lust und Laune experimentieren. Nichtsdestoweniger ist ein dauerhaftes Speichern des in MAGIX Fotos auf CD & DVD bearbeiteten Fotos möglich.

1. Markieren Sie das bearbeitete Foto im Storyboard.
2. Wählen Sie im Programmfenster DATEI/FOTOS MIT EFFEKTEN SPEICHERN.

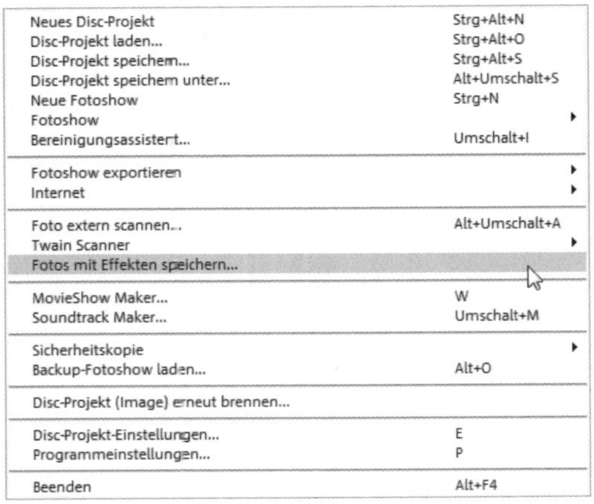

Abbildung 3.176: Den Befehl FOTOS MIT EFFEKTEN SPEICHERN im DATEI-Menü aufrufen

Das Programm bietet Ihnen nun an, den ursprünglichen Dateinamen mit dem angehängten Index _1 zu versehen. So wird sichergestellt, dass das Originalfoto unverändert bleibt.

3. Klicken Sie auf OK, um diesen Vorschlag anzunehmen, oder auf UMBENENNEN, wenn Sie den Dateinamen selbst wählen wollen.

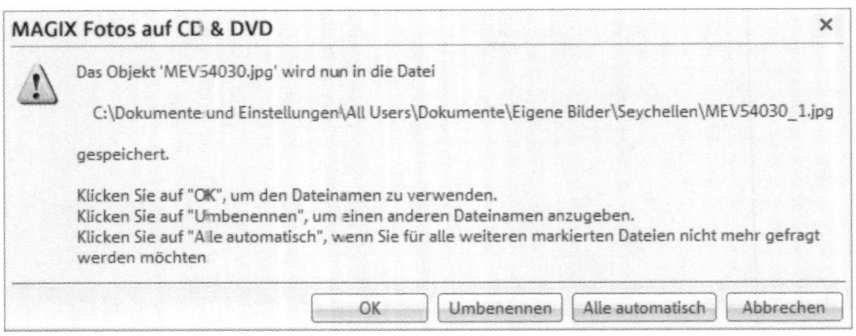

Abbildung 3.177: Vorschlag annehmen?

Fotoshow auftunen – Rahmen und OverlayFX benutzen

In diesem Abschnitt geht es um das Aufpeppen Ihrer Fotos per OverlayFX. Darunter versteht man besondere Dateien, die Sie wie einen Rahmen oder eine Folie über Ihre Bilder legen können. Das reicht von einfachen Rahmen über Objekte, wie etwa Sprechblasen, Luftballons usw., bis hin zu komplett vertonten Animationen.

1. Doppelklicken Sie auf das betreffende Bild im Storyboard, um den Story Maker zu starten.
2. Klicken Sie links auf die Schaltfläche DEKORIEREN.

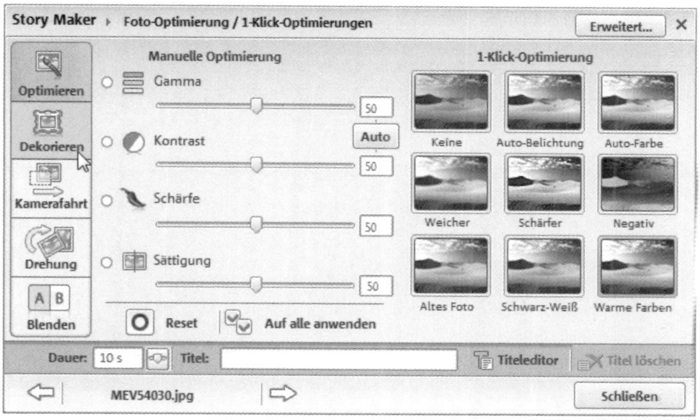

Abbildung 3.178: DEKORIEREN wählen

3. Öffnen Sie beispielsweise das Register RAHMEN.

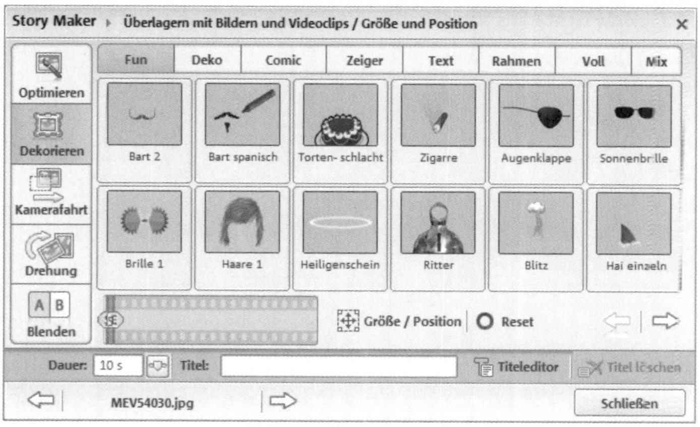

Abbildung 3.179: Kategorien von DEKORIEREN

4. Klicken Sie den gewünschten Rahmen an.

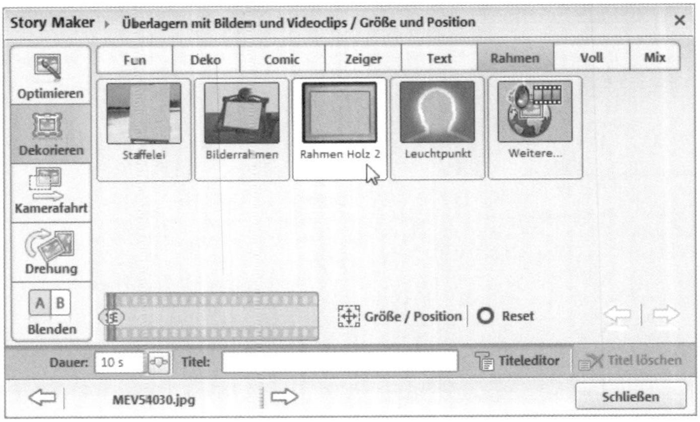

Abbildung 3.180: Dekoelement auswählen

5. Betrachten Sie das Ergebnis in der Vorschau.

Abbildung 3.181: Bild mit Dekoelement

6. Bestimmen Sie die Länge des Overlay-Effekts auf das Objekt, indem Sie den S- und den E-Marker verschieben.

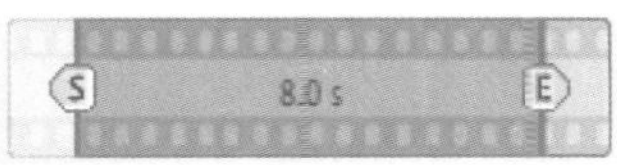

Abbildung 3.182: Länge des Overlay-Effekts festlegen

7. Klicken Sie auf die Schaltfläche GRÖßE / POSITION, um Größe und Position des Dekoelements einzustellen.

Abbildung 3.183: Schaltfläche GRÖßE / POSITION

Im folgenden Fenster BILDGRÖßE UND POSITION lassen sich die Größe und die Position der Dekorierung verändern.

Abbildung 3.184: BILDGRÖßE UND POSITION

Mit den beiden Schaltflächen kann das Element horizontal ( ) oder vertikal ( ) gespiegelt werden. Über den Drehknopf können Sie kippen.

Abbildung 3.185: Über den Drehknopf den Rahmen kippen

Im Folgenden sehen Sie einige Dekorationsmöglichkeiten aus dem Register MIX.

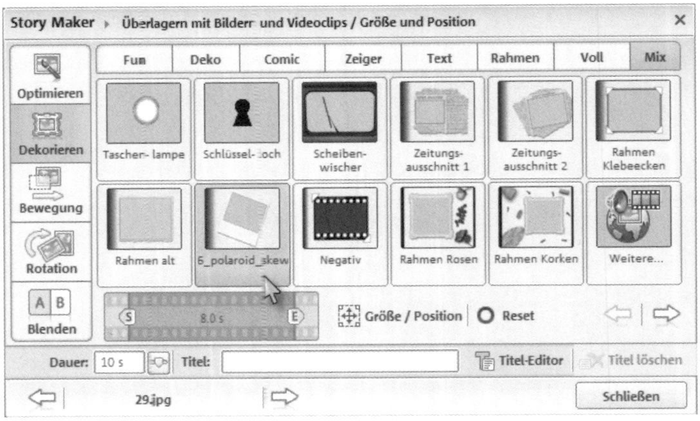

Abbildung 3.186: Kategorie MIX

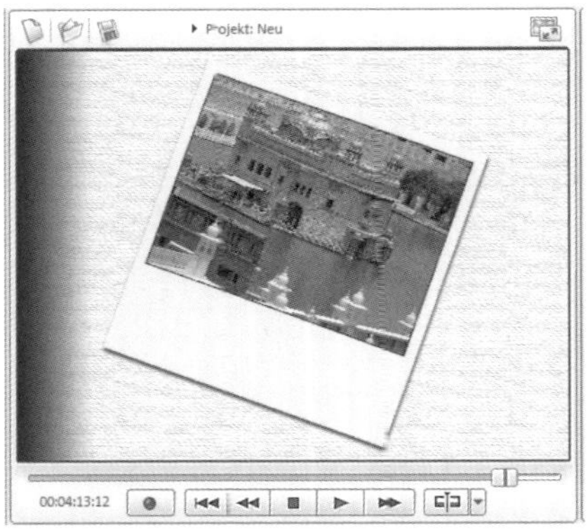

Abbildung 3.187: POLAROID

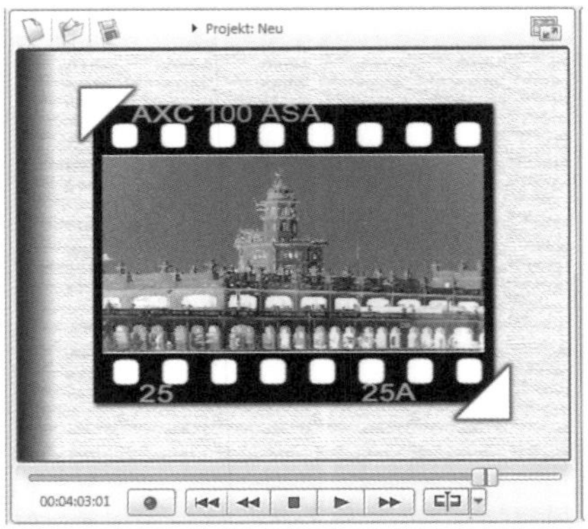

Abbildung 3.188: NEGATIV

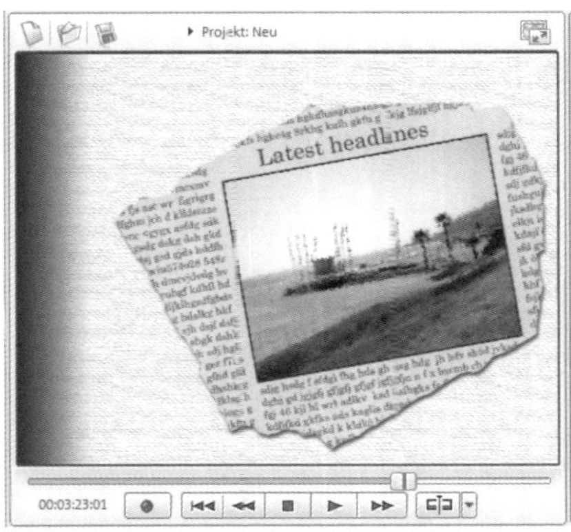

Abbildung 3.189: ZEITUNGSAUSSCHNITT 2

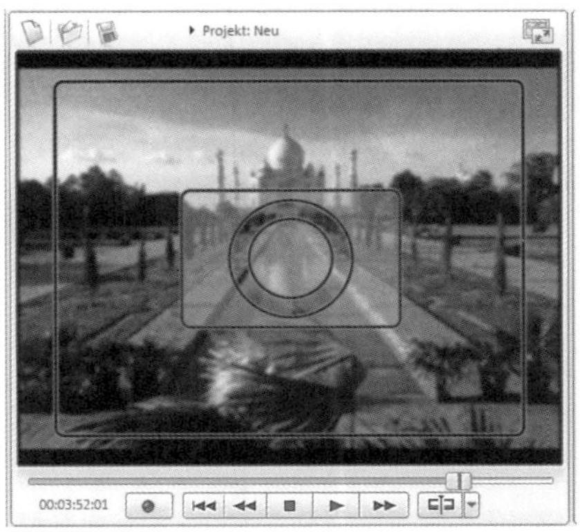

Abbildung 3.190: KAMERA

Magisch – magnetische Objekte

Die Dekoelemente des Story Makers haben Sie bereits kennen gelernt. Mit ihnen lassen sich Ihre Bilder durch Animationen aufpeppen, mit Rahmen verzieren u. v. m. Darüber hinaus können Dekoelemente, Bild-im-Bild- und Textobjekte als effektvolle Elemente für ein Hintergrundvideo eingesetzt werden, die dann bewegten Bildpunkten automatisch folgen.

1. Ziehen Sie dazu die Videodatei ins Storyboard.
2. Führen Sie einen Doppelklick auf das Vorschaubild der Datei aus, um den Story Maker zu starten.
3. Klicken Sie im Story Maker auf die Dekorieren-Schaltfläche.

Im folgenden Beispiel soll eine Gewitterwolke über dem Kopf eines der Akteure schweben und ihm folgen.

4. Wählen Sie aus dem Register Fun das Dekoelement Blitz aus und klicken Sie auf die Schaltfläche Größe / Position.

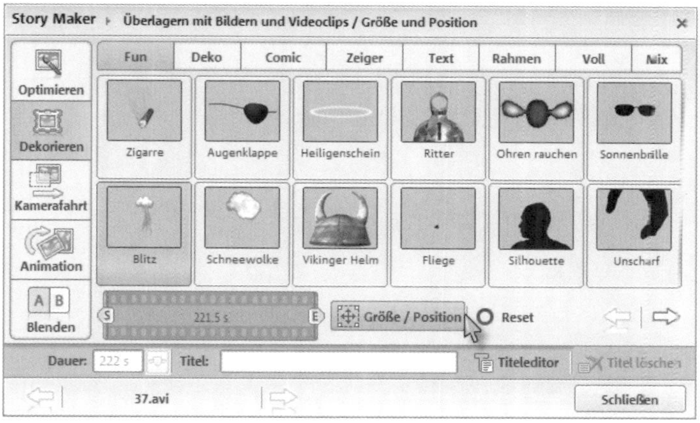

Abbildung 3.191: »Verfolger« auswählen

5. Bringen Sie mithilfe der orangefarbenen Anfasspunkte das Dekoelement zunächst auf die gewünschte Größe.
6. Klicken Sie auf Objekt verfolgen.

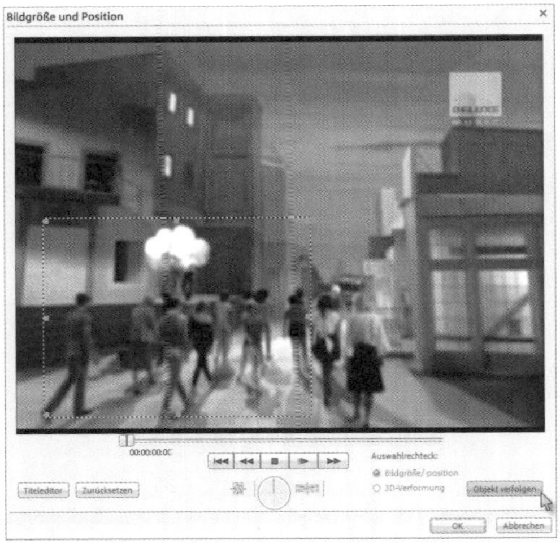

Abbildung 3.192: Größe des Dekoelements anpassen

7. Suchen Sie sich das Objekt oder den Bildausschnitt aus, an welches Sie das Dekoelement anheften wollen, und ziehen Sie mit der Maus einen Rahmen darüber auf.

Sogleich beginnt MAGIX die Verfolgungsjagd zu berechnen. Dies kann, je nach Länge des Videos, einige Zeit in Anspruch nehmen.

Abbildung 3.193: Objekt anheften

8. Klicken Sie auf die Wiedergabe-Schaltfläche und begutachten Sie das Ergebnis.
9. Korrigieren Sie eventuell die Position des Dekoelements.
10. Verlassen Sie den Dialog Bildgröße und Position per Klick auf OK.

Abbildung 3.194: Einige Verfolgungsszenen

Workshop 6: »Textverarbeitung« – Text-Intro, Untertitel und Abspann mit dem Titel-Editor

Die Fotos sind arrangiert, Überblendungen und Effekte stehen. Prima, nun ist es Zeit, Ihre Fotoshow mit Titeln und Textkommentaren zu garnieren. Schaffen Sie mit kurzen Texteinblendungen Aufmerksamkeit und informieren Sie Ihre Zuschauer beispielsweise über Orte, besondere Bauwerke oder Ähnliches.

Abbildung 3.195: Untertitel informieren

Der Vorspann

Wie jeder oscarverdächtige Film sollte auch Ihr Werk einen Vorspann haben. Informieren Sie Ihr Publikum über das, was es gleich zu sehen bekommt.

1. Klicken Sie im Vorschaubild des ersten Fotos Ihrer Show auf die Text-Schaltfläche.
2. Wählen Sie links in den Voreinstellungen aus der Kategorie Standard den Punkt Schriften oben aus. Tippen Sie dann in das schwarze Eingabefeld den Text ein und legen Sie seine Ausrichtung fest.

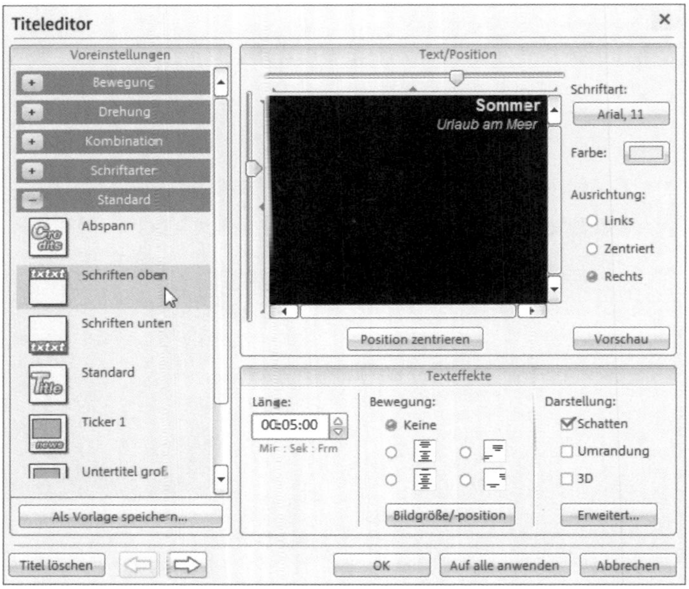

Abbildung 3.196: Der Titel-Editor

3. Um Schrifttyp oder Schriftgröße zu verändern, markieren Sie die betreffende Textpassage und klicken auf die Schaltfläche Schriftart.

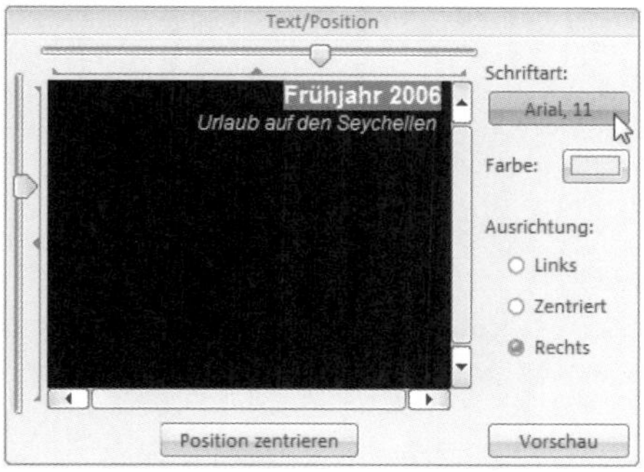

Abbildung 3.197: Die Schriftart festlegen

4. Wählen Sie die gewünschten Einstellungen und bestätigen Sie mit OK.

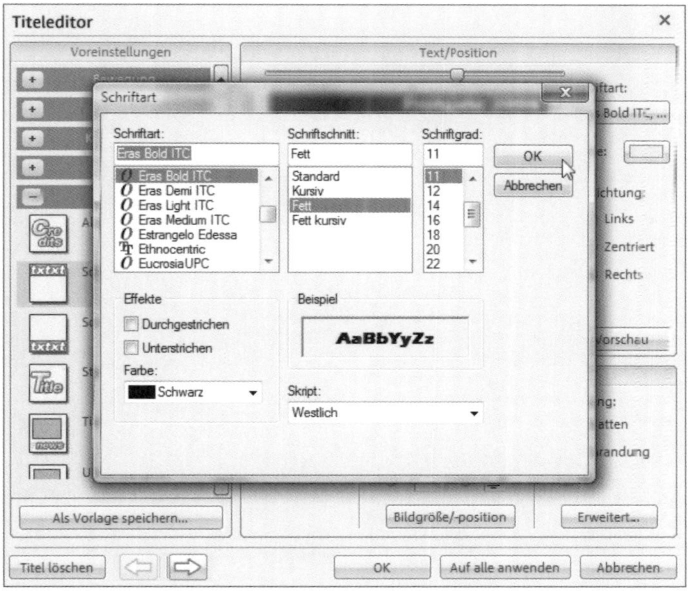

Abbildung 3.198: Schriftart und Schriftgröße ändern

> **TIPP**
>
> Nutzen Sie die Presets – also Voreinstellungen – zur schnellen Einrichtung von Text-Effekten. Per Klick auf das Plussymbol vor den Kategorien listen Sie die einzelnen Vorlagen auf und wählen sie mit einem Mausklick aus. Anschließend können Sie diese Ihren Wünschen entsprechend anpassen.
>
> 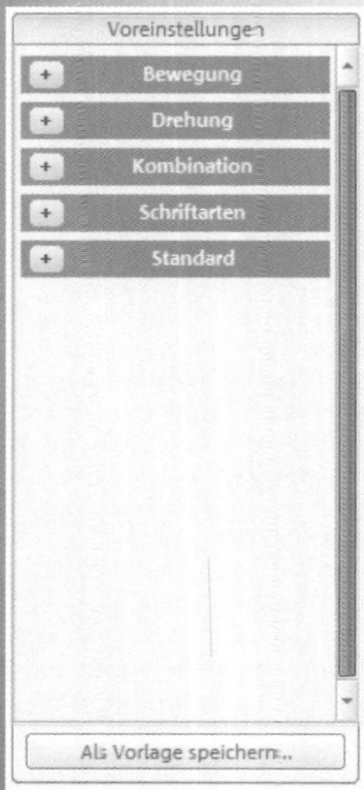
>
>
> *Abbildung 3.199: Die möglichen Voreinstellungen bzw. Presets*

5. Damit sich unser Text – wie im Film – auch bewegt, weisen Sie ihm unten im Bereich TEXT-EFFEKTE eine der vier Bewegungsarten zu.

   Dazu markieren Sie einfach die entsprechende Checkbox. Passen Sie im Feld LÄNGE die Dauer und damit die Geschwindigkeit der Bewegung an.

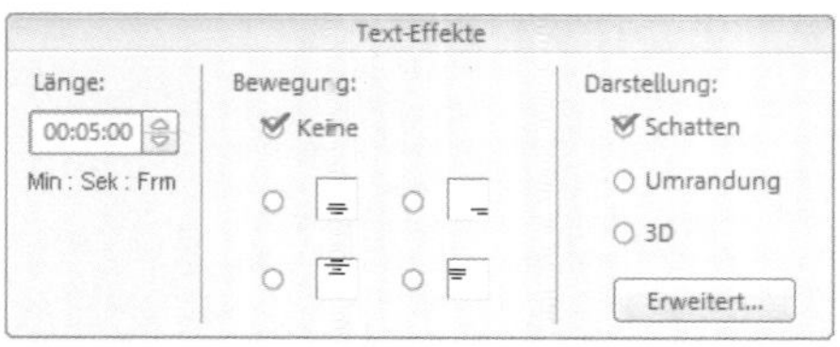

Abbildung 3.200: Bewegungsart zuweisen und Geschwindigkeit anpassen

6. Betrachten Sie das Ergebnis in der Vorschau.

Abbildung 3.201: Den Vorspann überprüfen

7. Speichern Sie abschließend Ihre angepasste Vorlage für künftige Fotoshows ab, indem Sie auf ALS VORLAGE SPEICHERN klicken.

8. Geben Sie Ihrer Vorlage einen aussagekräftigen Namen und speichern Sie sie mit einem Klick auf OK.

Abbildung 3.202: Eigenes Preset speichern

Vorspann im *Star Wars*-Look

MAGIX Fotos auf CD & DVD bietet Ihnen die Möglichkeit zur dreidimensionalen Bild- und Textgestaltung. So können Sie beispielsweise den bekannten *Star Wars*-Titeleffekt »nachbauen«.

Abbildung 3.203: Star Wars-Vorspann

1. Wählen Sie das passende Bild für den Hintergrund im Storyboard aus und klicken Sie dann auf die Text-Schaltfläche.
2. Bei den Voreinstellungen links wählen Sie aus dem Bereich Standard den Eintrag Abspann aus.
3. Tippen Sie den gewünschten Text ins Eingabefeld des Texteditors ein (Abbildung 3.204).
4. Im Bereich Texteffekte erhöhen Sie die Länge auf etwa 15 Sekunden. Anschließend betätigen Sie die Schaltfläche Bildgröße/-position.
5. Setzen Sie im darauf erscheinenden Fenster ein Häkchen vor 3D-Verformung.
6. Bewegen Sie den Schieberegler nach rechts, bis der Text erscheint.
7. Nun klicken Sie mit dem Mauszeiger auf den Text.
8. Das Programm zeigt nun einen orangefarbenen Rahmen um den Text an.
9. Bewegen Sie den Mauszeiger über die oberen Anfasspunkte, bis er seine Form verändert. Halten Sie die linke Maustaste gedrückt und bringen Sie den Rahmen (und damit den Text) in eine trapezartige Form – ähnlich Abbildung 3.205.

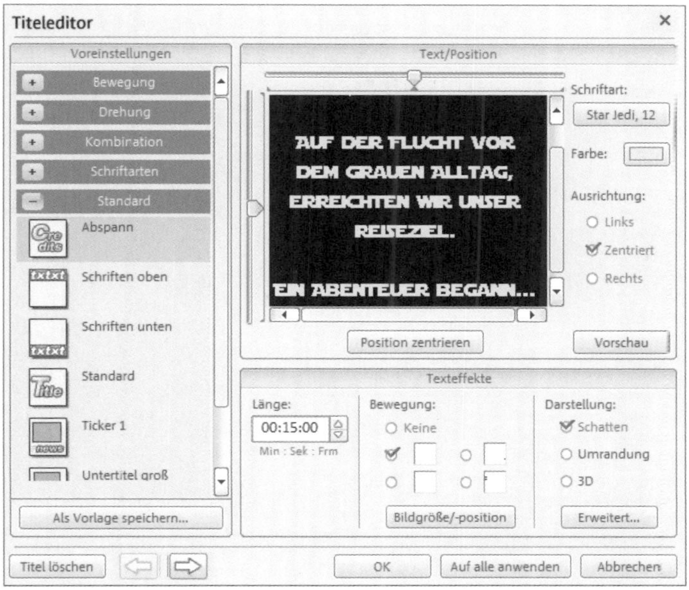

Abbildung 3.204: Dialog Titeleditor

10. Klicken Sie auf die Play-Schaltfläche und begutachten Sie das Ergebnis.

11. Wenn Sie zufrieden sind, verlassen Sie das Fenster mit einem Klick auf OK. Bei Nichtgefallen klicken Sie einfach auf Zurücksetzen und probieren es noch einmal.

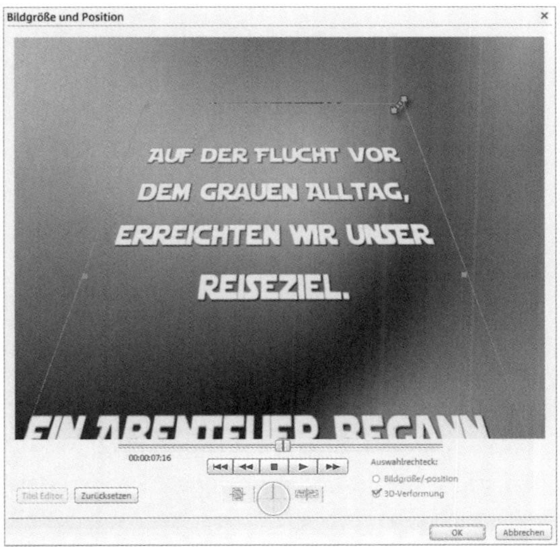

Abbildung 3.205: Bildgröße und Position

▶ TIPP

Die Star Wars-Schrift gibt es als *TTF*-Datei kostenlos zum freien Download im Internet. Suchen Sie über *Google* oder *Yahoo* nach den Begriffen STARJEDI.TTF (am besten in Anführungszeichen) und DOWNLOAD. Sie werden sicher mehrere Treffer landen.

Schwarzdias für Ein- und Ausblendungen erzeugen und einsetzen

Schwarzdias sind Ihnen vielleicht aus Film und Video bekannt: Dabei wird eine Szene langsam in ein schwarzes Bild ausgeblendet und die Folgeszene aus dem schwarzen Bild wie aus dem Nichts wieder eingeblendet. So können Sie für Einschnitte in Ihrer Fotoshow sorgen.

Im konkreten Fall soll aus einem schwarzen Bild heraus der Vorspann ein- und dann zum ersten Bild unserer Show übergeblendet werden.

1. Ziehen Sie ein beliebiges Bild aus dem Media Pool vor das erste Element Ihrer Fotoshow.

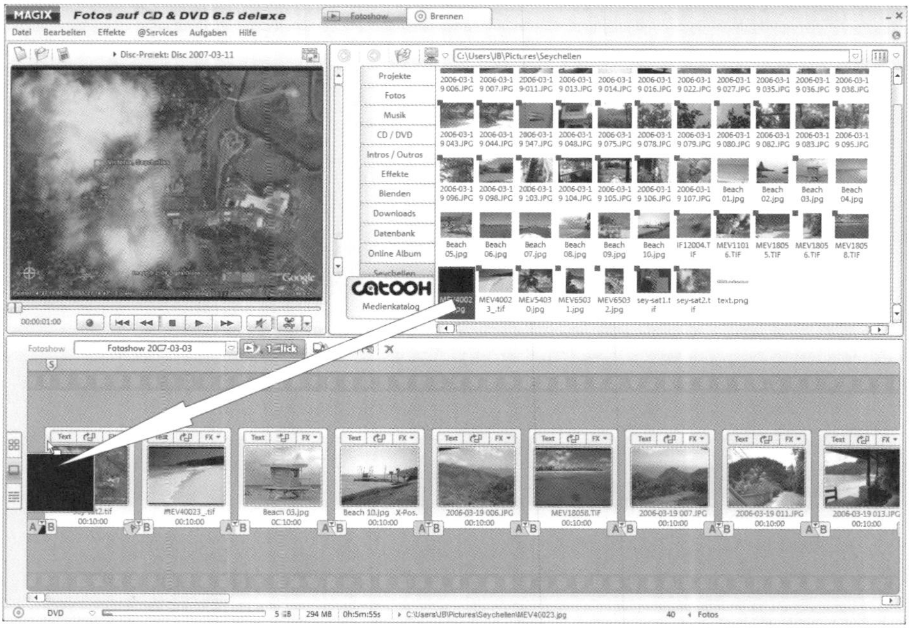

Abbildung 3.206: Bild an erste Position ziehen

2. Markieren Sie es und drücken Sie die Tastenkombination ⇧+X.

3. Ziehen Sie den Schieberegler im Bereich HELLIGKEIT ganz nach links und schließen Sie den Dialog mit OK.

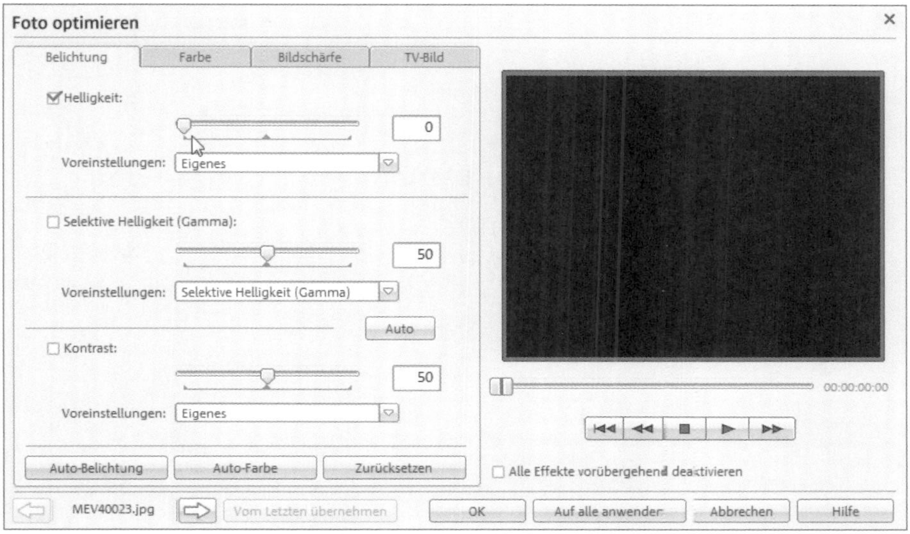

Abbildung 3.207: HELLIGKEIT auf 0 setzen

4. Wechseln Sie in den TIMELINE-Modus.

5. In der Textspur – der dritten von oben – klicken Sie auf den Introtext. Halten Sie die linke Maustaste gedrückt und ziehen Sie ihn unter das Schwarzdia.

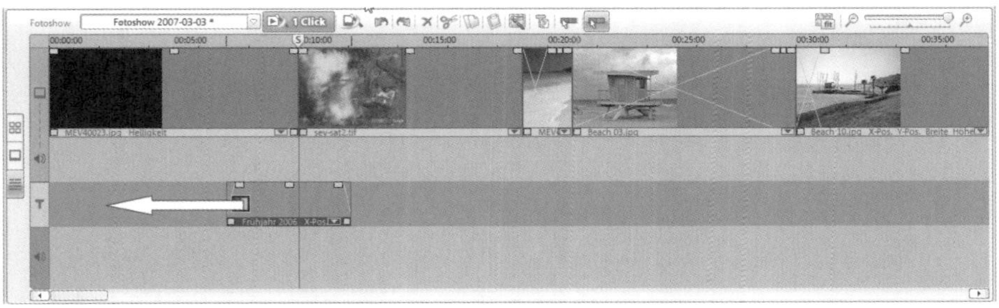

Abbildung 3.208: Textobjekt verschieben

6. Markieren Sie das zweite Bild und ziehen Sie es am linken unteren Anfasser nach links ins Schwarzdia.

Das bewirkt, dass es langsam eingeblendet wird.

7. Kontrollieren Sie das Ergebnis in der Vorschau und korrigieren Sie die Anzeigedauer von Schwarzdia und Text.

Untertitel und Textkommentare

Untertitel und Textkommentare lassen sich in MAGIX Fotos auf CD & DVD leicht selbst gestalten und anpassen. Zusätzlich hält das Programm für Sie auch eine Reihe von Vorlagen bereit.

Abbildung 3.209: Textkommentar

1. Um einen Untertitel einem Foto zuzuordnen, klicken Sie auf die TEXT-Schaltfläche in der Vorschau des gewünschten Bildes.
2. Klicken Sie in das schwarze Eingabefeld des Titel-Editors und ersetzen Sie den Standardtext »Titel« durch den gewünschten Kommentar bzw. Untertitel.

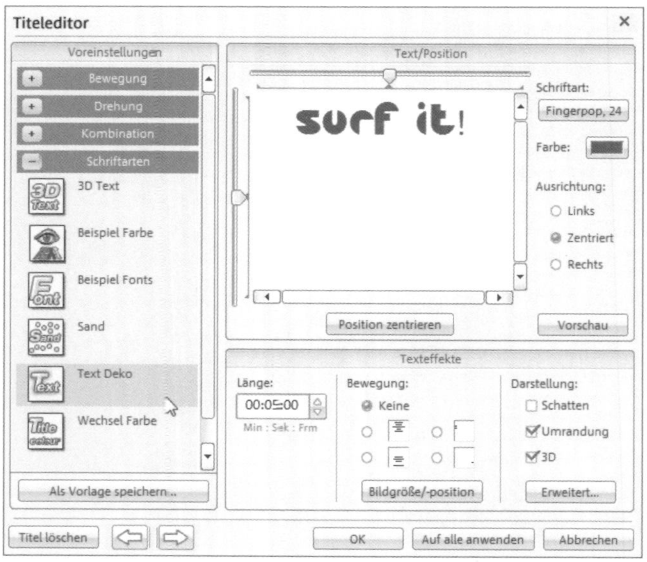

Abbildung 3.210: Titel-Editor

3. Probieren Sie unter den Voreinstellungen in der linken Spalte die verschiedenartigen Vorlagen und Effekte aus, bis Sie etwas Adäquates gefunden haben.

> **TIPP**
>
> Probieren Sie bei den Voreinstellungen unbedingt auch in der Kategorie Schriftarten die verschiedenen Vorlagen aus.

4. Weisen Sie Ihrem Text im Bereich Text-Effekte weitere Einstellungen zu.

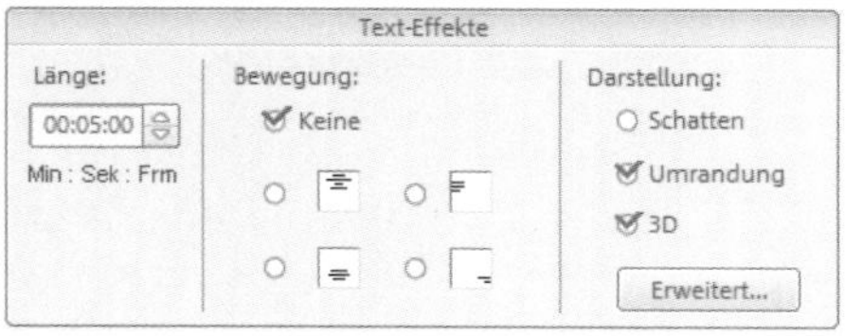

Abbildung 3.211: Der Bereich Text-Effekte

5. Nutzen Sie bei Bedarf die Schaltfläche Erweitert, um zusätzliche Einstellungen vorzunehmen.

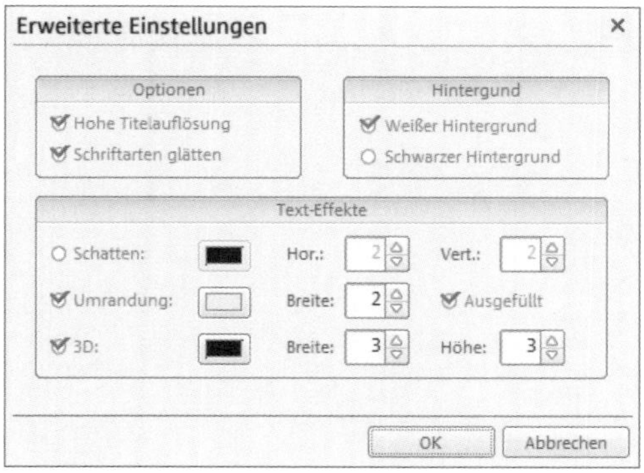

Abbildung 3.212: Fenster Erweiterte Einstellungen

6. Klicken Sie auf die Schaltfläche Schriftart, um ggf. die Schriftgröße zu verändern.
7. Sofern es nötig ist, verändern Sie die Position Ihres Textes im Bild mithilfe der beiden Bildlaufleisten oberhalb und links des schwarzen Eingabefelds. Verfolgen Sie dabei die Änderungen im Vorschaufenster.

Abbildung 3.213: Text positionieren

8. Klicken Sie auf VORSCHAU und achten Sie besonders auf die Lesbarkeit Ihres Textes vor dem jeweiligen Hintergrund.

9. Ändern Sie bei Bedarf über die Schaltfläche FARBE die Schriftfarbe Ihres Kommentars.

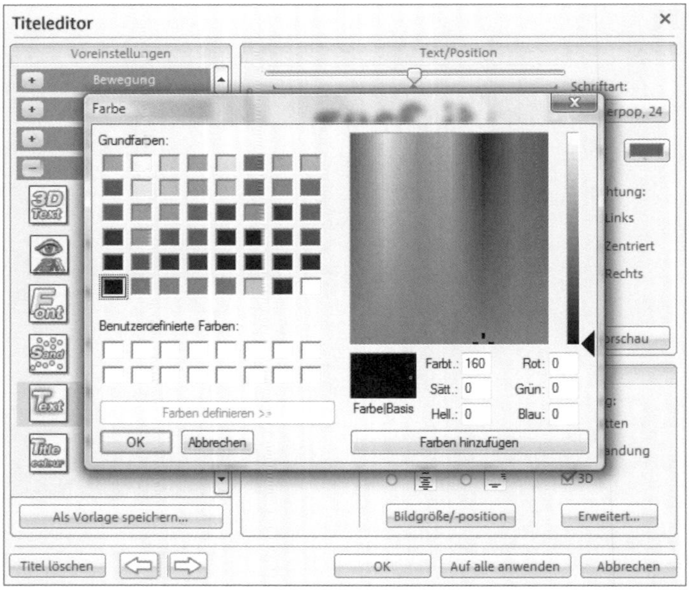

Abbildung 3.214. Farbe des Untertitels anpassen

10. Steuern Sie mit den beiden Navigationsschaltflächen links unten das nächste Bild an, das betitelt werden soll, oder schließen Sie den Editor per Klick auf OK.

Abbildung 3.215: Navigationsschaltflächen

Muss es mal schnell gehen, doppelklicken Sie einfach auf das betreffende Vorschaubild und tragen unten im Story Maker ins Feld Titel den gewünschten Kommentar ein.

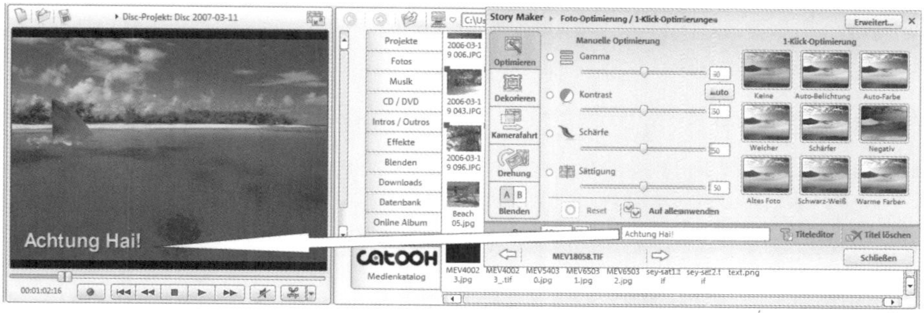

Abbildung 3.216: Untertitel über Story Maker einfügen

> **HINWEIS**
>
> Soll der Kommentar bei zwei verschiedenen Bildern genau gleich aussehen, beispielsweise exakt dieselbe Höhe im Bild haben, kopieren Sie einfach den ersten Kommentar im Timeline-Modus, fügen ihn unter das zweite Bild ein und bearbeiten diesen anschließend.

Der Abspann

Kein Profifilm ohne Abspann! Selbstverständlich erhält auch Ihre Fotoshow einen solchen.

Abbildung 3.217: Abspann

1. Klicken Sie auf die Text-Schaltfläche des letzten Vorschaubildes Ihrer Fotoshow im Storyboard.
2. Wählen Sie bei den Voreinstellungen in der Kategorie Standard den Eintrag Abspann aus.
3. Passen Sie Schriftart, Farbe und Ausrichtung des Abspanns Ihren Anforderungen an.
4. Geben Sie im Bereich Text-Effekte unter Länge 12 Sekunden vor.
5. Klicken Sie bei Bedarf auf die Schaltfläche Erweitert, um im Fenster Erweiterte Einstellungen weitere Optionen festzulegen.
6. Klicken Sie auf die Schaltfläche Vorschau und überprüfen Sie das Ergebnis.
7. Wenn Sie zufrieden sind, schließen Sie den Titel-Editor mit einem Klick auf OK.

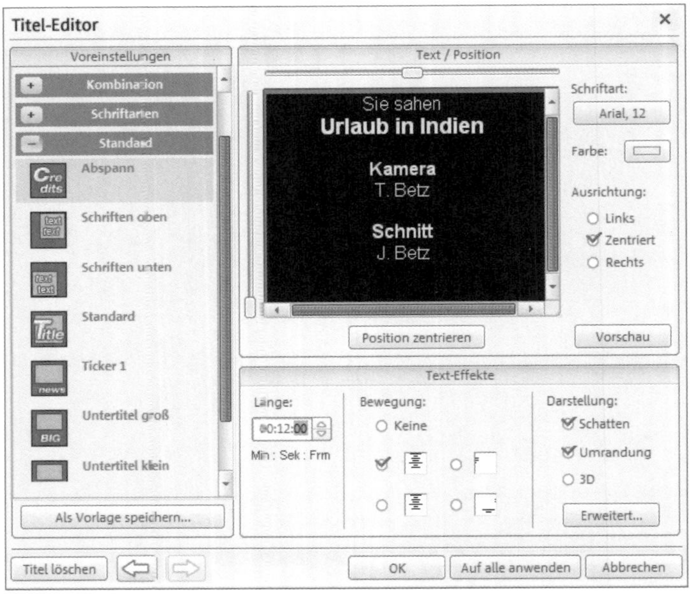

Abbildung 3.218: Die Schaltfläche Abspann wählen

Abspann verfeinern

So ein Standardabspann ist ja schön und gut, aber für angehende Fotoshowprofis ist eine Steigerung möglich.

Abbildung 3.219: Profi-Abspann

1. Öffnen Sie also noch mal den Texteditor mit dem Abspanntext.
2. Bringen Sie den Text mithilfe der oberen Bildlaufleiste möglichst weit nach links.

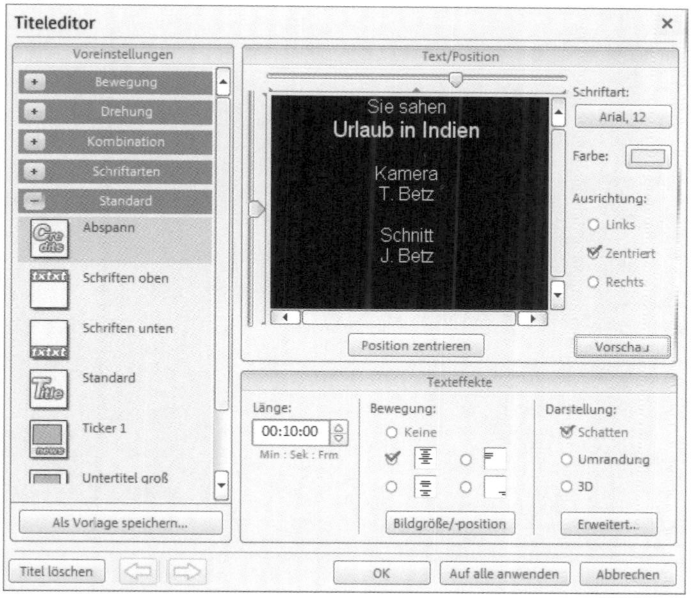

Abbildung 3.220: Text links positionieren

3. Klicken Sie auf die Schaltfläche Bildgröße/-Position.
4. Aktivieren Sie die Option 3D-Verformung mit einem Häkchen und bringen Sie das Hintergrundbild in die gewünschte Form.

Abbildung 3.221: Hintergrundbild anpassen

5. Ist dies geschehen, ziehen Sie den Schieberegler nach links, bis der Text sichtbar wird.
6. Klicken Sie mit dem Mauszeiger in den Text.
7. Sobald der orangefarbene Skalierungsrahmen um den Text angezeigt wird, bringen Sie auch diesen in die gewünschte Form und Größe.

Abbildung 3.222: Text anpassen

8. Verlassen Sie das Fenster mit OK, wenn Sie mit dem Ergebnis zufrieden sind.

Bei Ideenmangel – mit vorgefertigten Intros und Outros arbeiten

Sollte Ihnen einmal die Idee oder Zeit für ein Intro (oder Outro) fehlen, greifen Sie doch einfach auf den MAGIX-Fundus zurück.

1. Klicken Sie im Media Pool auf die Schaltfläche Intros/Outros.

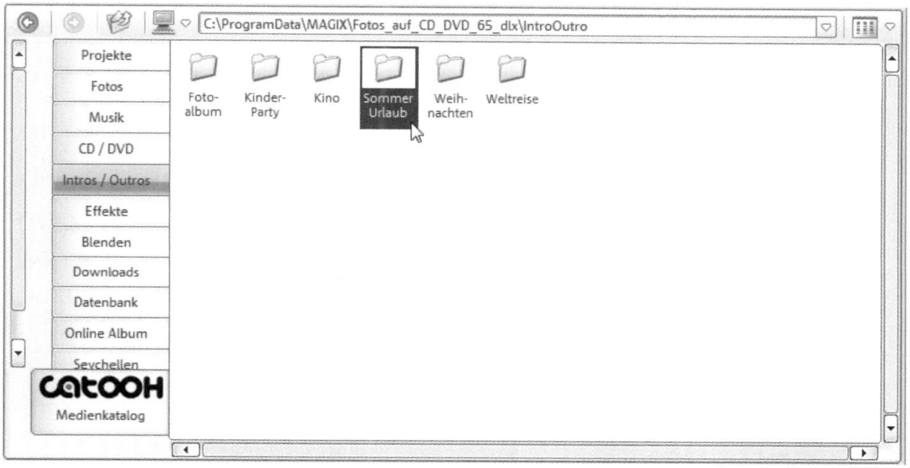

Abbildung 3.223: Intros/Outros

2. Wählen Sie den Ordner aus, dessen Name am ehesten zum Thema Ihrer Fotoshow passt, und öffnen Sie ihn per Doppelklick.
3. Ziehen Sie das »Intro«-Element per Drag&Drop auf das erste Bildelement Ihrer Fotoshow ins Storyboard.

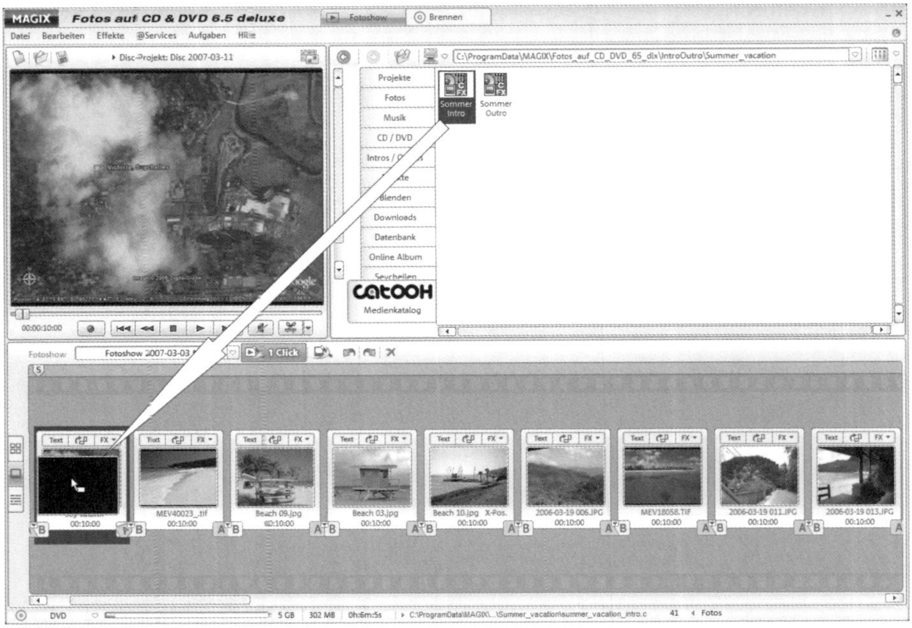

Abbildung 3.224: INTRO-Element

4. Klicken Sie auf die TEXT-Schaltfläche und passen Sie im Titeleditor Aussehen und Position des Vorspanntextes Ihren Bedürfnissen an.

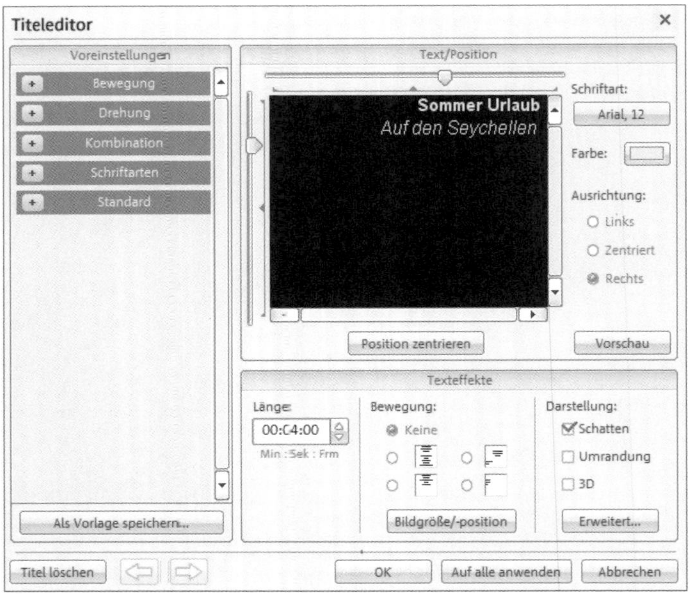

Abbildung 3.225: Text anpassen

5. Begutachten Sie das Ergebnis in der Vorschau.

Abbildung 3.226: Intro

6. Ziehen Sie das Outro-Element aus dem Media Pool auf das letzte Bild Ihrer Show und passen Sie seinen Titel in der gleichen Weise an.

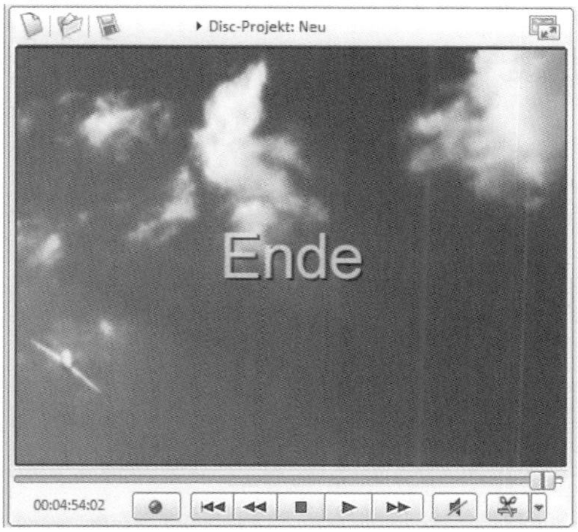

Abbildung 3.227: Outro

Workshop 7: Ton läuft! – die Arbeit mit Sounds

Die Fotoshow ist nun perfekt arrangiert, spektakuläre Überblendungen sorgen für Abwechslung und Rasanz, Titel und Textkommentare sind an Ort und Stelle. Fehlen nur noch Töne und Musik.

Eine sorgfältig ausgewählte Hintergrundmusik trägt viel zur Atmosphäre bei und sollte daher zum Thema Ihrer Fotoshow passen. Für ein Urlaubsvideo eignen sich beispielsweise landestypische Klänge, »Alles Gute« von *Badesalz* ist ideal für Ihre Geburtstagsshow, während Klänge in Moll als Untermalung von Hochzeitsszenen nun wirklich nicht taugen.

Musik einfügen

Zum Soundarrangement, der Soundbearbeitung und der Erstellung von Audiokommentaren ist der STORYBOARD-Modus weniger geeignet. Wechseln Sie daher mit einem Klick auf die Schaltfläche TIMELINE in den TIMELINE-Modus, um eine Ansicht aller Fotoshow-Elemente in Ihrem Zeitablauf zu erhalten. Für lange Fotoshows wird oftmals mehr als ein Track zur Untermalung gebraucht, häufig werden auch nur kurze Soundschnipsel punktgenau für bestimmte Szenen benötigt. Es empfiehlt sich, diese Elemente über den Media Pool einzufügen.

1. Platzieren Sie den S-Marker per Doppelklick auf der Zeitleiste oben oder verschieben Sie ihn mit der Maus an die Stelle, an die die Audiodatei eingefügt werden soll.

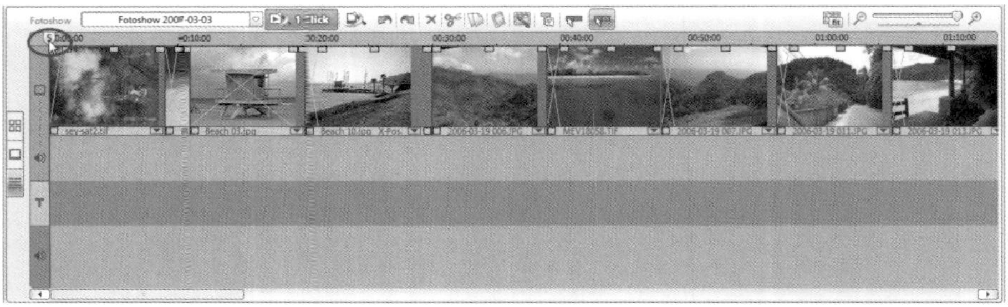

Abbildung 3.228: S-Marker setzen

2. Steuern Sie das Verzeichnis an, welches die gewünschte Audiodatei enthält.
3. Doppelklicken Sie im Media Pool auf den gewünschten Song.

   Oder wählen Sie mit gedrückter Strg-Taste mehrere Dateien aus, um sie per Drag&Drop nach unten in die vierte Spur zu ziehen.

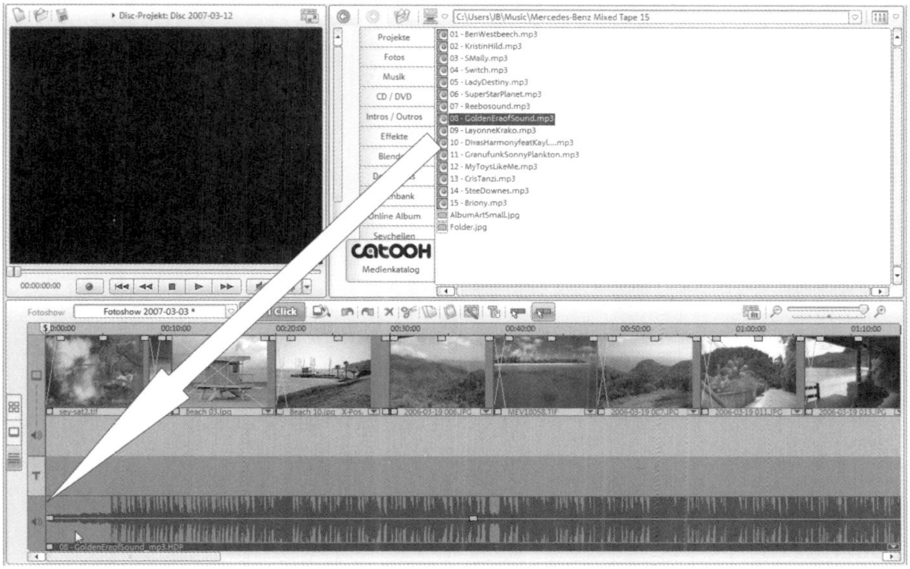

Abbildung 3.229: Verzeichnis öffnen

Das Programm setzt den Song genau an die bezeichnete Stelle. Die eingefügten Tracks können nun beliebig verschoben und bearbeitet werden.

4. Um zwei Audiodateien ineinander überzublenden, klicken Sie mit der Maus auf eine der beiden in der Audiospur. Halten Sie die linke Maustaste gedrückt und schieben Sie sie über die andere.

   MAGIX Fotos auf CD & DVD wird nun automatisch eine Blende einfügen.

5. Setzen Sie den S-Marker kurz vor den Übergang, drücken Sie auf die [Leertaste] und hören Sie sich das Ergebnis an. Verändern Sie bei Bedarf die Überblendungslänge.

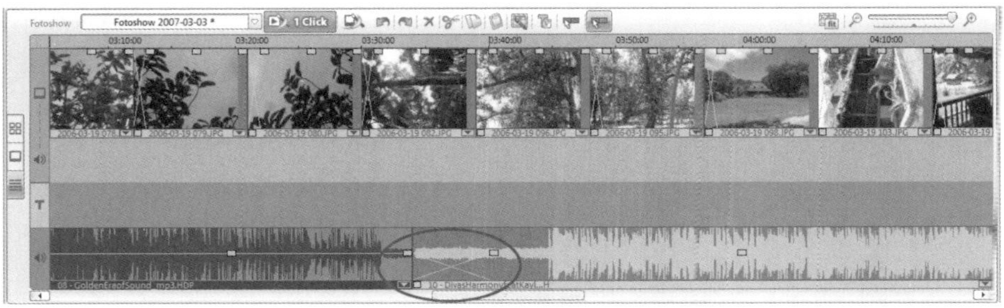

Abbildung 3.230: Songs gemixt

Tracks von Audio-CD laden

Normalerweise sind Audiodateien, die als Hintergrundmusik verwendet werden sollen, nicht auf der Festplatte gespeichert. Kein Problem, denn MAGIX Fotos auf CD & DVD kommt auch mit Audio-CDs hervorragend zurecht.

1. Legen Sie die Audio-CD mit den gewünschten Titeln in Ihr CD-/DVD-Laufwerk.

   Das Programm wechselt im Media Pool automatisch auf das Laufwerk und zeigt dessen Inhalt an. Geschieht dies nicht, klicken Sie auf die Schaltfläche CD-ROM im Media Pool.

   Die einzelnen Tracks einer Audio-CD werden immer in dem Format TRACKXX.CDA dargestellt.

2. Markieren Sie einen oder mehrere Songs und ziehen Sie Ihre Auswahl per Drag&Drop an die gewünschte Stelle in der Audiospur.

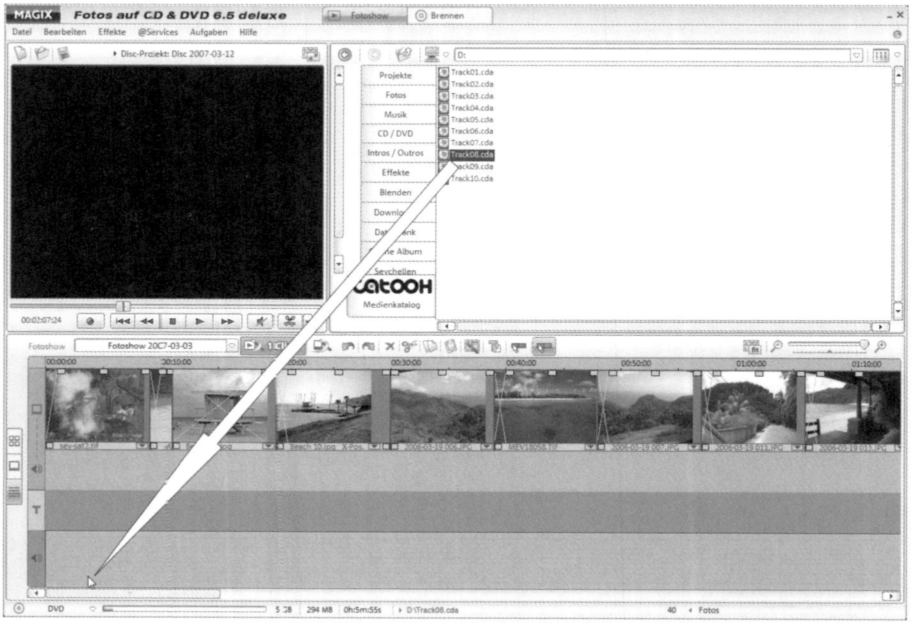

Abbildung 3.231: Inhalt der eingelegten CD

Eine Statusanzeige informiert Sie über die Fortschritte beim Einlesevorgang.

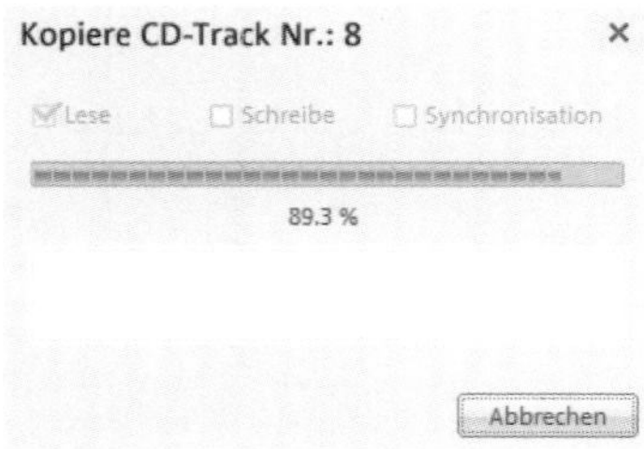

Abbildung 3.232: Statusanzeige

Danach erscheint der Titel als Audioobjekt in der Tonspur, wo er sich ebenso wie die Tracks von der Festplatte verschieben und bearbeiten lässt.

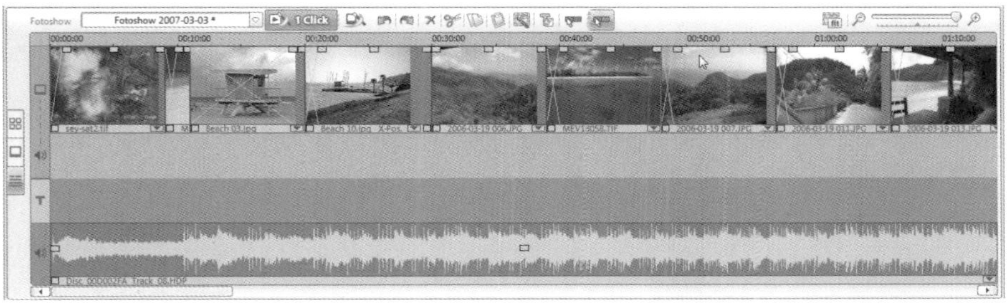

Abbildung 3.233: CD-Track in der Audiospur

▶ TIPP

Um einzelne Teile Ihrer Fotoshow in Ruhe bearbeiten zu können, können Sie den Ton mit der Schaltfläche STUMMSCHALTUNG jederzeit an- bzw. abstellen.

Abbildung 3.234: Schaltfläche STUMMSCHALTUNG

Plattenspieler, Mikrofon usw. anschließen

Um einen Audiokommentar oder etwa einen Jingle (Soundschnipsel) aufzunehmen, muss das Mikrofon mit der entsprechenden Buchse der Soundkarte (rot gekennzeichnet) bzw. die Audioquelle mit der Line-In-Buchse (gewöhnlich blau gekennzeichnet) verbunden werden. Bei Wahl der Line-In-Buchse sind ein paar Dinge zu beachten:

- Wenn Sie Ihren PC direkt mit der Stereoanlage verbinden wollen, ist ein Kabel mit zwei Cinchsteckern für den Anschluss am Verstärker (Receiver) und einem Miniklinkenstecker (muss stereofähig sein) für die Soundkarte nötig. Solche Kabel erhalten Sie im Fachhandel. Verbinden Sie den Ausgang vom Receiver zum Rekorder (meistens Rec-Out bezeichnet) mit der Line-In-Buchse Ihrer Soundkarte.

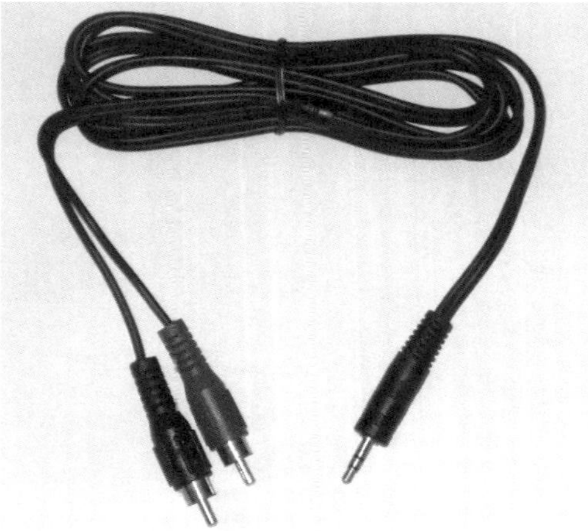

Abbildung 3.235: Aufnahmekabel

- Ein Mikrofon oder einen Kassettenrekorder (Line-Out-Buchse mit entsprechendem Kabel) können Sie direkt mit der Line-In-Buchse Ihrer Soundkarte verbinden.
- Ein Schallplattenspieler wird nicht direkt an die Soundkarte angeschlossen, da seine Signale zuerst vorverstärkt werden müssen. Dafür wird ein so genannter Phono-Vorverstärker benötigt, den Sie im Fachhandel erwerben können. Mittlerweile gibt es auch schon Plattenspieler, die sich über USB mit einem Computer verbinden lassen.

▶ ACHTUNG

Schalten Sie den Rechner sicherheitshalber aus, bevor Sie die Audioquelle anschließen.

Audioaufnahme

Nach Abschluss der Vorarbeiten öffnen Sie die zu vertonende Fotoshow in MAGIX Fotos auf CD & DVD.

1. Klicken Sie auf die AUFNAHME-Schaltfläche im Vorschaufenster (soll nur ein einzelnes Foto kommentiert werden, so markieren Sie es zuvor im Storyboard).

Abbildung 3.236: Aufnahme starten

2. Wählen Sie die Option AUDIO aus.

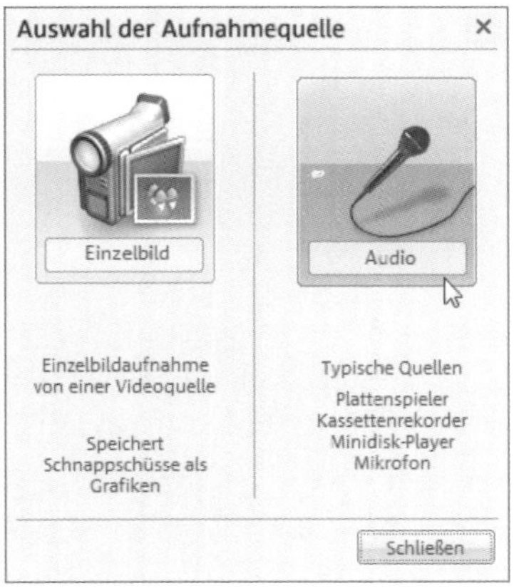

Abbildung 3.237: Aufnahmequelle auswählen

▶ HINWEIS

Mit dem Feature EINZELBILD lassen sich Schnappschüsse aus Videoaufnahmen erstellen, die dann als Grafiken in Ihre Fotoshow integriert werden können. Diese Option gibt es allerdings nur in der deluxe-Version des Programms.

3. Markieren Sie Gesamte Fotoshow vertonen, wenn Sie alle Fotos ab der Position des S-Markers der Reihe nach kommentieren wollen.

   Dabei wird die Aufnahme nach jedem Foto geschnitten, so dass Sie Ihre Fotos samt dem dazugehörigen Kommentar auch nach der Aufnahme verschieben können. Soll nur ein Foto kommentiert werden, aktivieren Sie die Checkbox vor Selektiertes Foto einzeln vertonen. Dadurch wird nur das ausgewählte Foto abgespielt und kann so gezielt kommentiert werden. Sollte der Kommentar länger als die für das Foto eingestellte Anzeigedauer sein, wird diese automatisch angepasst.

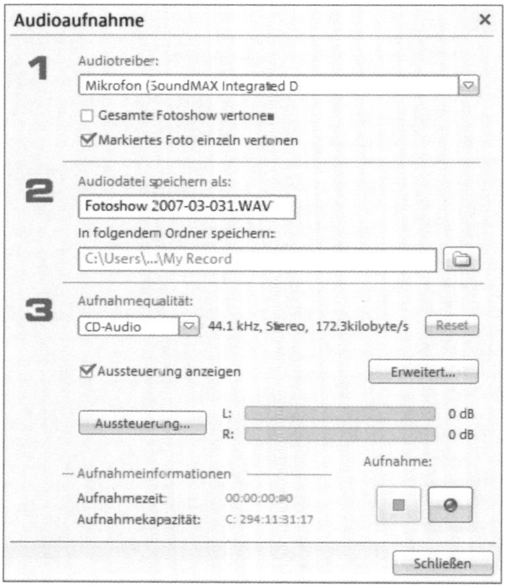

Abbildung 3.238: Einstellungen für die Audioaufnahme

4. Unter Audiodatei speichern als geben Sie den Titel der aufzunehmenden Audiodatei ein und wählen das Verzeichnis aus, in dem die Datei gespeichert werden soll, oder belassen die Voreinstellungen.
5. Wählen Sie im Bereich Aufnahmequalität aus dem Dropdown-Menü die Option CD Audio aus.

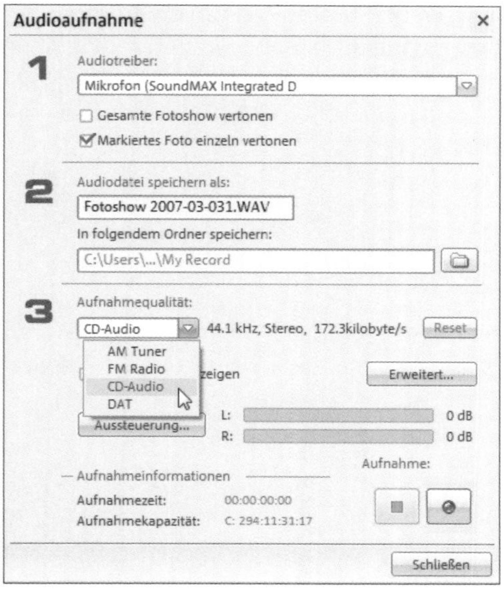

Abbildung 3.239: Die Aufnahmequalität einstellen

6. Klicken Sie auf die Schaltfläche Erweitert und setzen Sie hier ein Häkchen vor Echtzeitanpassung der Samplerate an die Samplerate des aktuellen Projekts.

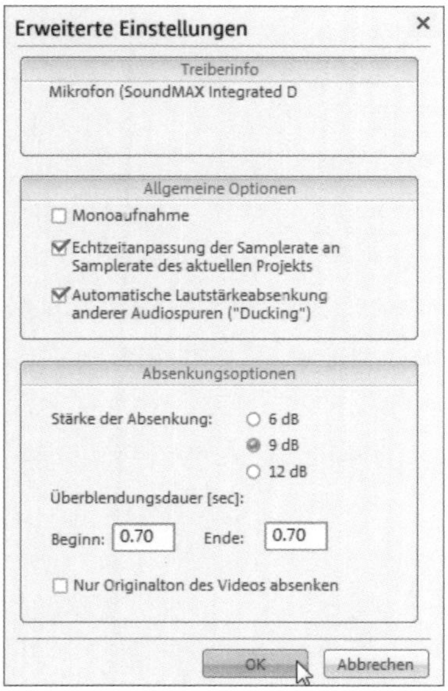

Abbildung 3.240: Fenster Erweiterte Aufnahmeeinstellungen

Sollte die Fotoshow bereits über eine gut ausgesteuerte Tonspur verfügen und wollen Sie zusätzliche Sprachkommentare oder Tonmaterialien einfügen, können Sie, sofern Sie Besitzer der deluxe-Version sind, hier ein Häkchen vor AUTOMATISCHE LAUTSTÄRKEABSENKUNG ANDERER AUDIOSPUREN setzen. Dadurch wird bei der Aufnahme an Stellen im Arrangement, an denen sich Audioobjekte befinden, automatisch die Lautstärke abgesenkt. Dies erfolgt über eine automatisch konfigurierte Lautstärkekurve, wobei vor und nach der Aufnahme aus- bzw. eingeblendet wird, so dass eine einheitliche Gesamtlautstärke entsteht. Dieses Absenken der Lautstärke während des Sprachkommentars wird *Ducking* genannt.

Im Bereich ABSENKUNGSOPTIONEN bestimmen Sie bei STÄRKE DER ABSENKUNG, um wie viel dB (Dezibel) die Lautstärke abgesenkt werden soll. Eine Senkung um 6 dB wird vom menschlichen Ohr als etwa halb so laut wie vorher empfunden.

▶ TIPP

Probieren Sie verschiedene Einstellungen aus. Bei ruhiger Musik reicht zumeist schon eine Absenkung von 6 dB aus, bei hektischem Originalton oder lauter Rockmusik hingegen sollten Sie stärker absenken.

▶ HINWEIS

MONOAUFNAHME sollten Sie nur bei wirklich knappem Speicherplatz aktivieren. Bei der letzten Option NORMALISIEREN wird Ihre Aufnahme nach Abschluss auf die maximale Lautstärke gesetzt. Das Klangergebnis wird jedoch durch optimales manuelles Aussteuern entschieden besser (siehe unten).

7. Schließen Sie das Fenster ERWEITERTE AUFNAHMEEINSTELLUNGEN mit einem Klick auf OK.
8. Markieren Sie die Checkbox vor AUSSTEUERUNG ANZEIGEN, um die Pegelanzeige zur Erleichterung des Aussteuerns zu aktivieren.
9. Klicken Sie auf die Schaltfläche AUSSTEUERUNG und pegeln Sie die Aufnahme mithilfe des Mischpults ein.

▶ AUSSTEUERN – ABER WIE?

Starten Sie das Gerät, von dem Sie aufnehmen möchten, und bringen Sie den Schieberegler LINE-IN (analog MIC bei Mikrofoneinsatz) des Aufnahmemischpults in eine mittlere Position. Beobachten Sie die Pegelanzeige im Fenster AUFNAHME. Ziehen Sie diesen Schieberegler nach oben bzw. unten, bis die Pegelanzeige an der lautesten Stelle des Tondokuments gerade nicht in den roten Bereich schlägt, was sonst zum Übersteuern der Aufnahme führen würde. Bereits kleine Übersteuerungen können den Hörgenuss trüben.

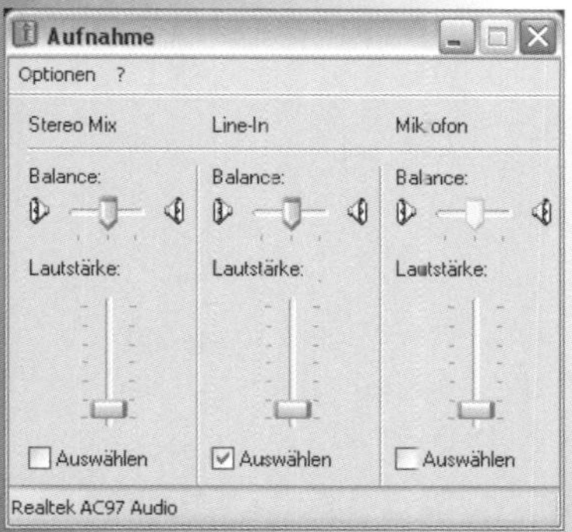

Abbildung 3.241: Aufnahme-Mixer

10. Klicken Sie auf die rote AUFNAHME-Schaltfläche und starten Sie mit der Aufnahme Ihres Tondokuments.

Abbildung 3.242: STOPP- und AUFNAHME-Schaltfläche

11. Betätigen Sie die STOPP-Schaltfläche, um die Aufnahme zu beenden.
12. Sofern Sie mit dem Ergebnis zufrieden sind, klicken Sie auf die Schaltfläche VERWENDEN. Wiederholen Sie bei Nichtgefallen mit AUFNAHME WIEDERHOLEN den Aufnahmevorgang.

Abbildung 3.243: Wollen Sie die Aufnahme verwenden oder wiederholen?

13. Schließen Sie den Aufnahme-Mixer über OPTIONEN/BEENDEN und verlassen Sie das Fenster AUDIOAUFNAHME per Klick auf SCHLIEßEN.

    MAGIX Fotos auf CD & DVD fügt die Aufnahme nun in den ausgewählten Bereich hinzu.

Abbildung 3.244: Bild mit Audiospur

Lautstärke verändern

Möchten Sie die Lautstärke der eingeblendeten Musik anpassen, haben Sie drei Möglichkeiten: Sie können die Gesamtlautstärke des Titels verändern, Sie können den Titel einblenden und an seinem Ende ausblenden.

1. Wenn Sie die Gesamtlautstärke eines Titels anpassen wollen, wählen Sie im Audioobjekt (TIMELINE-Modus) einen der orange- oder lilafarbenen Anfasspunkte in der Wellendarstellung, auf keinen Fall einen Punkt am Anfang oder Ende des Songs.

2. Klicken Sie mit der Maus auf diesen Punkt, halten Sie die linke Maustaste gedrückt und ziehen Sie ihn tiefer, um die Lautstärke des gesamten Songs zu reduzieren.

   Die Höhe der Wellendarstellung verkleinert sich analog der Mausbewegung.

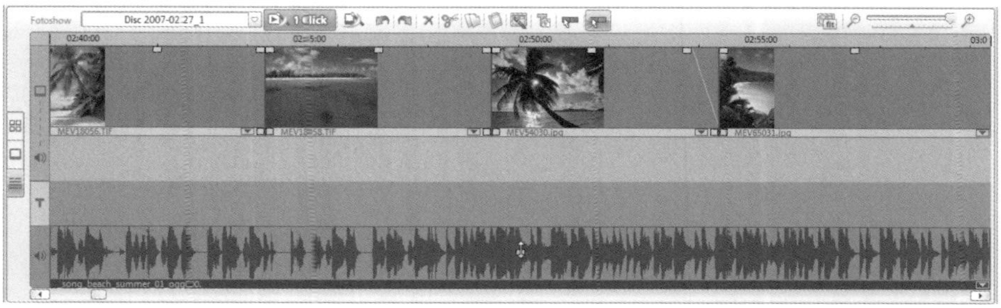

Abbildung 3.245: Gesamtlautstärke verändern

1. Um einen Song einzublenden, klicken Sie auf den ersten Anfasspunkt, der sich am Anfang des Audioobjekts mittig befindet.
2. Ziehen Sie ihn mit der Maus nach rechts, so dass eine ansteigende weiße Linie entsteht.

   Diese Linie stellt das Ansteigen der Lautstärke dar. Je länger die Linie, umso länger dauert die Einblendung und umso langsamer erhöht sich die Lautstärke.

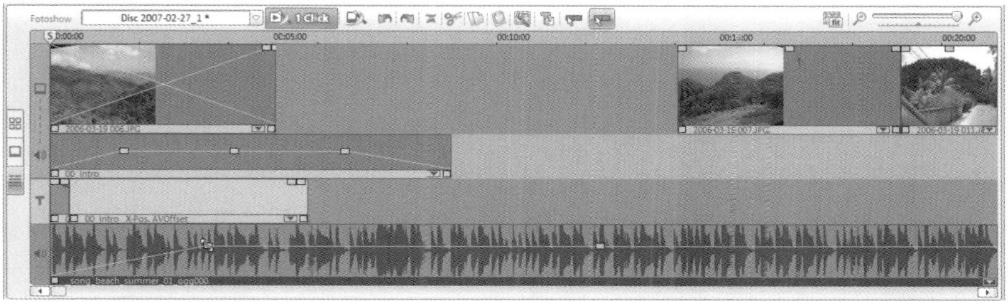

Abbildung 3.246: Einblenden

Analog funktioniert der Vorgang, um den Song auszublenden.

1. Scrollen Sie mit der Bildlaufleiste am unteren Rand des Fensters zum Ende des gewünschten Titels.
2. Klicken Sie auf den letzten Anfasspunkt und ziehen Sie ihn nach links.

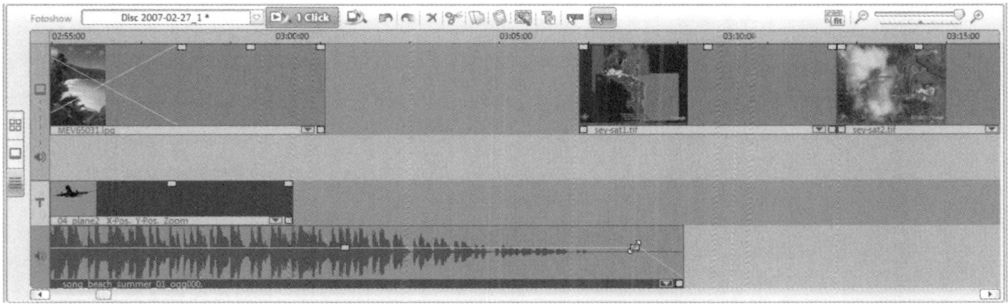

Abbildung 3.247: Ausblenden

▶ HINWEIS

Besitzer der deluxe-Version können zusätzlich die Lautstärke der Spuren 2 und 4 durch Lautstärkekurven automatisieren.

1. Klicken Sie mit rechts auf die jeweilige Spur und wählen Sie im Kontextmenü den Eintrag LAUTSTÄRKEKURVE ANZEIGEN aus.

Abbildung 3.248: LAUTSTÄRKEKURVEN ANZEIGEN

2. Doppelklicken Sie auf die Kurve (am oberen Rand der Spur), um einen Automationspunkt zu setzen.

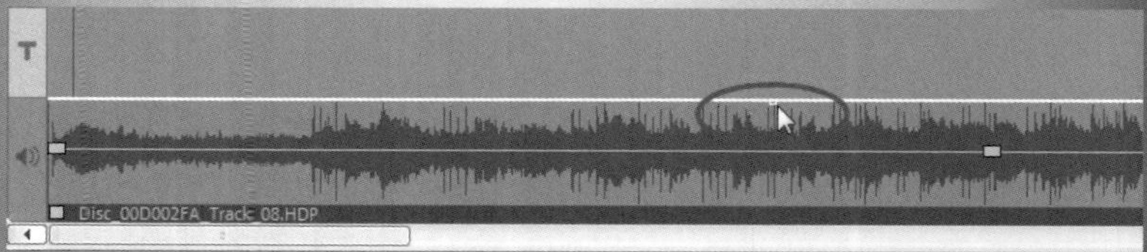

Abbildung 3.249: Automationspunkt setzen

Bei einer einfachen Lautstärkeabsenkung sind zwei Automationspunkte (Anfangs- und Endpunkt) nötig.

HINWEIS (FORTS.)

3. Verschieben Sie die Kurvenpunkte einfach per Drag&Drop.

Abbildung 3.250: Kurvenpunkte verschieben

Musiklänge an Fotoshow anpassen

Es passiert selten, dass die Länge der Hintergrundmusik mit der der Fotoshow übereinstimmt. Das heißt, dass Sie entweder die Fotoshow der Musik oder die Musik der Fotoshow anpassen müssen.

Folgende Möglichkeiten bieten sich an:

- Sie können die Hintergrundmusik kürzen und an der betreffenden Endposition ausblenden.
- Sie können die Anzeigedauer der Einzelbilder erhöhen oder vermindern, bis sie zur Fotoshow passen.
- Und für den Fall, dass Ihre Hintergrundmusik aus mehreren Titeln besteht: Sie können durch geschicktes Ineinanderschieben (Mixen) die Spieldauer reduzieren oder strecken.

Wie geht das in der Praxis?

- Um den Song zu verkürzen, ziehen Sie im TIMELINE-Modus das kleine Kästchen am rechten unteren Rand des Audioobjekts nach links.

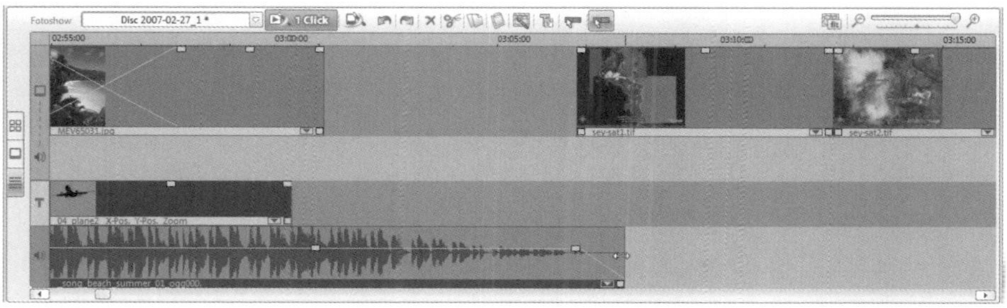

Abbildung 3.251: Song verkürzen

- Um die Anzeigedauer der Einzelbilder zu erhöhen oder zu reduzieren, damit die Fotoshow genau mit der ausgewählten Musik abschließt, klicken Sie auf die Zeitanzeige eines Fotos im Storyboard-Modus. Passen Sie dann mit dem Schieberegler die Dauer an.

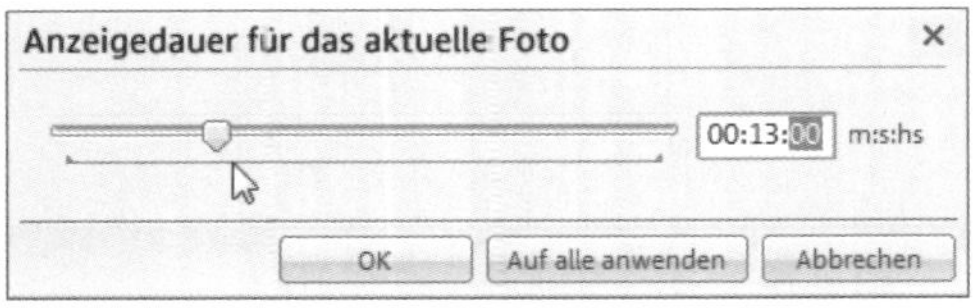

Abbildung 3.252: Anzeigedauer verändern

- Geht es Ihnen darum, eine minimale Überlänge des letzten Songs wettzumachen, ohne diesen abzuschneiden, sorgen Sie dafür, dass sein Anfang ein bisschen eher einsetzt. Dazu verschieben Sie das gesamte Audioobjekt im Timeline-Modus etwas nach links. Sofern sich vor diesem Musiktitel ein weiterer befindet, erzeugt MAGIX Fotos auf CD & DVD einen weichen Übergang von einem Titel zum nächsten.

Soundoptimierung mit Audio Cleaning

Bei MAGIX Fotos auf CD & DVD kann natürlich die Qualität der verwendeten Tondokumente (Musik, Geräusche, Sprache usw.) auch nachträglich optimiert werden, wie etwa Unterdrückung von Störgeräuschen, Beeinflussung des Klangspektrums, Anpassung der Lautstärke, und mit einem Stereoprozessor lässt sich für mehr Klangtransparenz sorgen.

Diese Helferlein erreichen Sie mit einem Rechtsklick auf das Tondokument im Storyboard (in der Ansicht: Timeline-Modus) und Auswahl des Punkts Audio Cleaning im erscheinenden Kontextmenü.

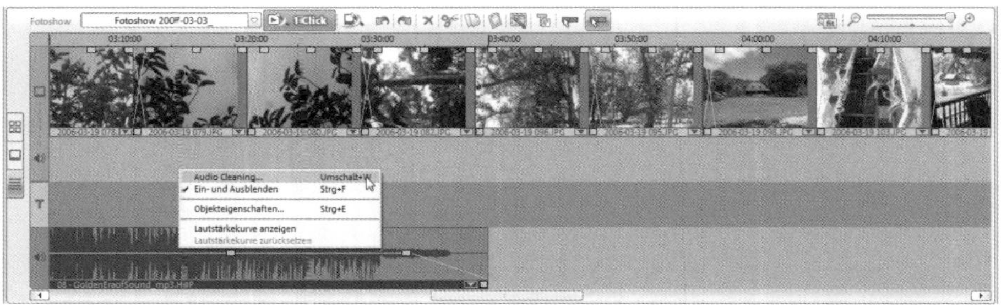

Abbildung 3.253: Audio Cleaning aufrufen

Über vier Register wird das Audiomaterial optimiert. Es finden sich dort automatische Voreinstellungen bzw. Presets.

Abbildung 3.254: Beispiel für Presets

Durch Markieren der Checkbox vor ALLE EFFEKTE VORÜBERGEHEND DEAKTIVIEREN schalten Sie sämtliche Audio-Effekte ab. Mit der Schaltfläche AUF ALLE ANWENDEN werden sämtliche Einstellungen auf alle Szenen Ihrer Fotoshow angewandt.

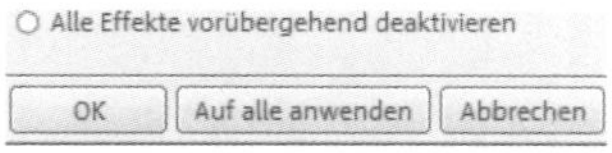

Abbildung 3.255: Checkbox ALLE EFFEKTE VORÜBERGEHEND DEAKTIVIEREN und Schaltfläche AUF ALLE ANWENDEN

Störgeräusche beseitigen

Für die Beseitigung von Störgeräuschen stehen Ihnen *Denoiser* und *Dehisser* zur Verfügung:

Denoiser

Der Denoiser dient zur Beseitigung von lang anhaltenden Störgeräuschen, wie zum Beispiel Rauschen, Störgeräuschen von Audiogeräten, Soundkarte oder Kamera. Dazu wird eine Probe des Störgeräusches benötigt, wobei allerdings bereits eine Auswahl typischer Störer als Presets in einem Dropdown-Menü zur Verfügung steht. Mit dem Schieberegler lässt sich der Dämpfungsgrad des Störgeräusches einstellen.

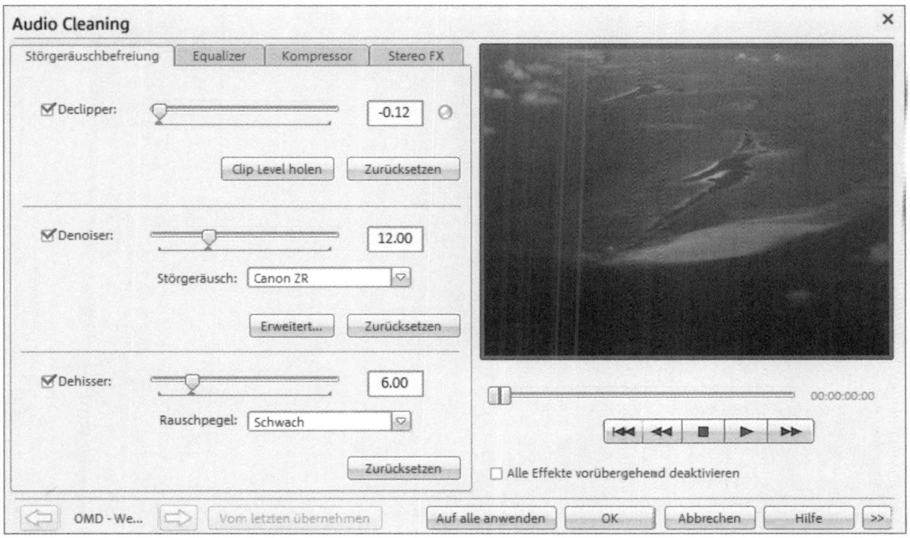

Abbildung 3.256: Störgeräuschbefreiung

Über die Schaltfläche Erweitert öffnet sich das Fenster Denoiser – Erweiterte Einstellungen.

Im Bereich Schritt eins: Noise Sample auswählen wählen Sie eine Probe des zu entfernenden Störgeräusches aus. Dafür stehen zwei Optionen zur Verfügung:

1. Unter Auswahl Störgeräusch wird ein voreingestelltes typisches Störgeräusch aus einem Dropdown-Menü ausgewählt, welches Sie sich über die Schaltfläche Abspielen anhören können. Ähnelt diese Probe dem Störgeräusch Ihrer Tonspur, können Sie es im Bereich Schritt 2: Störgeräusch entfernen entfernen.

2. Unter Neues Noise Sample aus Tonspur extrahieren lässt sich eine Stelle aus Ihrer Tonspur heraussuchen, die das nach Möglichkeit reine Störgeräusch enthält (zum Beispiel das Knistern am Anfang einer Schallplatte).

   Aktivieren Sie Noise Sample-Position suchen, wird das Audiomaterial nach besonders leisen Stellen durchsucht, an denen sich das reine Störgeräusch mit hoher Wahrscheinlichkeit finden lässt.

   Mittels der Schaltflächen Vorheriges, Abspielen und Nächstes werden die gefundenen Proben angehört und miteinander verglichen.

   Die »Geräuschprobe« kann natürlich auch selbst vorgegeben werden. Aktivieren Sie dazu die Checkbox vor Noise Sample an Play-Cursor-Position entnehmen. Geben Sie über die Schaltfläche Noise Sample erstellen eine neue Probe vor.

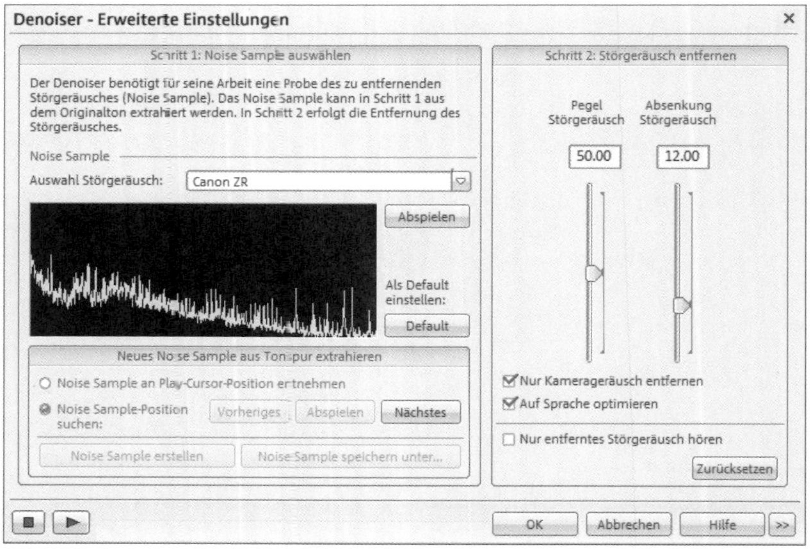

Abbildung 3.257: Fenster Denoiser – Erweiterte Einstellungen

Gefundene Proben können Sie per Klick auf die Schaltfläche Noise Sample speichern unter für zukünftige Verwendungen abspeichern.

Im Bereich SCHRITT 2: STÖRGERÄUSCH ENTFERNEN wird mit dem Schieberegler PEGEL STÖRGERÄUSCH der Einsatzwert der Störgeräuschentfernung möglichst exakt eingestellt. Ist er zu niedrig, wird eine zu geringe Rauschdämpfung erzielt. Bei einem zu hohen Wert werden auch die Höhen des Signals herausgefiltert, wodurch das Ganze dann ziemlich dumpf klingt. Eine intensive Suche zahlt sich hier also aus.

Mit dem Schieberegler ABSENKUNG STÖRGERÄUSCH wird die Balance zwischen Originalsignal und entstörtem Signal eingestellt. Senken Sie vorhandene Störsignale behutsam ab, damit das Material sich später nicht steril und unnatürlich anhört (3–6 dB reichen meist aus). Brummgeräusche sollten allerdings vollständig eliminiert werden.

Dehisser

Der Dehisser wird durch Markieren des Kästchens vor dem Eintrag DEHISSER aktiviert. Damit wird gleichmäßiges Rauschen zum Beispiel bei Kassettenaufnahmen oder Mikrofonvorverstärkern entfernt. Die Einstellung erfolgt per Schieberegler.

Unter RAUSCHPEGEL können Sie Voreinstellungen verschieden starker Rauschstärken auswählen. Auch hier empfiehlt sich eine möglichst exakte Einstellung. Bei einem zu niedrigen Wert wird das Rauschen nur unvollständig beseitigt, ein zu hoher Wert äußert sich in einem dumpfen Klang des Materials.

Declipper

Die Funktion des Declippers besteht in der Wiederherstellung verloren gegangener Signalspitzen.

Satte Bässe und kristallklare Höhen

Der Equalizer spaltet das Klangspektrum in 10 Frequenzbereiche (Bänder) auf, deren Pegel getrennt angehoben bzw. abgesenkt werden können.

Sie aktivieren ihn, indem Sie den Eintrag EQUALIZER markieren.

Mit der Option FREQUENZBÄNDER KOPPELN werden Überbetonungen einzelner Frequenzbereiche vermieden. Auch hier haben Sie eine Reihe von Presets zur Verfügung, passend zur Art des Audiomaterials. Beispielsweise können hohe Frequenzen angehoben werden, um die Sprache verständlicher zu machen. Ebenso ist ein Absenken störender Bassfrequenzen möglich, wenn diese die Höhen zu sehr übertönen, was sich dann negativ auf die Klangbrillanz auswirkt.

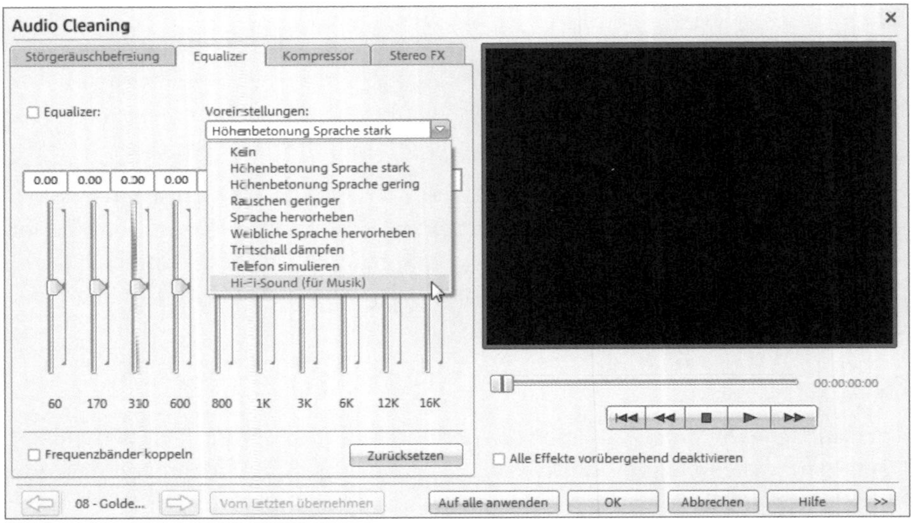

Abbildung 3.258: Der Equalizer

Mehr Klarheit

Aktivieren Sie den Kompressor durch Markieren der Checkbox vor KOMPRESSOR. Er passt die Lautstärke automatisch an, wodurch laute Passagen leiser bzw. allmählich lauter werden.

Die Stärke der Kompression wird über den gleichnamigen Schieberegler beeinflusst. Auch hier stehen im Bereich FUNKTION Presets, passend zum Typ des Audiomaterials, zur Verfügung.

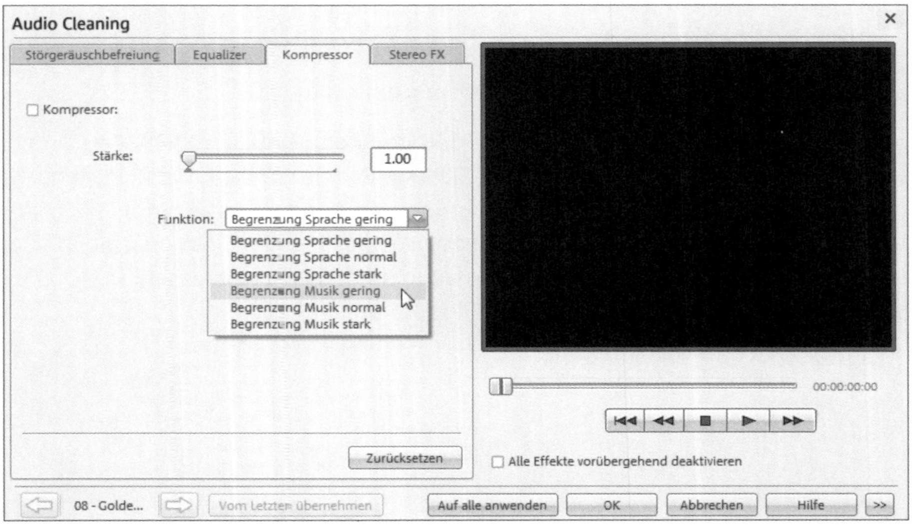

Abbildung 3.259: Der Kompressor

Stereobasis verbreitern

Hier werden mittels eines Stereoprozessors die Eigenschaften des Audiomaterials verändert. Die Musik klingt also räumlicher.

Um ihn zu aktivieren, markieren Sie die Checkbox vor dem Eintrag Stereo FX.

Mit dem Schieberegler Stereobreite wird die Basisbreite zwischen Mono (ganz links), unverändert (Mitte) und maximal (ganz rechts) eingestellt.

Der Schieberegler Balance regelt das Lautstärkeverhältnis zwischen linkem und rechtem Kanal. Auch hier erleichtern Presets die gängigsten Aufgaben.

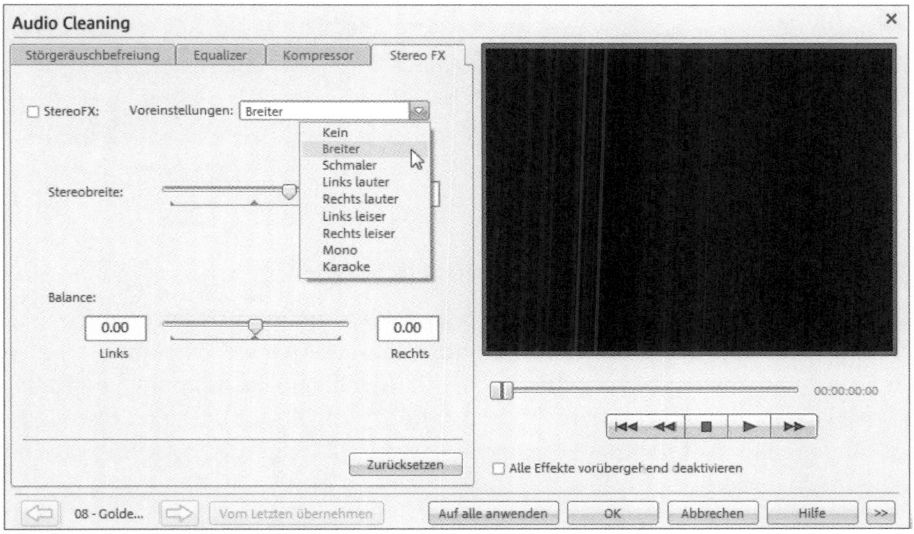

Abbildung 3.260: Stereo FX

MAGIX Music Editor (nur deluxe-Version)

Benutzern der deluxe-Version von MAGIX Fotos auf CD & DVD steht zusätzlich noch das semiprofessionelle Audiobearbeitungsprogramm MAGIX Music Editor zur Verfügung. Mit ihm lassen sich Tondokumente aufnehmen, gezielt bearbeiten, mixen, punktgenau schneiden, mit Audioeffekten versehen u. v. m.

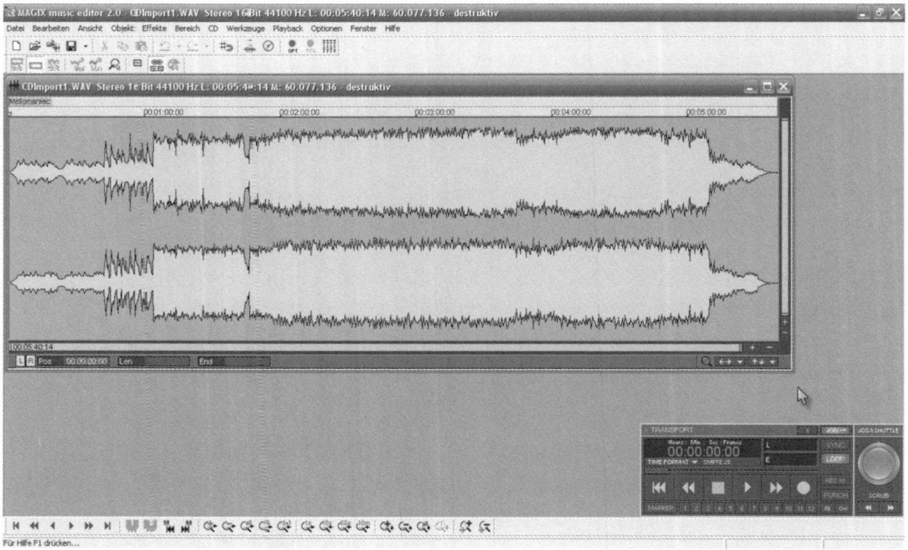

Abbildung 3.261: MAGIX Music Editor

MAGIX Soundtrack Maker – Musik stimmig

Die passende Musik zu den entsprechenden Bildern zu finden ist nicht immer einfach. Möchte man dann noch Stimmungswechsel einbauen, beginnt eine zeitintensive und aufwendige Bearbeitung der einzelnen Tracks. Mit dem Soundtrack Maker ist das alles kein Problem. Er kann automatisch Musikstücke generieren, die der angegebenen Stimmung entsprechen, und sogar Stimmungswechsel können eingefügt werden.

Abbildung 3.262: SOUNDTRACK MAKER

1. Erstellen Sie Ihre Fotoshow wie gewohnt.
2. Wählen Sie dann im Programm-Menü DATEI/MAGIX SOUNDTRACK MAKER.

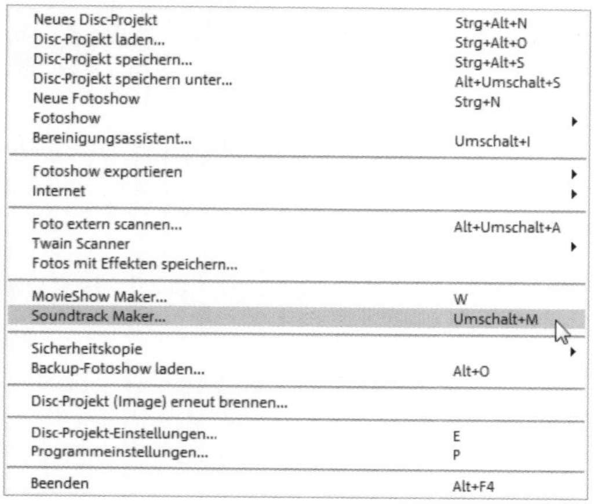

Abbildung 3.263: DATEI/MAGIX SOUNDTRACK MAKER

3. Bestimmen Sie im Dropdown-Menü MUSIKSTIL AUSWÄHLEN die gewünschte Musikrichtung.

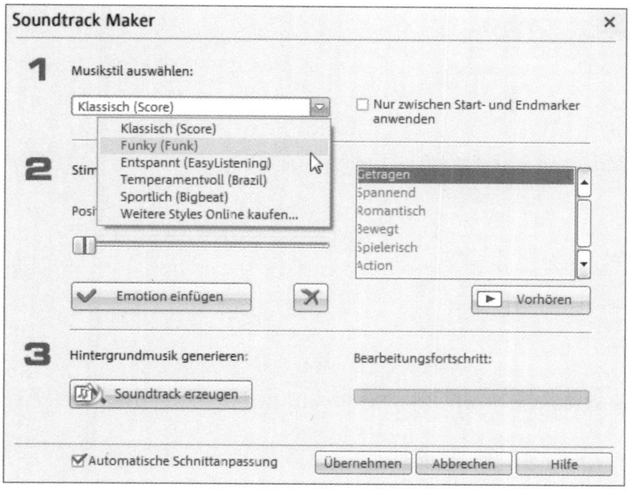

Abbildung 3.264: MUSIKSTIL AUSWÄHLEN

> **▶ HINWEIS**
>
> Weitere Styles Online kaufen öffnet den MAGIX Online Medien Katalog, in dem Sie weitere Musikstile für den MAGIX Soundtrack Maker erwerben können.

Mit Nur zwischen Start- und Ende-Marker anwenden lässt sich die Länge der zu erzeugenden Hintergrundmusik eingrenzen. Die Start- und Ende-Marker können mittels linker und rechter Maustaste gesetzt werden.

4. Bestimmen Sie mit dem Schieberegler Position die Stelle, an der die Emotion eingefügt werden soll, oder setzen Sie den S-Marker an die gewünschte Stelle.
5. Klicken Sie auf die Schaltfläche Start, um die Musik vorzuhören.

Abbildung 3.265: Vorhören

6. Ordnen Sie den Soundclip per Klick auf Emotion einfügen der gewünschten Stelle zu.

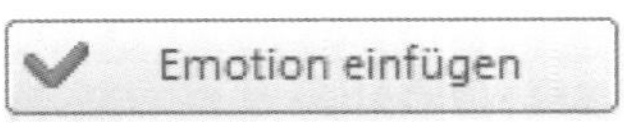

Abbildung 3.266: Emotion einfügen

Mit Löschen können Sie ihn wieder entfernen – vielleicht passte er ja doch nicht so richtig.

Abbildung 3.267: Löschen

7. Sobald alle Emotionen platziert sind, klicken Sie auf SOUNDTRACK ERZEUGEN.

Abbildung 3.268: Eingefügte Emotionen

Abbildung 3.269: SOUNDTRACK ERZEUGEN

Sogleich kreiert das Programm Ihren Soundtrack.

Gefällt Ihnen die erzeugte Hintergrundmusik nicht, können Sie Variationen erzeugen lassen. Das funktioniert sowohl für die gesamte Hintergrundmusik als auch für eine einzelne Emotion.

Wollen Sie die gesamte Hintergrundmusik variieren, klicken Sie einfach auf VARIATION ERZEUGEN.

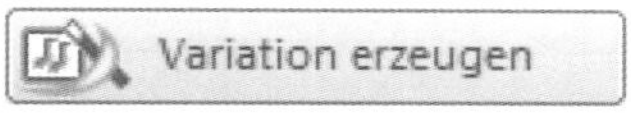

Abbildung 3.270: VARIATION ERZEUGEN

Soll das nur für eine bestimmte Emotion geschehen, steuern Sie diese mit dem Positionsschieber (oder dem S-Marker) an. Aktivieren Sie die Option NUR MARKIERTE EMOTION VARIIEREN. Klicken Sie dann auf VARIATION ERZEUGEN.

▶ TIPP

Verwenden Sie für den Soundtrack Maker ausschließlich harte Schnitte, sofern Sie auf seine musikalische Schnittanpassung Wert legen.

Workshop 8: »Die Speisenfolge« – DVD-Menüs gestalten

Ihre Fotoshow ist arrangiert, Fotos und Videoclips sind ausgewählt und in die richtige Reihenfolge gebracht. Sie haben die Übergänge mit Effekten und Blenden versehen, Vor- und Abspann, ggf. Intros und Outros sowie Textkommentare hinzugefügt. Für eine tolle Hintergrundmusik ist gesorgt und eventuell wurden auch Textkommentare und Geräusche hinzugefügt. Doch bevor Ihr Werk auf CD oder DVD gebrannt wird, muss noch ein DVD-Menü erstellt werden, das dann – wie bei gekauften DVDs – beim Einlegen in den Player erscheint. Am Ende dieses Abschnitts erfahren Sie dann noch, wie mehrere Fotoshows zusammengeführt werden können.

Menülayout auswählen und anpassen

1. Klicken Sie am oberen Rand des Programmfensters auf die Schaltfläche Brennen.

Abbildung 3.271: Die Schaltfläche Brennen

Im neuen Programmfenster sehen Sie in der Mitte ein Vorschaufenster für das zu erstellende DVD-Menü sowie diverse Schaltflächen zur Menügestaltung. Unten rechts sind die verschiedenen Arten der Menüvorlagen in einer Baumstruktur angeordnet.

- DVD, Animiert: Diese Vorlagen enthalten Hintergrund- und Introvideos sowie Musik. Die Bedienelemente des DVD-Menüs werden in unterschiedlichen Zuständen (etwa ausgewählte Schaltflächen) dargestellt. Die Vorlagen eignen sich ausschließlich für Mini-DVDs und DVDs. Wird eine VCD oder SVCD gebrannt, werden Standbilder und normale Bedienelemente angezeigt. Es kann keine Musik verwendet werden.
- Statisch: Hier finden sich Vorlagen für VCDs und SVCDs. Sie bestehen aus gebräuchlichen Hintergrundbildern und Bedienelementen.
- TV-ShowTime-DVD: Bei diesen für Mini-DVDs und DVDs geeigneten Vorlagen werden die Bilder im Fotoshow-Menü nicht als kleine Vorschaubilder dargestellt, sondern jede Menüseite als Foto in voller Bildschirmgröße. So können Sie mit den Skip-Tasten Ihrer Fernbedienung die Fotos wie bei einem Diavortrag präsentieren und die Fotoshow jederzeit vom aktuellen Foto aus starten.

> **HINWEIS**
>
> Bei Verwendung dieser Menüs muss unter Menügestaltung der Modus Fotoshow- und Fotomenüs eingeschaltet sein.

- 16:9 und 4:3 (nur deluxe-Version): Bei diesen Vorlagen handelt es sich um gestochen scharfe und hochauflösende Hintergrundbilder, die besonders auf HDTV-Geräten zur Geltung kommen.

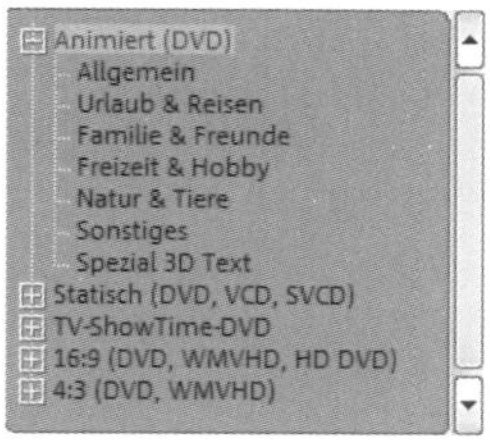

Abbildung 3.272: Baumstruktur

2. Suchen Sie sich in der Baumstruktur die Art der Menüvorlage aus, abhängig vom Typ der zu erstellenden Disc.
3. Scrollen Sie mittels der Bildlaufleiste am unteren Fensterrand durch die einzelnen Menüvorlagen. Doppelklicken Sie auf diejenige, die Ihnen zusagt, um sie als Design für Ihr aktuelles DVD-Menü zu verwenden.

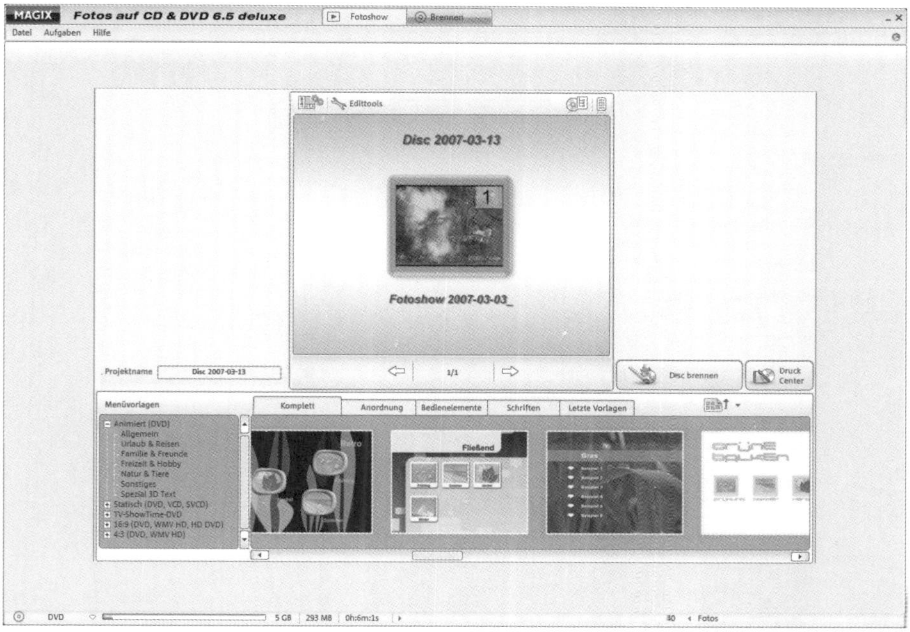

Abbildung 3.273: Menüvorlage übernehmen

Das Programm wendet die ausgewählte Vorlage auf das DVD-Hauptmenü an und zeigt Ihnen das Ergebnis im Vorschaufenster. Zudem wird neben dem Hauptmenü eine zweite Menüebene mit Einträgen für jedes einzelne Foto erstellt.

> **▶ TIPP**
>
> Die Positionen der Vorschaubilder und der Menütitel können von Ihnen frei gewählt werden. Dazu halten Sie die Strg-Taste gedrückt, klicken auf das entsprechende Vorschaubild und ziehen es an die gewünschte Stelle.

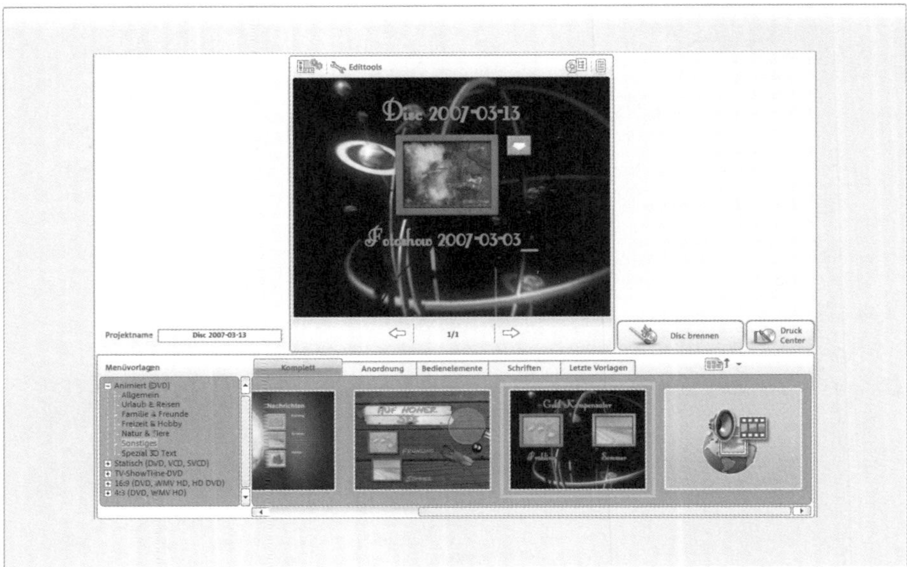

Abbildung 3.274: Ausgewählte Menüvorlage im Vorschaufenster

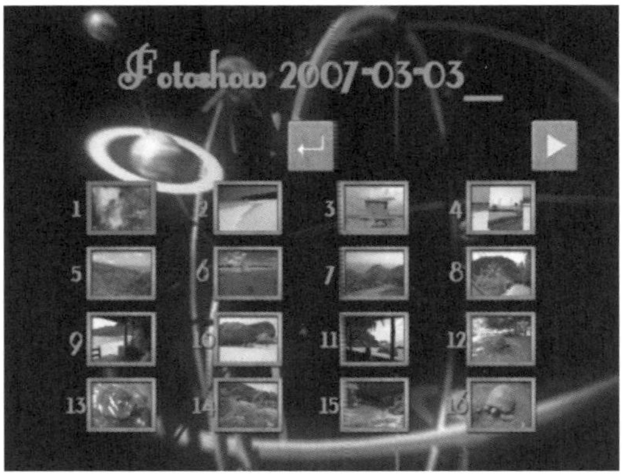

Abbildung 3.275: Die zweite Menüebene

▶ HINWEIS

Besteht Ihre Fotoshow aus mehr als 99 Bildern, wird im Menü nur für jedes zweite Foto ein Vorschaubild angelegt.

4. Klicken Sie auf die Schaltfläche Navigation, um die zweite Menüebene anzupassen.

Abbildung 3.276: Schaltfläche Navigation

Ganz rechts erscheint ein Fenster mit der Navigationsstruktur der DVD.

5. Klicken Sie auf das kleine Plussymbol, um sich die Elemente auf der zweiten Ebene auflisten zu lassen.

   Ein Häkchen vor der jeweiligen Datei bedeutet, dass ein eigener Menüeintrag für dieses Bild im Untermenü der DVD erzeugt wird.

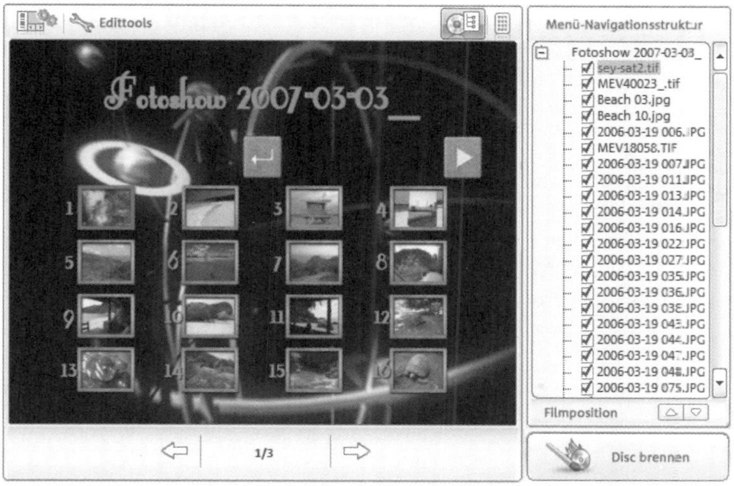

Abbildung 3.277: Navigationsstruktur des Menüs

6. Bestimmen Sie durch Setzen bzw. Entfernen des Häkchens, ob das betreffende Bild im Untermenü erscheinen soll oder nicht. Mit den beiden Pfeiltasten darunter kann die Position des markierten Bildes innerhalb des Menüs bei Bedarf verändert werden.

7. Wählen Sie ggf. per Doppelklick unter den Menüvorlagen ein anderes Design für das Untermenü aus.

8. Markieren Sie in der Navigationsstruktur den obersten Listeneintrag, damit das Hauptmenü im Vorschaufenster angezeigt wird.

9. Doppelklicken Sie auf das Vorschaubild, um dieses selbst und/oder seine Beschriftung zu ändern und andere Einstellungen vorzunehmen.

   Es erscheint der Dialog EIGENSCHAFTEN DES MENÜEINTRAGS. Folgende Einstellungen und Änderungen sind hier möglich:

   - Tragen Sie in das Feld unter MENÜTEXT, wenn gewünscht, einen anderen Menütitel ein. Nutzen Sie bei Bedarf ebenso das Feld TEXTGRÖßE und die Schaltfläche TEXTFARBE für entsprechende Änderungen.
   - Aktivieren Sie im Bereich MENÜBILD die Option FRAME AUS VIDEO VERWENDEN und legen Sie mit dem Schieberegler unter POSITION fest, welches Einzelbild aus der Fotoshow als statischer Hintergrund für das DVD-Menü verwendet werden soll.
   - Oder Sie aktivieren die Option ANDERE GRAFIK VERWENDEN, wenn Sie ein anderes Bild auf Ihrer Festplatte als Vorschaubild verwenden möchten.
   - Legen Sie unten im Bereich AKTION AM FILMENDE fest, welche der aufgeführten Optionen nach der abgespielten Fotoshow ausgeführt werden soll.

   Zur Auswahl stehen: WIEDERGABE STOPPEN, SPRUNG ZU FILMMENÜ, SPRUNG ZUM KAPITELMENÜ, SPRUNG ZUM NÄCHSTEN FILM oder FOTOSHOW IM ENDLOSMODUS ABSPIELEN. Letzteres eignet sich beispielsweise für Messepräsentationen.

> **HINWEIS**
>
> In diesem ENDLOSMODUS kann übrigens jede Foto- oder Filmsequenz als Endlosschleife auf die Disc gebrannt werden. Diese Sequenz wird dann kontinuierlich wiedergegeben, bis mit der Fernbedienung ein anderer Menüeintrag ausgewählt wird. Bitte beachten Sie, dass dieser Eintrag im Editor bei einzelnen Fotos fehlt.

10. Schließen Sie das Fenster mit OK.

> **HINWEIS**
>
> Diesen Vorgang können Sie auch für die einzelnen Vorschaubilder in den Untermenüs wiederholen. Klicken Sie rechts in der Navigationsstruktur auf den Eintrag eines Bildes, damit die zugehörige Seite des Untermenüs im Vorschaufenster angezeigt wird.

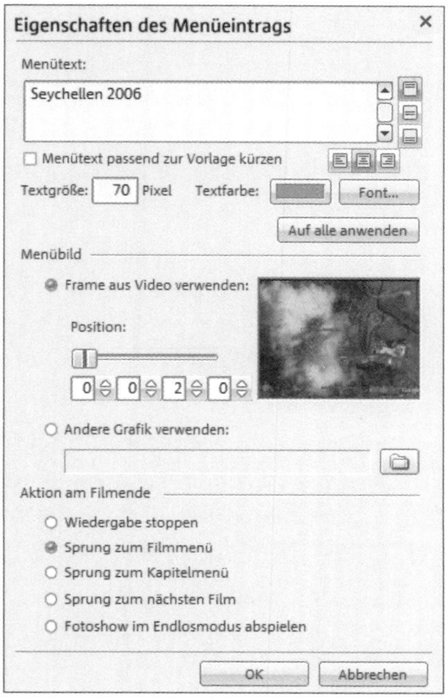

Abbildung 3.278: Eigenschaften des Menüeintrags festlegen

Das automatische Anlegen von Untermenüs für jede Fotoshow mag nicht in jedem Fall nützlich oder erwünscht sein. Aus diesem Grund gestattet Ihnen MAGIX Fotos auf CD & DVD, den Funktionsumfang des DVD-Hauptmenüs einzuschränken.

1. Klicken Sie auf die Schaltfläche STEUERUNG DER MENÜOPTIONEN.

Abbildung 3.279: Schaltfläche STEUERUNG DER MENÜOPTIONEN

Abbildung 3.280: Menügestaltung

2. Nutzen Sie das Dropdown-Menü im Bereich MENÜGESTALTUNG neben dem Vorschaufenster, um die Menüart zu verändern:

- Wählen Sie KEINE MENÜS, wenn die Fotoshows ohne Menüvorschau hintereinander auf die Disc gebrannt werden sollen. Sobald diese in den Player eingelegt wird, startet die erste Show. Mit den Skip-Tasten der Fernbedienung steuern Sie dabei die nächste/vorherige Fotoshow an.
- Soll beim Einlegen der Disc ein Menü erscheinen, aus dem Sie mit der Fernbedienung, durch Drücken der entsprechenden Zahlentaste(n) eine bestimmte Fotoshow auswählen und starten können, dann entscheiden Sie sich für den Menüpunkt NUR FOTOSHOW-MENÜ. Treffen Sie keine Auswahl, wird nach einer Weile automatisch die erste Fotoshow gestartet.
- Wünschen Sie zusätzlich zum FOTOSHOW-Menü noch ein Fotomenü für jede Fotoshow, ist FOTOSHOW- UND FOTOMENÜS die richtige Wahl. Beim Auswählen der Fotoshow wechseln Sie in das zugehörige Fotomenü, wo Sie einzelne Fotos mit den Zahlentasten der Fernbedienung gezielt anwählen können.
- Zählt einzig und allein das Fotomenü für Sie, dann fällt Ihre Wahl auf NUR FOTOMENÜ.

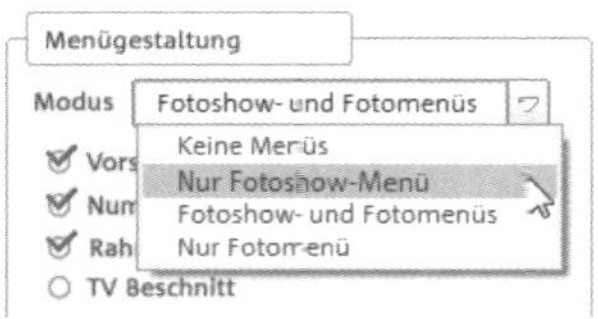

Abbildung 3.281: Hauptmenü beschränken

Individuelle Menügestaltung

Für DVDs (und Mini-DVDs) haben Sie die Möglichkeit, Ihre Menüs mit audiovisuellen Effekten zu versehen. So lassen sich eine beliebige Hintergrundmusik sowie Hintergrundbilder in das Menü integrieren.

> **HINWEIS**
>
> Animationen lassen sich bei CD-Formaten nicht nutzen.

1. Möchten Sie nur das Hintergrundbild eines Menüs verändern, klicken Sie auf die Schaltfläche HINTERGRUNDGRAFIK links neben dem Vorschaubildschirm.

Abbildung 3.282: Schaltfläche HINTERGRUNDGRAFIK

2. Wählen Sie durch Aktivieren der Option Bitmap verwenden, ob das Standardbild durch ein eigenes Foto von der Festplatte ersetzt werden soll.

   Oder Sie aktivieren Frame aus Video verwenden und legen mit dem Schieberegler unter Position fest, welches Einzelbild aus der Fotoshow als statischer Hintergrund für das DVD-Menü verwendet werden soll.

3. Bestätigen Sie mit OK.

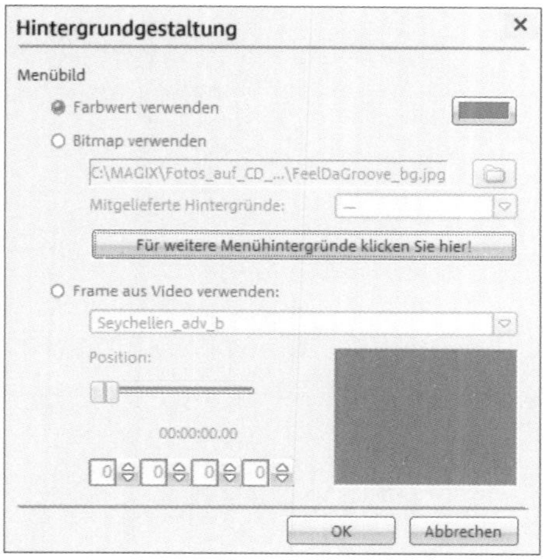

Abbildung 3.283: Fenster Hintergrundgestaltung

4. Klicken Sie auf die Schaltfläche Erweiterte Optionen.

Abbildung 3.284: Schaltfläche Erweiterte Optionen

5. Betätigen Sie die Schaltfläche hinter Hintergrundvideo, wenn Sie (andere) Bild- und Videodateien zur Hintergrundanimation laden und einsetzen wollen.

Abbildung 3.285: Schaltfläche Hintergrundvideo

Im Bereich Optionen des Fensters Hintergrundgestaltung stehen Ihnen wiederum diverse Einstellungen zur Verfügung.

- Setzen Sie ein Häkchen vor den Eintrag Animierte Menü-Buttons erzeugen, damit die Vorschaubilder der einzelnen Fotoshows als kleine Filme dargestellt werden. Mit den beiden Schiebereglern links stellen Sie den Startpunkt (Position) und die Länge der Animation ein.

- Aktivieren Sie bei Bedarf die Option Hintergrundsound bis zur Länge der Menüanimation wiederholen.
- Aktivieren Sie mit einem Häkchen den Eintrag Audiospur des Videos verwenden, wenn die Tonspur des Videos als Hintergrundsound für das Menü verwendet werden soll.
- Soll der Hintergrundfilm als Endlosschleife abgespielt werden, setzen Sie ein Häkchen vor Hintergrundfilm im Endlos-Modus abspielen.
- Definieren Sie im Bereich Länge der Menüanimation wird bestimmt durch, ob das längste Medium, die Länge des Videos oder die Länge der Audiodatei (immer jeweils als Schleife wiedergegeben) für die Menüanimation Verwendung finden soll.

6. Schließen Sie das Fenster Hintergrundgestaltung mit einem Klick auf OK.

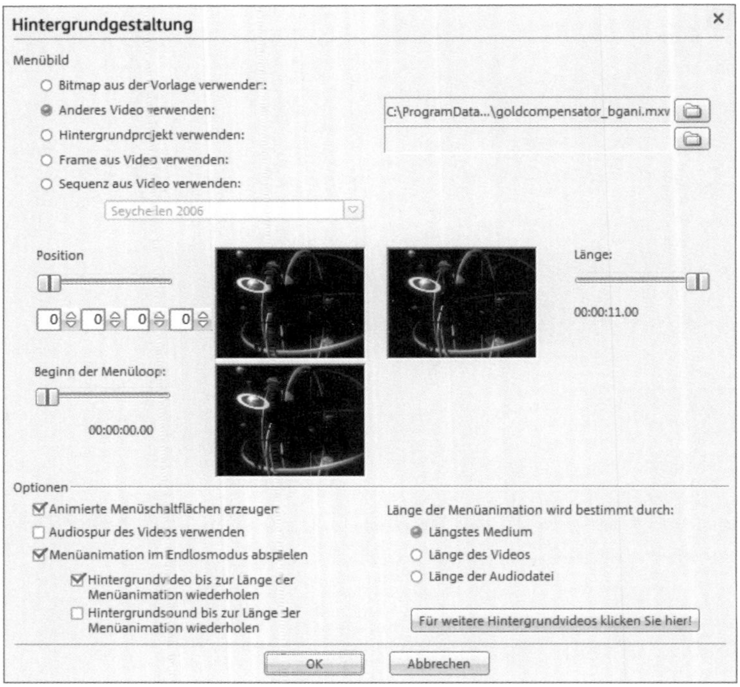

Abbildung 3.286: Das Fenster Hintergrundgestaltung

7. Per Klick auf die Schaltfläche hinter Hintergrundsound wählen Sie eine (andere) Audiodatei zur Untermalung der Hintergrundanimation aus.

Abbildung 3.287: Schaltfläche hinter Hintergrundsound

8. Klicken Sie auf die Schaltfläche hinter Introvideo, um eine eigene Filmsequenz zu verwenden, die beim Einlegen der DVD oder Mini-DVD in den Player gestartet wird.

Abbildung 3.288: Schaltfläche hinter Introvideo

> **HINWEIS**
>
> MAGIX Fotos auf CD & DVD unterstützt die Videoformate *MP(E)G, AVI, MXV* und *VOB.*

Ein Häkchen vor dem jeweiligen Eintrag zeigt Ihnen, dass Hintergrundgrafik, Introvideo, Hintergrundsound sowie Hintergrundvideo vorhanden sind. Zum Löschen entfernen Sie einfach das Häkchen.

9. Prüfen Sie Introvideo, Hintergrundsound und Hintergrundvideo durch einen Klick auf den Wiedergabe-Button.

Abbildung 3.289: Wiedergabe-Button

10. Um die verwendete Schriftart in der Menüvorlage anzupassen, wählen Sie im Register Schrift unten bei den Menüvorlagen einen anderen Schrifttyp aus. Doppelklicken Sie auf das Vorschaubild der Schriftart und weisen Sie diese so dem Menü zu.

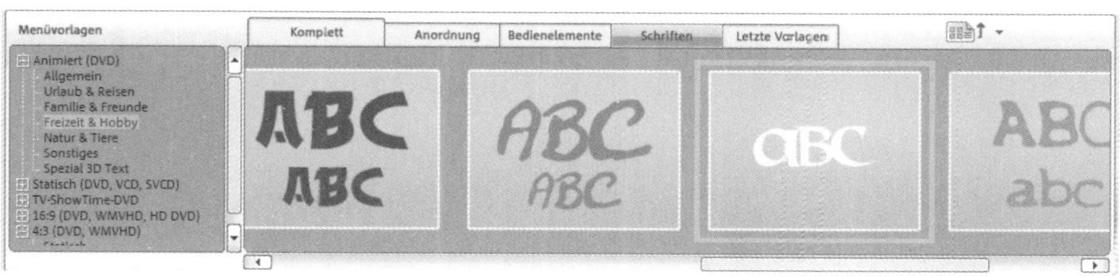

Abbildung 3.290: Schriftart ändern

11. Wollen Sie den Vorschaubildern des Menüs einen anderen Rahmen zuweisen, wechseln Sie in das Register Bedienelemente. Wählen Sie dort eine passendere Umrandung aus.

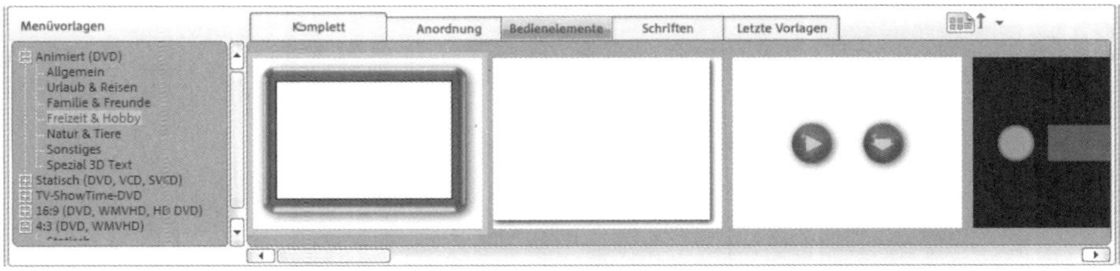

Abbildung 3.291: Rahmen modifizieren

12. Wechseln Sie ins Register Anordnung.

Hier finden Sie eine Reihe von Menüvorlagen mit diversen Zusammenstellungen von Vorschaubildern, Überschriften und Untertiteln für Vorschaubilder. Diese Vorlagen weisen sowohl Unterschiede in Anzahl, Größe und Position der Vorschaubilder pro Menüseite als auch in der Größe und Anordnung der Textelemente im Menü auf.

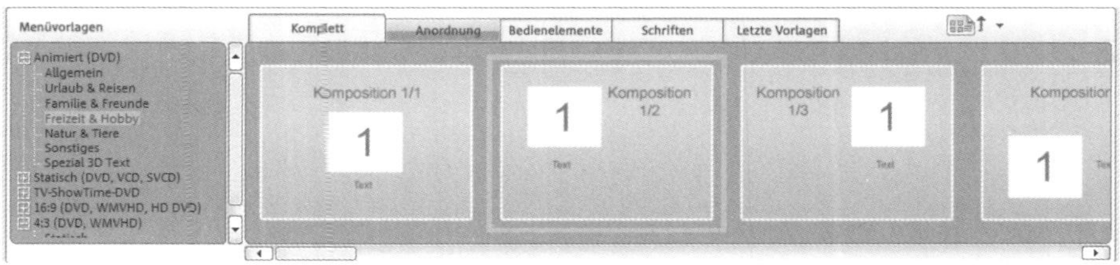

Abbildung 3.292: Register Anordnung

Edittools (nur deluxe-Version)

Seit MAGIX Fotos auf CD & DVD 5.5 deLuxe ist es möglich, den DVD-Menühintergrund noch individueller zu gestalten. Dafür stehen die so genannten Edittools zur Verfügung, die per Klick auf die gleichnamige Schaltfläche eingeblendet werden. Gleichzeitig sehen Sie Skalierungsrahmen, die die verschiedenen Teile des DVD-Menüs umgeben.

Abbildung 3.293: Edittools

Diese Rahmen lassen sich einzeln anklicken und können samt Inhalt in Größe und Position verändert werden.

Abbildung 3.294: Größe verändern

Abbildung 3.295: Position verändern

Mit wird das magnetische Raster aktiviert. Dadurch richten sich verschobene Schaltflächen von allein an den anderen aus.

Die Schaltfläche sorgt dafür, dass die Schaltflächen beim Skalieren ihr Seitenverhältnis behalten.

Durch werden Schaltflächen, Nummerierungen und Texte zu einer Gruppe zusammengefasst und können so gemeinsam skaliert bzw. verschoben werden.

Klicken Sie auf , um alle Änderungen auf die übrigen Menüseiten zu übertragen.

Um einen bestimmten Teil des DVD-Menüs zu bearbeiten, markieren Sie seinen Rahmen und klicken dann auf .

Der entsprechende Teil wird daraufhin in Foto Clinic zur genauen Bearbeitung geöffnet.

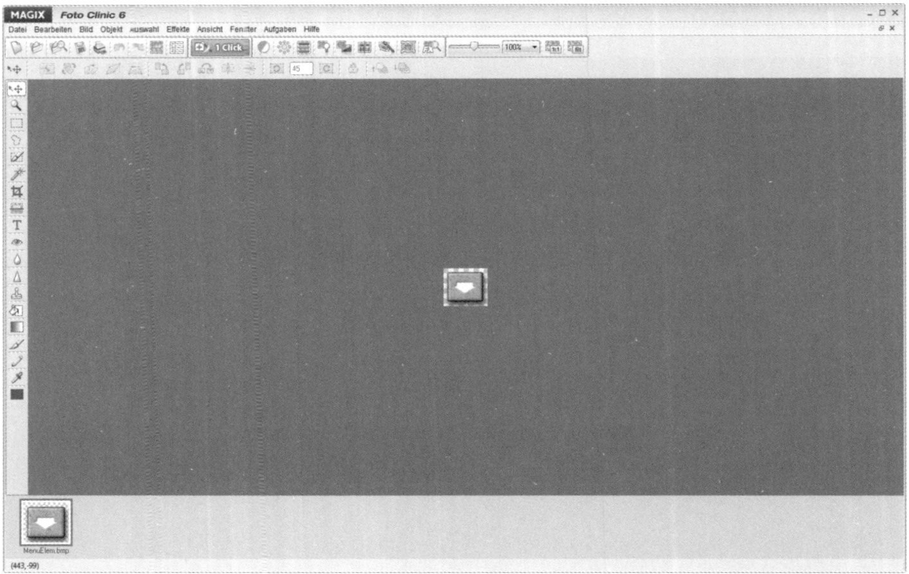

Abbildung 3.296: Schaltfläche in Foto Clinic

Über [icon] wird das Hintergrundbild in Foto Clinic geöffnet. Dort kann es dann detailliert bearbeitet werden.

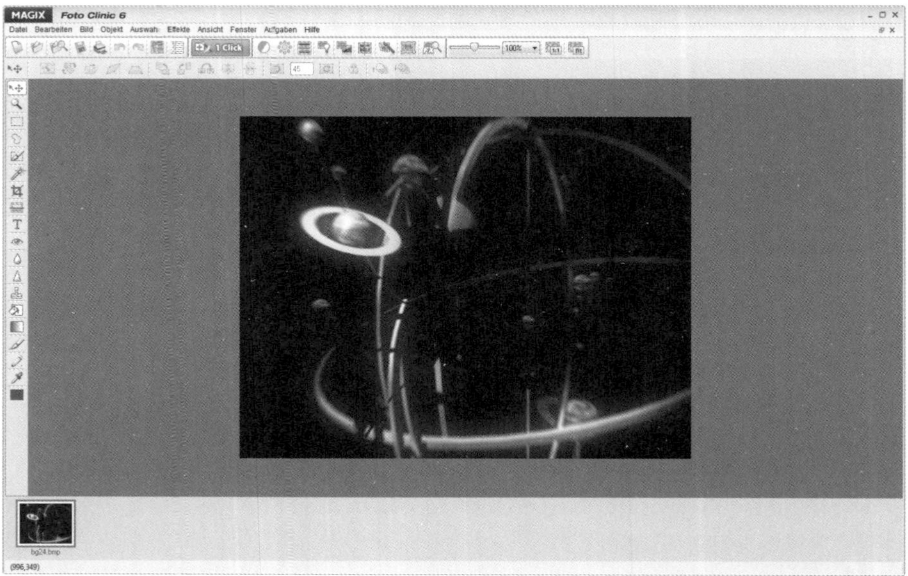

Abbildung 3.297: Menühintergrund in Foto Clinic

Die virtuelle Fernbedienung

Durch die virtuelle Fernbedienung wird das Verhalten Ihrer noch zu brennenden Disc überprüft, denn sie steuert das Discmenü und dessen Funktionen in gleicher Weise wie die reale Fernbedienung später das Bild auf dem Fernsehgerät. Ein Klick auf diese Schaltfläche blendet sie ein.

Abbildung 3.298: Virtuelle Fernbedienung einblenden

Über die Zahlentasten 1–10 wählen Sie den Eintrag auf der Menüseite an. Innerhalb eines Fotomenüs startet die Wiedergabe. Wenn Sie sich im Hauptmenü befinden, wechselt das Programm in das gewählte Untermenü.

Befinden Sie sich im Hauptmenü, wechseln Sie mit der Wiedergabetaste (Play) in die erste Fotoshow der aktuellen Menüseite. Wenn Sie sich im Fotoshow-Menü befinden, wird der erste Fotoeintrag gestartet.

Mit Discmenü rufen Sie die erste Seite Ihres Discmenüs, den Anfang des Menüs, auf. Mit Submenü laden Sie das Untermenü der gewählten Fotoshow.

Abbildung 3.299: Virtuelle Fernbedienung

Mehrere Fotoshows auf eine Disc brennen

Es ist kein Problem, mehrere Fotoshows auf eine DVD zu brennen. In MAGIX Fotos auf CD & DVD besteht nicht nur die Möglichkeit, mehrere Fotoshows parallel zu öffnen und zu bearbeiten, sondern Sie können diese auch in einem Rutsch auf eine Disc brennen. Analog enthält das DVD-Hauptmenü dann Vorschaubilder der verschiedenen Fotoshows und für jede Fotoshow ein entsprechendes Untermenü.

1. Sofern noch keine Fotoshow fertig gestellt ist, erzeugen Sie im Fotoshow-Screen einfach mehrere leere Fotoshows. Dazu drücken Sie die Tastenkombination Strg + N.
2. Wollen Sie zu einer bereits fertig gestellten Fotoshow noch eine oder mehrere weitere laden, wählen Sie diese durch Anklicken des Eintrags Fotoshow laden im Dropdown-Menü Fotoshow aus.
3. Klicken Sie beim letzten Hinweis auf Nicht schließen.

   So bleiben alle Fotoshows geöffnet, können von Ihnen parallel bearbeitet und später gebrannt werden.

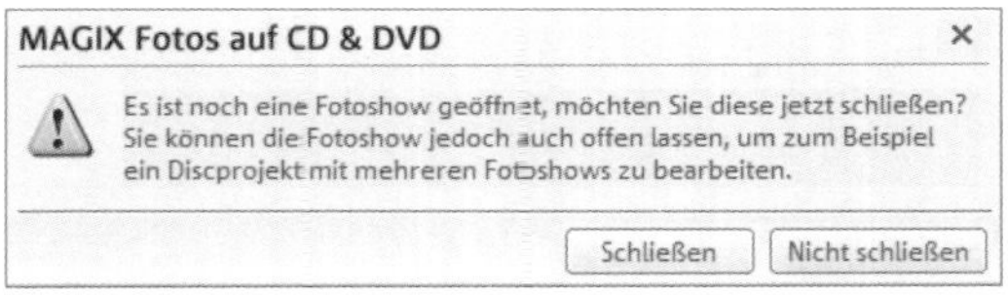

Abbildung 3.300: Fotoshow schließen oder nicht schließen?

4. Benutzen Sie das Dropdown-Menü Fotoshow, um zwischen den einzelnen Shows hin- und herzuschalten.

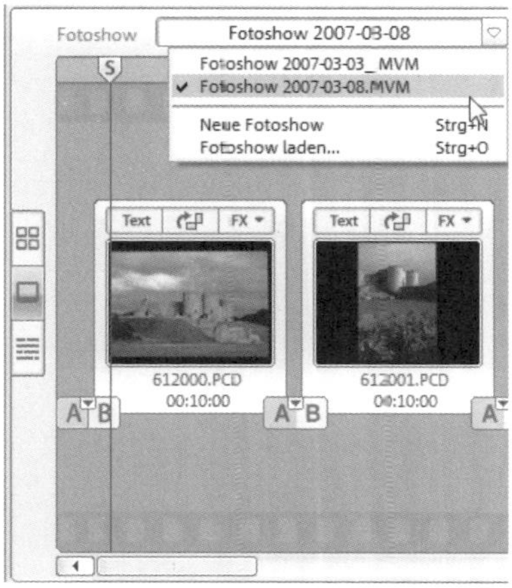

Abbildung 3.301: Dropdown-Menü Fotoshow

5. Sind alle zu brennenden Fotoshows fertig gestellt, wechseln Sie in den Brennen-Screen, um das DVD-Menü zu gestalten.

Weitere Fotoshows auf bereits erstellte DVD brennen (nur deluxe-Version)

Sie können eine oder mehrere Fotoshows von einer Disc laden und in Ihr aktuelles Projekt einfügen, ein gemeinsames DVD-Menü für diese erstellen und das gesamte Projekt anschließend brennen.

> ▶ ACHTUNG
>
> MAGIX Fotos auf CD & DVD lädt ausschließlich von wieder beschreibbaren Discs (CD-RW, DVD-RW und DVD+RW).

1. Um eine bestehende Fotoshow von einer Disc zu importieren, legen Sie diese in Ihren Brenner und klicken im Brennen-Screen auf die Schaltfläche Projekt von Disc laden.

Abbildung 3.302: Schaltfläche Projekt von Disc laden

2. Bestätigen Sie den darauf folgenden Dialog Disc für das OnDisc Editing suchen mit OK.

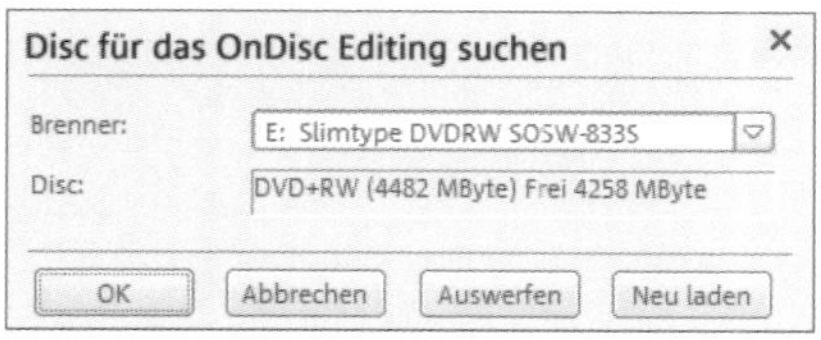

Abbildung 3.303: Hier wird die Fotoshow von einer Disc geladen

Sie erhalten eine Erfolgsmeldung über den erfolgreichen Import.

3. Schließen Sie das Fenster mit einem Klick auf OK.

Abbildung 3.304: Import erfolgreich abgeschlossen

4. Die folgende Frage im Fenster MAGIX FOTOS AUF CD & DVD beantworten Sie mit JA.

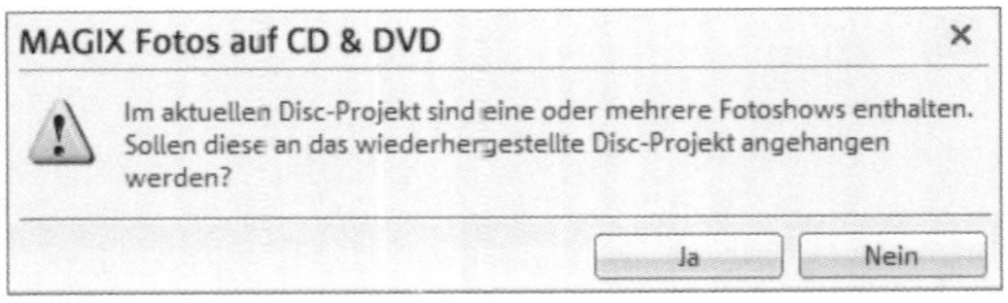

Abbildung 3.305: Hier stimmen Sie zu, dass die geladene Fotoshow an die anderen angehängt wird

5. Klicken Sie auf die Schaltfläche NAVIGATION, um alle Elemente der vereinten Fotoshows im Fenster MENÜ-NAVIGATIONSSTRUKTUR angezeigt zu bekommen.

Abbildung 3.306: DVD-Navigationsstruktur

6. Wählen Sie unten im Bereich MENÜVORLAGEN das Register ANORDNUNG, um für alle Shows auf der ersten Hauptmenüseite ein Vorschaubild zu erhalten.

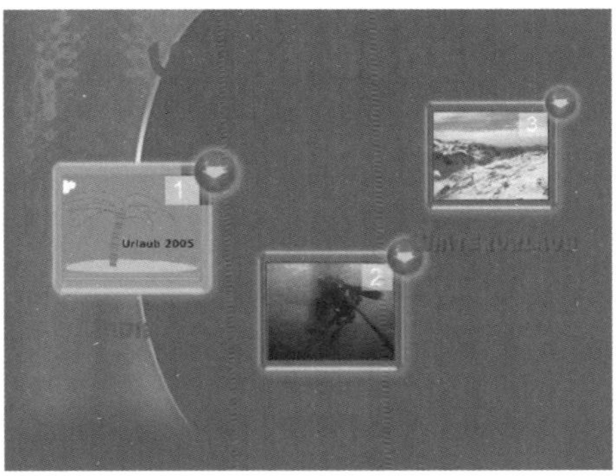

Abbildung 3.307: Angepasstes Hauptmenü

7. Passen Sie bei Bedarf per Doppelklick auf die Vorschaubilder Titel und Beschriftungen der einzelnen Fotoshows an.

8. Klicken Sie auf die Schaltfläche Disc brennen, um die neue Zusammenstellung auf den eingelegten Rohling zu brennen.

   Nach Beendigung des Brennvorgangs erhalten Sie eine Abschlussmeldung.

Abbildung 3.308: Die Abschlussmeldung nach dem Brennvorgang

Workshop 9: Die Brennerei – Brennen auf Disc

Bisher konnten Sie Ihre Fotoshows nur auf dem Monitor des Rechners ansehen. Endlich dreht sich alles rund ums Brennen. Sie lernen die vielfältigen Brenneinstellungen und Exportmöglichkeiten für Fotoshows in MAGIX Fotos auf CD & DVD kennen. Schließlich erfahren Sie eine Menge über die vielfältigen praktischen Serviceleistungen von MAGIX im Internet.

Fotoshow für Wiedergabe am TV auf DVD brennen

Die wohl von allen Exportmöglichkeiten am häufigsten verwendete Variante: das Brennen einer DVD, um diese über den DVD-Player zu Hause am Fernseher wiederzugeben.

1. Legen Sie einen DVD-Rohling ein und klicken Sie auf die Schaltfläche Disc brennen.

Abbildung 3.309: Schaltfläche Disc brennen

2. Aktivieren Sie die Checkbox vor für DVD-Player und Fernseher und wählen Sie DVD als Disctyp aus.

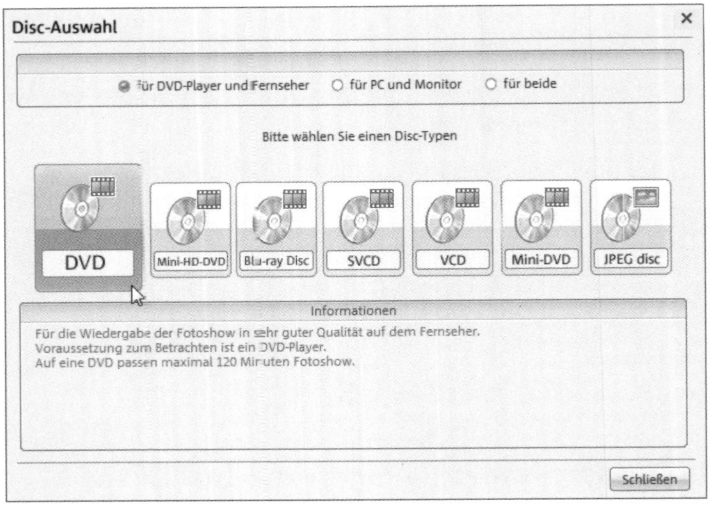

Abbildung 3.310: Den Disctyp DVD auswählen

3. Speichern Sie Ihr Projekt – sofern noch nicht geschehen – ab.

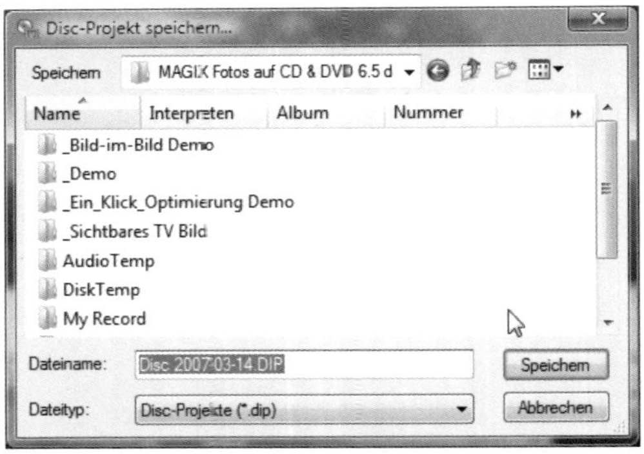

Abbildung 3.311: Disc-Projekt speichern

4. Klicken Sie im folgenden Dialog Disc für DVD-Player brennen auf die Schaltfläche Optionen.

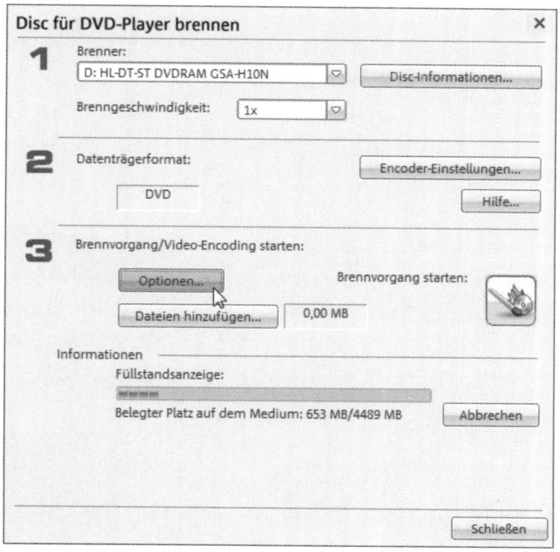

Abbildung 3.312: Brenndialog

5. Setzen Sie ein Häkchen vor DATEN-BACKUP DES PROJEKTS HINZUFÜGEN, damit eine Sicherungskopie der Projektdateien mit auf die DVD gebrannt wird.

   Dies ist allerdings nur bei wieder beschreibbaren Medien sinnvoll, um der Disc später weitere Fotoshows hinzuzufügen bzw. die aktuell zu brennende Fotoshow später in ein anderes Projekt zu importieren.

6. Überprüfen Sie, ob sich vor BUFFER-UNDERRUN-SCHUTZ AKTIVIEREN ebenfalls ein Häkchen befindet. Schließen Sie dann das Fenster über die gleichnamige Schaltfläche.

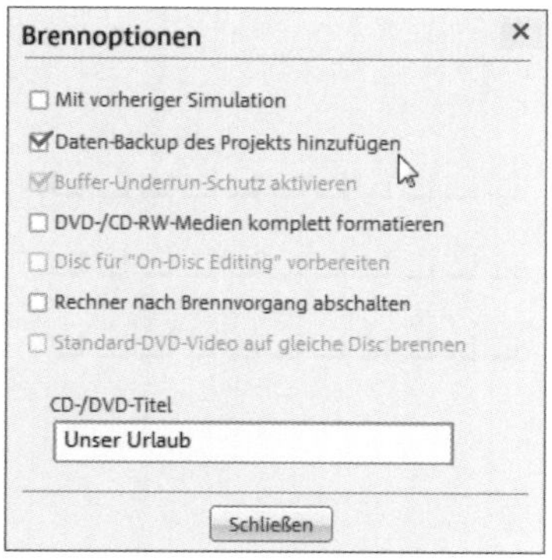

Abbildung 3.313: Fenster BRENNOPTIONEN

7. Klicken Sie auf den BRENNEN-Button.

Abbildung 3.314: BRENNEN-Button

Der Enkodierungs- und Brennvorgang, Mixdown genannt, startet. Und das Programm hält Sie unten im Bereich INFORMATIONEN auf dem Laufenden. Je nach Menge und Umfang Ihrer Fotoshows sowie der Rechenleistung Ihres PCs nimmt der nun folgende Mixdown, in dem Ihre Fotoshows für das Brennen aufbereitet werden, mehrere Stunden in Anspruch. Werden Sie also nicht ungeduldig.

> ▶ TIPP
>
> Lassen Sie doch MAGIX Fotos auf CD & DVD für große Projekte eine »Nachtschicht« einlegen. Wenn Sie am nächsten Morgen aufstehen, ist Ihre Disc fertig. Setzen Sie für diesen Fall im Dialog BRENNOPTIONEN ein Häkchen vor RECHNER NACH BRENNVORGANG ABSCHALTEN.

Sobald der Mixdown abgeschlossen und die Disc gebrannt ist, erhalten Sie eine Erfolgsmeldung.

8. Bestätigen Sie die Erfolgsmeldung, indem Sie das Fenster mit einem Klick auf OK schließen.

Welchen Disctyp hätten's denn gern? – Von VCD, SVCD, Mini-DVD, Mini-HD-DVD und DVD

Sie haben sieben Möglichkeiten zur Auswahl, eine Fotoshow auf eine Disc zu brennen, und zwar als:

- Video-CD (VCD)
- Super-Video-CD (SVCD)
- Mini-DVD
- DVD
- Mini-HD-DVD
- JPEG Disc
- Blu-ray Disc

Die DVD – lange Präsentationen in hoher Qualität

Die DVD (Digital Versatile Disc) ist *das* Medium für das Brennen von Videos und Fotoshows. Sie bietet hohe Qualität zu einem angemessenen Preis. Eine DVD kann Videomaterial (und Fotoshows) in verschiedenen Bitraten (Qualitätsstufen) aufnehmen. Standardmäßig fasst ein DVD-Rohling (Single Sided) 120 Minuten bzw. eine Datenmenge von 4,7 Gbyte Daten. Reduziert man die Bitrate und somit die Qualität, passt noch wesentlich mehr darauf: 180 Minuten im Long Play- und sogar 240 Minuten im Extended Play-Modus.

Auf dem Markt werden verschiedene DVD-Rohlingsarten angeboten: DVD+R, DVD-R, DVD+RW, DVD-RW sowie entsprechende Double Layer-Rohlinge. Leider beschreibt nicht jeder Writer alle Rohlinge und einige ältere DVD-Player können bestimmte Rohlinge nicht wiedergeben. Im Zweifelsfall sehen Sie bitte in der Betriebsanleitung des entsprechenden Geräts nach.

Die Mini-DVD – kürzere Präsentationen in hoher Qualität

Die Mini-DVD ist eine CD mit DVD-Strukturen. Wie bei einer normalen DVD werden die Videos im MPEG2-Format gebrannt, also in der gleichen Qualität wie bei der großen Schwester. Sie fasst etwa 14 Minuten Videomaterial, ausreichend für eine kurze Präsentation. Vorteil trotz des geringen Fassungsvermögens: Durch den Einsatz der preisgünstigen CD-Rohlinge sparen Sie sich den teuren DVD-Rohling für umfangreichere Projekte auf.

Mini-HD-DVD (nur deluxe-Version)

Die Mini-HD-DVD ist für die Wiedergabe auf HD-DVD-Playern vorgesehen und wird standardmäßig im Format »1080i« (1920 x 1080 Pixel) erzeugt. Auf normalen DVD-Playern kann sie nicht abgespielt werden. Sie fasst in etwa die 4-fache Datenmenge des normalen DVD-Formats. Trotzdem können Sie die normalen auf dem Markt erhältlichen DVD-Rohlinge verwenden. Ähnlich der Mini-DVD, bei der das DVD-Datenformat auf eine CD gebrannt wird, wird hier das HD-DVD-Format auf eine normale DVD gebrannt.

Vorteil: Durch Verwendung hoher Bitraten (mehr als 20.000 Kbps und HD-Auflösung erfüllt die Mini-HD-DVD höchste Ansprüche.

Nachteil: Der hohen Qualität steht eine erheblich kürzere Abspielzeit bei Verwendung normaler DVD-Rohlinge gegenüber.

VCD und SVCD – Präsentationen bei mittlerer Qualität

VCD ist ein Videoformat, das auf MPEG1 basiert. Die Auflösung beträgt 352 x 288 Punkte (PAL) und die Bildqualität entspricht ungefähr einer VHS-Videokassette. Der VCD-Encoder verwendet eine konstante Bitrate (CBR) von bis zu 1,1 MBit zur Aufzeichnung der Bilddaten, unabhängig davon, ob das Bild viele oder wenige Bildänderungen enthält.

Eine Verbesserung ist das SVCD-Format. Es basiert auf MPEG2 und bietet eine Auflösung von 480 x 576 Punkten. Die SVCD unterstützt die variable Bitrate (VBR) bis zu 2,4 MBit. So können für bewegungsintensive Szenen mehr Bit bereitgestellt werden, die bei Szenen mit wenig Bildänderungen eingespart werden. Ergebnis ist eine höhere, zwischen VHS und DVD liegende Bildqualität, allerdings schlechter als DivX.

Vorteil beider Formate: Preisgünstige CD-Rohlinge machen die im Vergleich zur DVD mäßige Qualität und Kapazität erträglich.

Nachteil: Einige DVD-Player – vornehmlich der hohen Preiskategorie – tun sich immer noch schwer mit der Wiedergabe des SVCD-Formats.

JPEG Disc

Sie kann noch nicht von allen DVD-Playern wiedergegeben werden, doch davon später mehr.

MultiDisc (nur deluxe-Version)

Gewissermaßen alles in einem. Auf einer MultiDisc wird Ihr Fotoshow-Projekt als Videofilm für den DVD-Player und als High Definition Fotoshow für den PC gebrannt. Des Weiteren werden auch Ihre Originaldateien auf dieser einen DVD gesichert.

▶ HINWEIS

Um eine MultiDisc zu brennen, aktivieren Sie im Dialog Disc-Auswahl die Checkbox für beide und wählen als Disctyp MultiDisc aus.

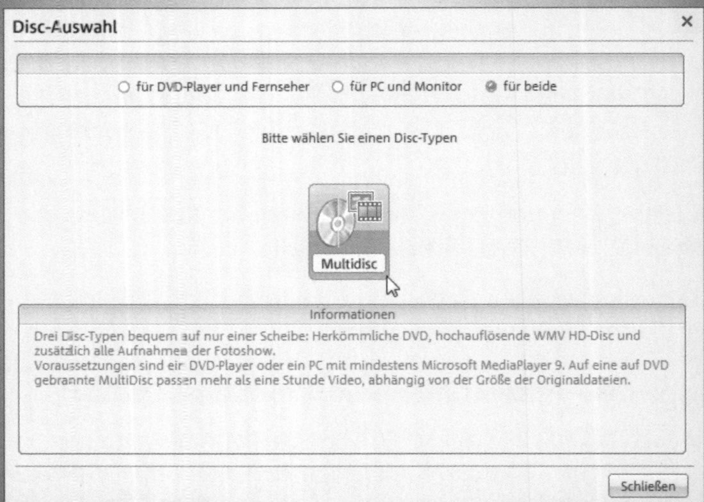

Abbildung 3.315: MultiDisc als Disc-Typ

Blu-ray Disc (nur deluxe-Version)

Die Blu-ray Disc gilt neben der HD-DVD als Nachfolger der DVD und verfügt über eine hohe Speicherkapazität von bis zu 27 Gbyte (im Single Layer-Modus) bzw. bis zu 54 Gbyte (im Double Layer-Modus). Diese hohe Speicherkapazität ermöglicht es Ihnen, Fotoshows in besonders hoher Qualität am heimischen TV-Gerät vorzuführen. Voraussetzungen hierfür sind allerdings ein HD-fähiger Fernseher und ein Blu-ray Player.

Disctyp auswählen

Legen Sie gleich beim Start oder im noch leeren Storyboard fest, ob Sie eine VCD, SVCD, Mini-DVD oder DVD verwenden werden.

> **HINWEIS**
>
> Je nach Weltgegend sind SVCD-Player viel verbreiteter als DVD-Player, zum Beispiel in Asien.

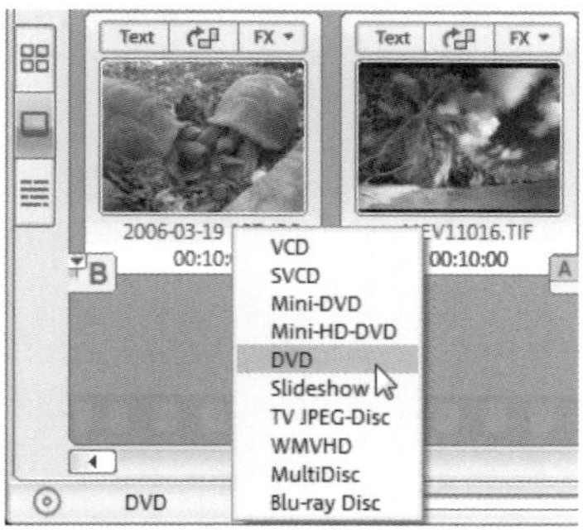

Abbildung 3.316: Disctyp festlegen

Weniger ratsam ist das Festlegen des Disctyps innerhalb des Brenndialogs, da die Fotoshow eventuell zu groß für das gewählte Datenträgerformat ist. Gleichermaßen würde dann auch ein DVD-Menü beim Wechsel von DVD zu SVCD verloren gehen.

> **TIPP**
>
> Achten Sie auf den Füllbalken am unteren Rand des Programmfensters. Die Fotoshow sollte 700 Mbyte (80 Minuten) nicht überschreiten, wenn Sie beabsichtigen, auf VCD, SVCD oder Mini-DVD zu brennen.
>
> 
>
> *Abbildung 3.317: Füllbalken*

Bitraten anpassen

Die zeitliche Aufnahmekapazität hängt stark von der Bitrate ab. Unter Bitrate versteht man die Geschwindigkeit, in der Informationen übertragen werden. Je höher die Bitrate ist, umso mehr Detailinformationen werden über eine Szene gespeichert und umso besser wird damit die Qualität der beschriebenen Szene. Je besser aber die Szene beschrieben wird, desto größer ist die dafür nötige Datenmenge und umso weniger Platz ist auf der Disc.

> **ACHTUNG**
>
> Eine hohe Bitrate kann auch Rechner bei der Wiedergabe überfordern (falls im PC-Format gespeichert wurde).

Bei MAGIX Fotos auf CD & DVD besteht die Möglichkeit, die Bitrate des MPEG-Encoders anzupassen und so die Qualität der zu brennenden Disc zu beeinflussen.

1. Klicken Sie im Brenndialog auf die Schaltfläche Encoder-Einstellungen, um die Einstellungen des MPEG-Encoders anzupassen.

Abbildung 3.318: Schaltfläche Encoder-Einstellungen

   Es erscheint das Fenster MPEG Encoder-Einstellungen.

2. Verändern Sie im Bereich Bitrate in kBit/s (Speicherbedarf und Qualität) mit dem Schieberegler die Bitrate, um den für Sie idealen Kompromiss aus Spieldauer und Qualität festzulegen.
3. Bestimmen Sie im Bereich Dauer der MPEG-Konvertierung mit dem Schieberegler, wie genau die Umrechnung der Fotoshow in das MPEG-Format durchgeführt werden soll.

   Je weiter Sie den Schieberegler nach rechts verschieben, desto sorgfältiger wird umgerechnet und umso besser ist die Qualität. Allerdings wird der Brennvorgang dadurch erheblich länger.
4. Setzen Sie ein Häkchen vor Smart Rendering. Dadurch werden bereits enkodierte Elemente im Projekt nicht erneut kodiert.

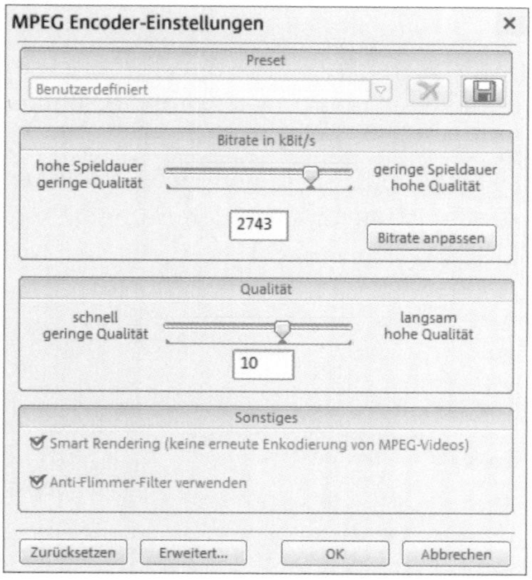

Abbildung 3.319: Fenster MPEG Encoder-Einstellungen

5. Klicken Sie auf die Schaltfläche Erweitert, um zusätzliche Detaileinstellungen für die Umwandlung der Fotoshow vorzunehmen.

So kann beispielsweise das Videoformat von PAL auf das amerikanische NTSC umgestellt werden.

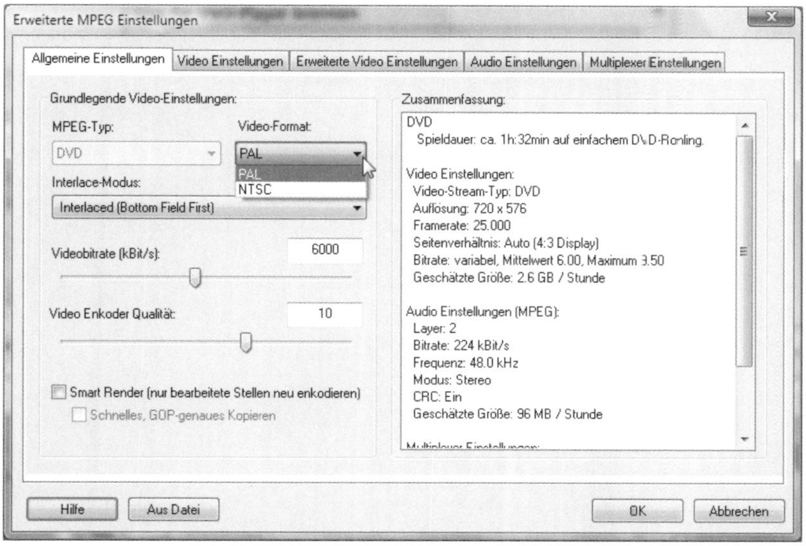

Abbildung 3.320: Register Allgemeine Einstellungen

6. Bestimmen Sie im Register Video Einstellungen, ob der Encoder eine variable oder konstante Bitrate verwenden soll. Sie sollten Variabel den Vorzug geben.

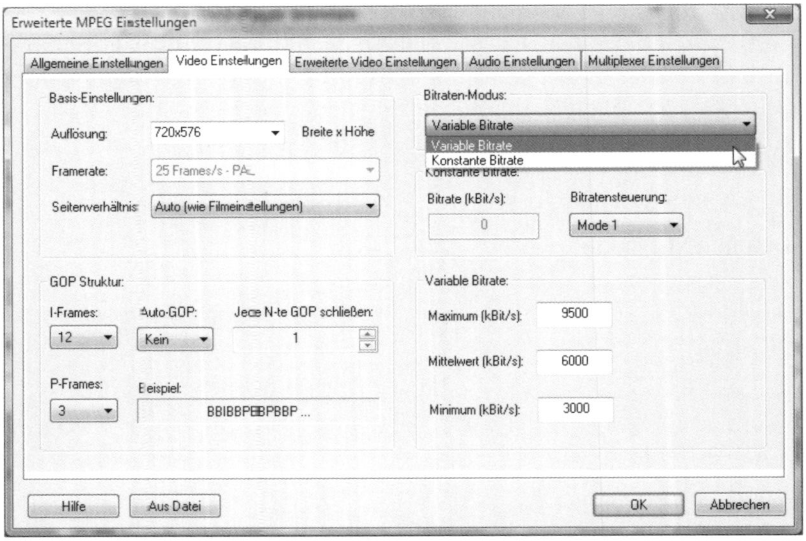

Abbildung 3.321: Videoeinstellungen für den MPEG-Encoder

Fotoshows zur Wiedergabe am PC

Wählen Sie dieses Format aus, wenn die Fotoshow beispielsweise im Büro am Laptop vorgeführt werden soll.

1. Klicken Sie dafür im BRENNEN-Screen auf die Schaltfläche DISC BRENNEN.
2. Aktivieren Sie die Checkbox FÜR PC UND MONITOR und wählen Sie SLIDESHOW aus.

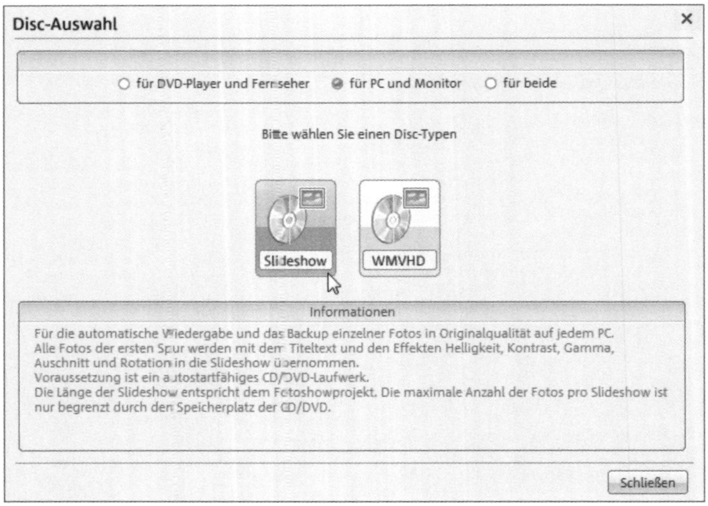

Abbildung 3.322: Disc-Typ SLIDESHOW wählen

Beim Brennen für den PC werden alle Bild- und Audiodateien der Fotoshow sowie bestimmte Effekteinstellungen gemeinsam mit dem Abspielprogramm *MAGIX Media Manager cdr* auf einer CD bzw. DVD archiviert. Allerdings werden bei der Wiedergabe nur die folgenden Effekte abgespielt:

- Helligkeit, Kontrast, Gamma
- Rotation (Drehung) und Ausschnitt
- Text ohne Text-Effekte

> **HINWEIS**
>
> Weitere Effekte werden nicht angezeigt, doch steht für derartige Projekte ohnehin das Feature FÜR DVD-PLAYER UND FERNSEHER zur Verfügung.

Die so erstellte Disc bietet eine hohe Fotoqualität. Sie ist zudem autostartfähig, ohne Zusatzprogramme auf jedem Windows-Rechner abspielbar und eignet sich daher besonders gut zur Sicherung wertvoller Aufnahmen. Bei der Wiedergabe auf einem PC wird so die höchstmögliche Fotoqualität erzielt.

Im rechten Teil des Fensters sehen Sie eine Liste sämtlicher zu brennenden Dateien. Diese lassen sich mit der Maus markieren und per Klick auf die Schaltfläche DATEIEN ENTFERNEN oder durch Betätigen der Taste [Entf] aus der Liste löschen. Der linke Teil des Fensters zeigt eine Baumstruktur, in der Sie ein beliebiges Bild ansteuern und dieses einfach per Drag&Drop in die Liste ziehen können.

3. Klicken Sie auf WEITER.

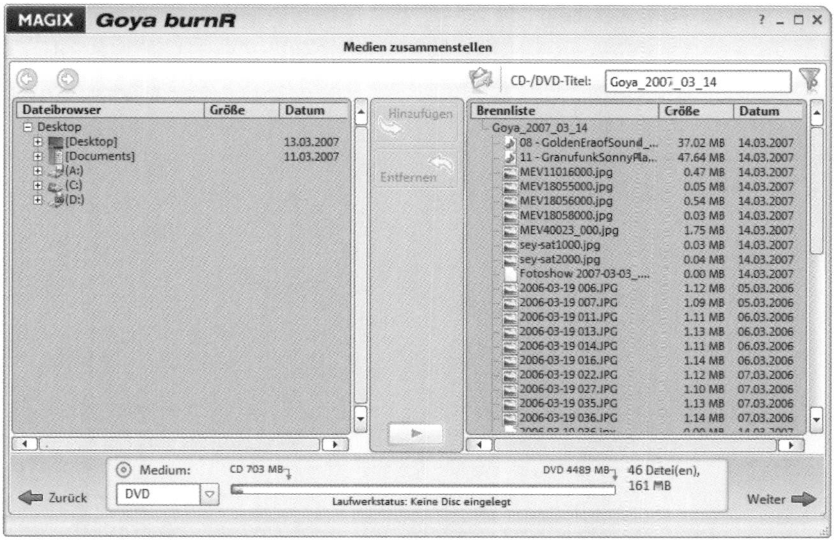

Abbildung 3.323: Dateibrowser

4. Nehmen Sie ggf. in den Bereichen CD-/DVD-Brenner auswählen und Brennoptionen die entsprechenden Einstellungen vor. Setzen Sie ein Häkchen vor Disc nach dem Brennen überprüfen. Klicken Sie auf die Schaltfläche Brennen starten.

▶ HINWEIS

Diese Überprüfung nimmt verhältnismäßig viel Zeit in Anspruch.

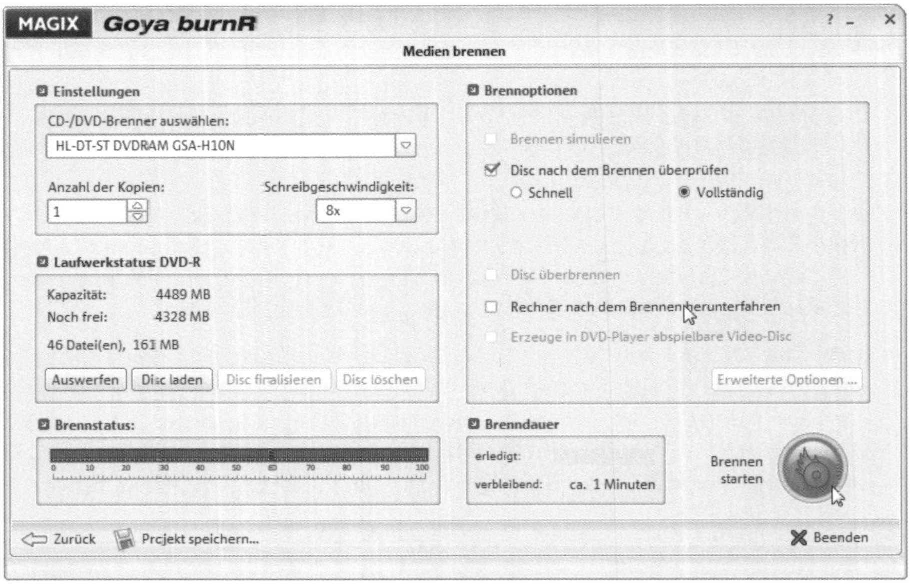

Abbildung 3.324: Hier starten Sie den Brennvorgang

Ein Statusbalken informiert Sie über die Fortschritte beim Brennen.

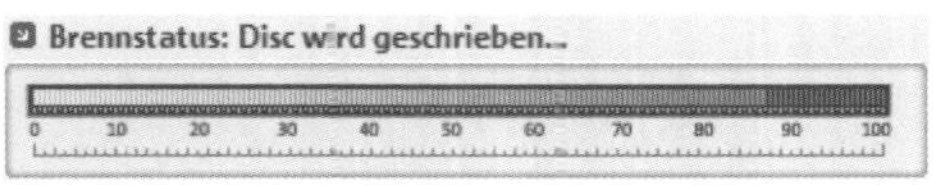

Abbildung 3.325: Statusbalken

Anschließend erhalten Sie eine Erfolgsmeldung.

Abbildung 3.326: Brennen erfolgreich!

5. Klicken Sie auf JA, um den Dialog zum Speichern Ihres Brennprojekts aufzurufen, oder beenden Sie den Brenndialog über die Schaltfläche NEIN, sofern Sie auf das Speichern verzichten möchten.

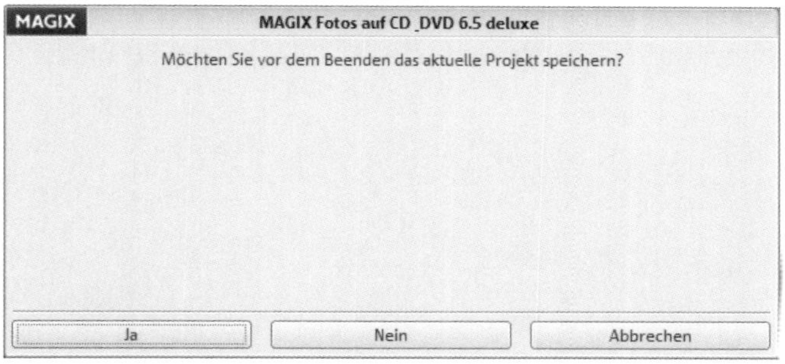

Abbildung 3.327: Brennprojekt speichern?

6. Schließen Sie den Brenndialog mit der entsprechenden Schaltfläche und entnehmen Sie die Disc dem Writer.

WMVHD – Fotoshow für Microsoft Media Player und HDTV-Geräte (nur deluxe-Version)

1. Klicken Sie auf die Schaltfläche DISC BRENNEN.
2. Aktivieren Sie die Checkbox FÜR PC UND MONITOR und klicken Sie auf die Schaltfläche WMVHD, um eine autostartfähige Disc für die Wiedergabe am Computer im Windows Media Player 9-Format (für jeden Windows-PC bzw. speziellen DVD-Player) oder auf HDTV-Geräten zu erstellen.

   Auf diese Weise erhalten Sie einen zusammenhängenden Film, dessen Einzelbilder jedoch nicht mehr ansteuerbar sind.

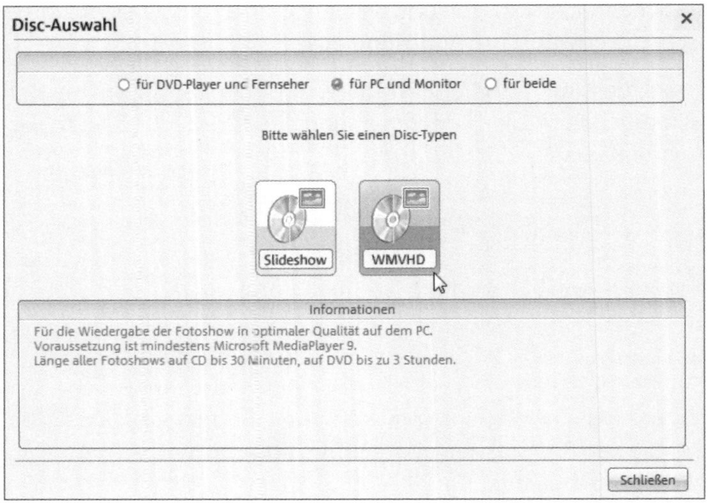

Abbildung 3.328: Disctyp WMVHD

3. Im nächsten Dialog DISC FÜR DVD-PLAYER BRENNEN drücken Sie auf die Schaltfläche ENCODER-EINSTELLUNGEN.

Abbildung 3.329: Encoder-Einstellungen festlegen

4. Klicken Sie auf die Schaltfläche ERWEITERT und wählen Sie im Dialog WINDOWS MEDIA ENCODER EINSTELLUNGEN die gewünschte Auflösung aus.

   Beachten Sie hierbei, dass mit höherer Auflösung und höherer Bitrate bei den Audiodateien auch die Dateigrößen zunehmen und der erforderliche Speicherplatz auf der Disc größer wird.

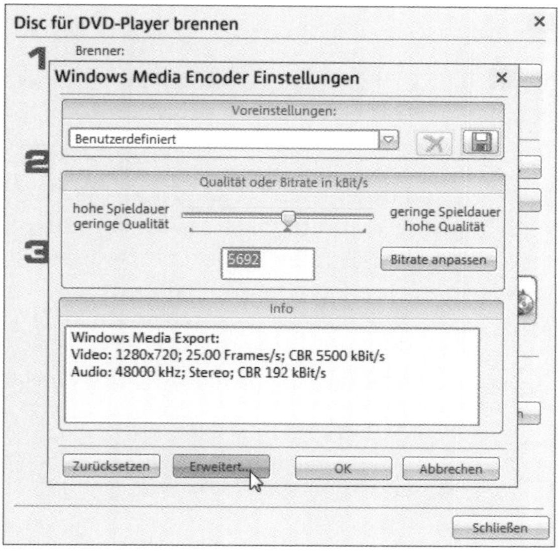

Abbildung 3.330: WINDOWS MEDIA ENCODER EINSTELLUNGEN

5. Verlassen Sie den Dialog mit einem Klick auf OK.
6. Wieder im Fenster DISC FÜR DVD-PLAYER BRENNEN, klicken Sie auf den BRENNEN-Button, um den Brennvorgang zu starten.

   Nach Abschluss des Brennvorgangs erhalten Sie eine Erfolgsmeldung.

JPEG-Disc für maximale Qualität brennen

Sie wollen Ihre Fotos in höchster Qualität auf DVD brennen und diese am Fernseher ansehen und verzichten dafür gerne auf Musik, Menüs, Blenden und Effekte? Dann ist die JPEG-Disc genau das Richtige für Sie.

Bei diesem Ausgabeformat wird kein Videofilm generiert, stattdessen enthält die Disc die komplette Fotoshow mit allen Cleaning-Effekten und Standtexten in der doppelten Auflösung der Originalfotos.

> **▶ ACHTUNG**
>
> Nicht jeder DVD-Player kann JPEG-Discs wiedergeben. Sehen Sie ggf. im Handbuch des Geräts oder auf der Website des Herstellers nach.

1. Wählen Sie beim Anlegen der Fotoshow unter FÜLLSTANDSANZEIGE VOREINSTELLUNG den entsprechenden Eintrag aus.

   Da die Auflösung eines Computermonitors (PC JPEG-DISC) größer als bei einem Fernsehgerät (TV JPEG-DISC) ist, sollten Sie gleich festlegen, wo Sie Ihre Disc abspielen wollen.
2. Stellen Sie Ihre Fotoshow zusammen und optimieren Sie die Bilder mit Video Cleaning. Verzichten Sie aber im Folgenden auf Überblend- und Bewegungseffekte sowie auf Vertonung, da diese Einstellungen später am Fernsehbildschirm nicht wiedergegeben werden.
3. Optimieren Sie Ihre Bilder mit Foto Cleaning.
4. Wechseln Sie in den BRENNEN-Screen und klicken Sie auf die Schaltfläche DISC BRENNEN.
5. Aktivieren Sie die Checkbox FÜR DVD-PLAYER UND FERNSEHER und wählen Sie JPEG-DISC aus.

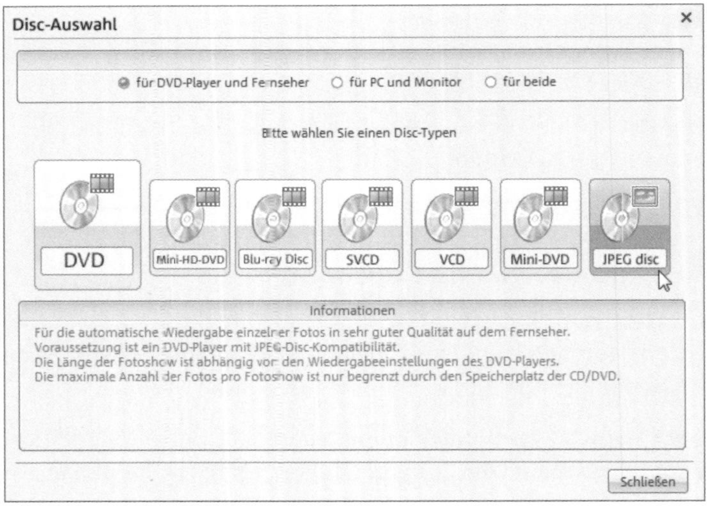

Abbildung 3.331: JPEG-DISC als Disc-Typ wählen

6. Klicken Sie im folgenden Fenster auf WEITER.

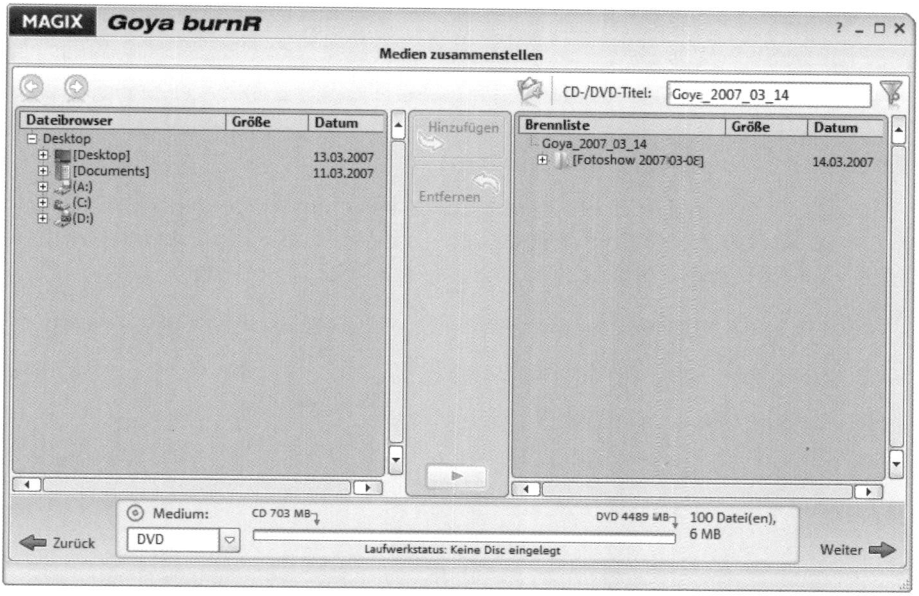

Abbildung 3.332: Weiter!

7. Verändern Sie ggf. die Brenneinstellungen und klicken Sie dann auf BRENNEN STARTEN.

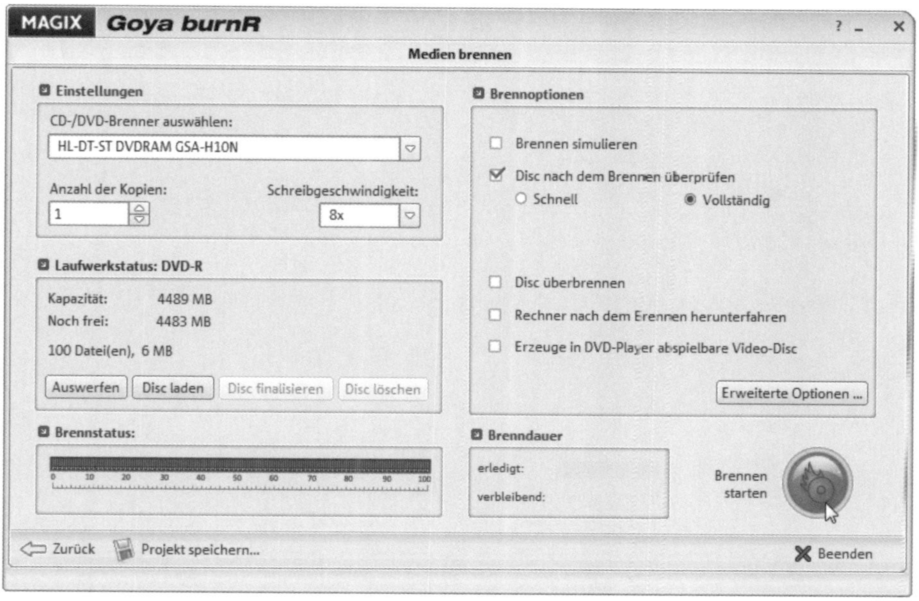

Abbildung 3.333: Starten Sie hier den Brennvorgang

Der Rohling wird nun beschrieben. Nach Abschluss des Brennvorgangs erhalten Sie eine Erfolgsmeldung.

8. Bestätigen Sie die Erfolgsmeldung mit einem Klick auf OK.

Fotos auf Datendisc archivieren

Es ist ratsam, neben den Projektdateien auch die Originalbilder mit auf die Disc zu brennen. So haben Sie über die Fotoshow-Disc ebenfalls Zugriff auf Ihre Originalbilder, um eine einmal erstellte Fotoshow später noch zu ändern.

1. Stellen Sie Ihre Fotoshow zusammen und wechseln Sie zum BRENNEN-Screen.
2. Klicken Sie auf die Schaltfläche DISC BRENNEN.
3. Wählen Sie den gewünschten Disc-Typ aus.

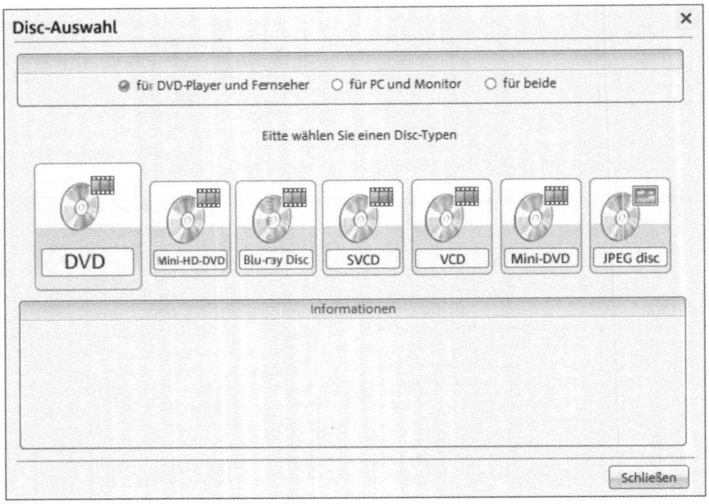

Abbildung 3.334: Disc-Typ wählen

4. Klicken Sie auf die Schaltfläche OPTIONEN.

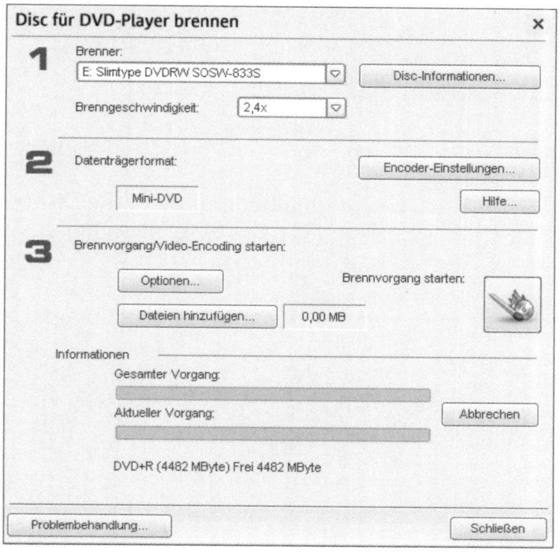

Abbildung 3.335: Brennoptionen

5. Setzen Sie im folgenden Dialog Brennoptionen ein Häkchen vor Daten-Backup des Projektes hinzufügen und schließen Sie mit einem Klick auf die gleichnamige Schaltfläche den Dialog.

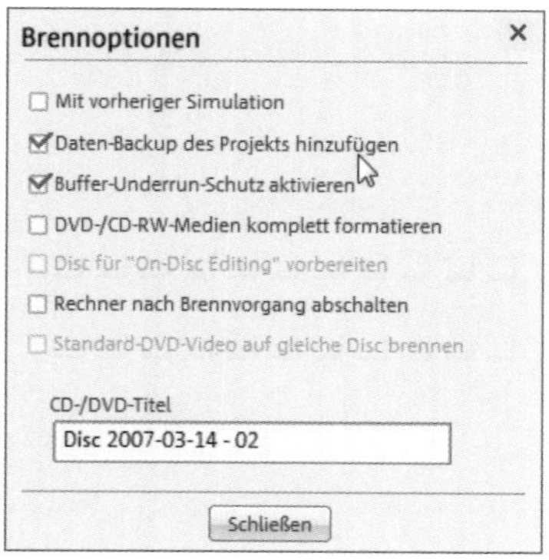

Abbildung 3.336: Option Daten-Backup des Projektes hinzufügen aktivieren

6. Wieder im Dialog Disc für DVD-Player brennen, klicken Sie auf die Schaltfläche Dateien hinzufügen.

7. Übernehmen Sie per Klick auf Datei eine oder mehrere Einzeldateien auf die Disc oder klicken Sie gleich auf die Schaltfläche Verzeichnis, um einen kompletten Ordner mit den verwendeten Fotodateien hinzuzufügen.

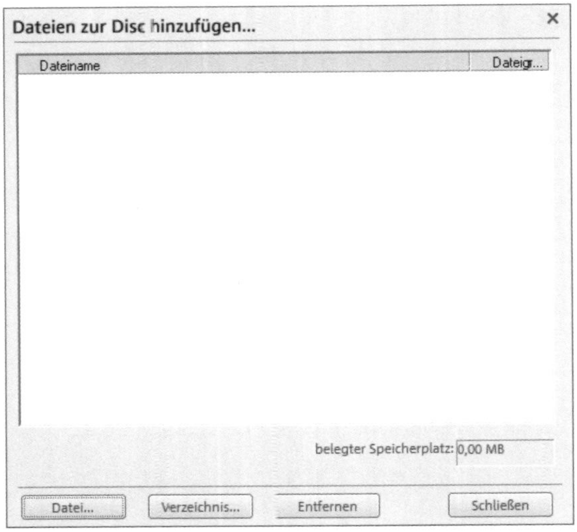

Abbildung 3.337: Fenster Dateien zur Disc hinzufügen

Abbildung 3.338: Dateien hinzufügen

8. Klicken Sie auf Schließen.
9. Vergewissern Sie sich, dass die Kapazität des verwendeten Rohlings nicht überschritten wird.
10. Klicken Sie auf den Brennen-Button und starten Sie so den Brennvorgang.

Ondisc Editing (nur deluxe-Version)

Mit der Funktion Ondisc Editing haben Sie die Möglichkeit, wieder beschreibbare Rohlinge (DVD+/-RW) mit Fotoshows auch nachträglich zu bearbeiten. So können Sie weitere Fotoshows auf die DVD brennen, die dann in das bisher erstellte Menü übernommen werden. Es ist möglich, Fotoshows zu löschen, was bedeutet, dass deren Menüeintrag entfernt wird. Dadurch bleibt die Fotoshow zwar physisch auf dem Rohling erhalten, belegt also nach wie vor den entsprechenden Speicherplatz, kann aber im Rahmen der Präsentation nicht mehr ausgewählt werden. Weiterhin können durch Löschen einer Fotoshow und Hinzufügen einer überarbeiteten Version Fotoshows »ausgetauscht« werden.

1. Stellen Sie eine Fotoshow oder ein aus mehreren Einzelshows bestehendes Projekt zusammen.
2. Wechseln Sie zum Brennen-Screen und passen Sie das Menü Ihren Wünschen an.
3. Klicken Sie dann auf die Schaltfläche Disc brennen.
4. Wählen Sie den gewünschten Disctyp aus.
5. Legen Sie einen wieder beschreibbaren Rohling ein. Klicken Sie dann auf den Button Optionen.

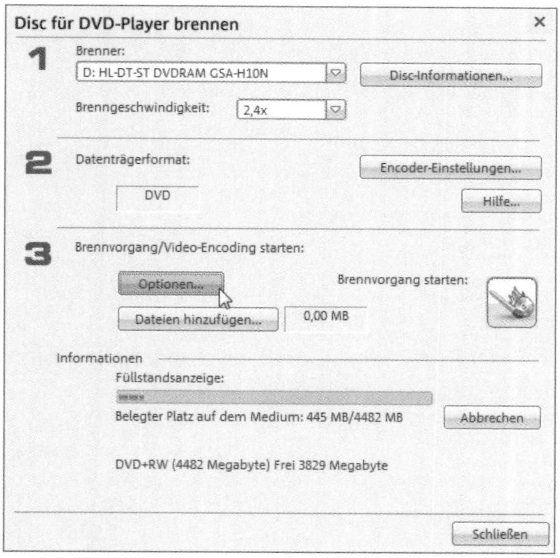

Abbildung 3.339: Brennoptionen festlegen

6. Markieren Sie die Checkbox vor Disc für »On-Disc Editing« vorbereiten.

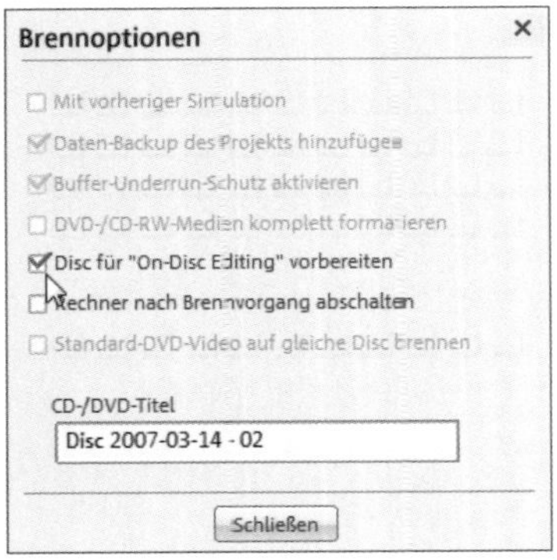

Abbildung 3.340: Die Option DISC FÜR »ON-DISC EDITING« VORBEREITEN *aktivieren*

7. Drücken Sie auf den BRENNEN-Button.

Der Brennvorgang startet und Sie erhalten nach Abschluss eine entsprechende Erfolgsmeldung, die Sie mit einem Klick auf OK schließen.

Soll die DVD um eine weitere Fotoshow ergänzt werden, erstellen Sie diese wie gehabt und klicken dann auf BRENNEN.

8. Klicken Sie im BRENNEN-Screen auf die Schaltfläche PROJEKT VON DISC LADEN und dann auf OK, sobald das Programm die DVD erkannt hat.

Abbildung 3.341: Das Programm hat die DVD erkannt

9. Wählen Sie FOTOSHOW SPEICHERN.

Sofern sich die eingelegte Disc für OnDisc Editing eignet, wird ihr Inhalt mitsamt Menü geladen und eine Erfolgsmeldung ausgegeben.

Abbildung 3.342: Erfolgreicher Import

Das Programm fragt nun nach, ob die gerade zusammengestellte Fotoshow an das Ende des importierten Projekts angehängt werden soll.

10. Bestätigen Sie mit JA.

Abbildung 3.343: Ja, die gerade zusammengestellte Fotoshow soll angehängt werden

Die auf der DVD enthaltenen Fotoshows und die aktuelle werden nun zusammengeführt und das DVD-Menü wird entsprechend erweitert.

11. Wählen Sie unten im Bereich MENÜVORLAGEN das Register ANORDNUNG, um für alle Shows auf der ersten Hauptmenüseite ein Vorschaubild zu erhalten.

12. Passen Sie bei Bedarf per Doppelklick auf die Vorschaubilder Titel und Beschriftungen der einzelnen Fotoshows an.

13. Klicken Sie auf die Schaltfläche DISC BRENNEN, um die neue Zusammenstellung auf den eingelegten Rohling zu brennen.

14. Wählen Sie den Disc-Typ aus.

15. Lassen Sie die Einstellungen unverändert und klicken Sie gleich auf BRENNVORGANG STARTEN.

Sobald die neue Fotoshow und das veränderte Menü integriert sind, erhalten Sie eine entsprechende Erfolgsmeldung sowie einen Hinweis DIE SESSION »ON-DISC EDITING« IST BEENDET, die Sie mit OK bestätigen.

Abbildung 3.344: Die Session abschließen

Möchten Sie eine Fotoshow austauschen, so stellen Sie zunächst die neue Version zusammen. Sofern Sie die ursprüngliche Fotoshow gespeichert haben, können Sie diese laden und modifizieren. Importieren Sie dann die vorhandene DVD und hängen Sie die bearbeitete Fotoshow hinten an.

1. Klicken Sie auf die Schaltfläche NAVIGATION.

2. Markieren Sie im Fenster DVD-NAVIGATIONSSTRUKTUR die alte Version der Fotoshow und drücken Sie auf die Taste [Entf].

Wenn Sie das Projekt jetzt brennen, ist die alte Version zwar physisch noch auf der DVD vorhanden, kann aber im Menü nicht mehr ausgewählt werden. An ihrer Stelle wird stattdessen die neue Version Ihrer Fotoshow gelistet. Sind die Fotoshows erst einmal auf der DVD, können sie nicht mehr verändert, sondern nur – wie oben beschrieben – unsichtbar gemacht und durch eine neue Version ersetzt werden. Das DVD-Menü hingegen können Sie in jeder Ondisc Editing-Session fast komplett verändern.

▶ DRUCK CENTER (NUR DELUXE-VERSION)

Jetzt noch schnell Cover, Inlay und das CD-/DVD-Label drucken. Nichts leichter als das!

1. Klicken Sie auf die Schaltfläche Druck Center rechts unten im Brennen-Screen.

Abbildung 3.345: Schaltfläche Druck Center

2. Wählen Sie das gewünschte Papierformat aus.

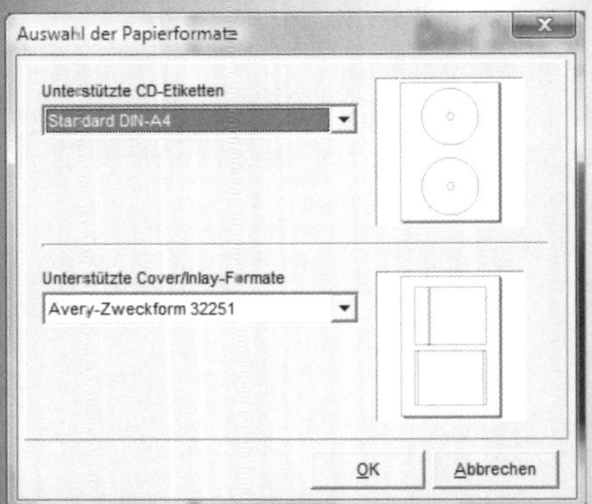

Abbildung 3.346: Papierformat wählen

3. Kreieren Sie in den entsprechenden Registern Ihr individuelles CD-Cover, CD-Inlay und CD/DVD-Label.

▶ DRUCK CENTER (NUR DELUXE-VERSION) (FORTS.)

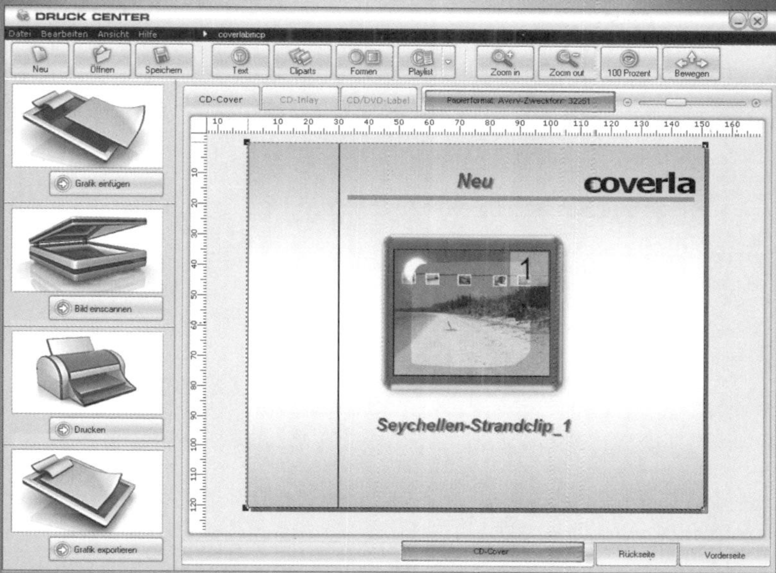

Abbildung 3.347: Druck Center

Workshop 10: Fotoshows exportieren – es geht auch ohne Disc

MAGIX Fotos auf CD & DVD bietet Ihnen neben dem Brennen Ihrer Fotos auf Disc auch die Option an, Fotoshows lokal auf der Festplatte zu speichern und mit dem Windows Media Player (oder einem ähnlichen Multimedia-Player) zu betrachten. Sie können sie als E-Mail versenden oder sogar, sofern Sie über Webspace verfügen, ins Internet stellen, um so Ihren Freunden im In- und Ausland zum Beispiel die Bilder vom letzten Urlaub zu zeigen. MAGIX Fotos auf CD & DVD exportiert Fotoshows als Videodateien in folgende Formate: AVI, MPEG1, MPEG2, Windows Media 9, MAGIX MXV, QuickTime und Real Media.

Fotoshow auf PDA, Pocket PC oder Smartphone

Mit MAGIX Fotos auf CD & DVD können Sie die Fotoshow auch speziell für die Wiedergabe auf einem Handy (Smartphone) oder einem PDA abgestimmt speichern.

1. Wählen Sie im FOTOSHOW-Screen DATEI/FOTOSHOW EXPORTIEREN/WINDOWS MEDIA EXPORT.

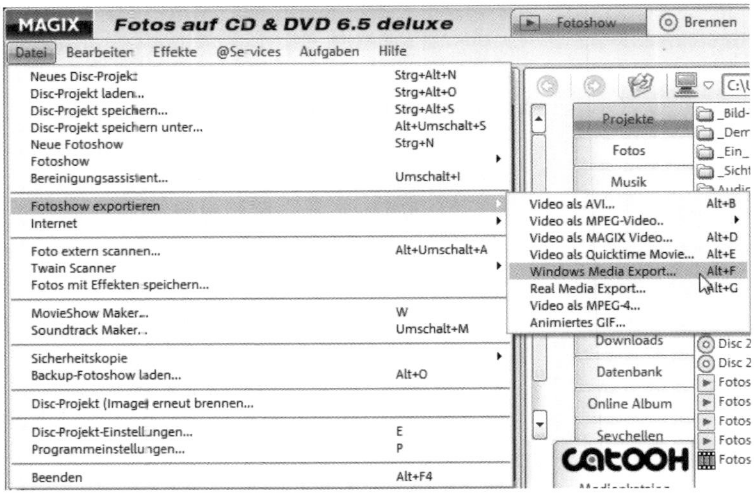

Abbildung 3.348: DATEI/FOTOSHOW EXPORTIEREN/WINDOWS MEDIA EXPORT

2. Stellen Sie im Bereich VOREINSTELLUNGEN aus dem Dropdown-Menü das gewünschte Exportformat ein: 176 x 132 SMARTPHONE (für Handy) oder 320 x 240 POCKETPC (für PDA).
3. Verändern Sie ggf. im Bereich DATEI den Dateinamen.
4. Starten Sie den Export mit OK.

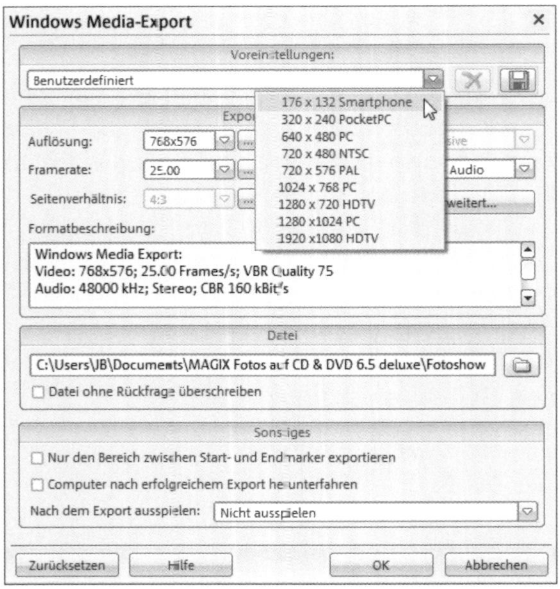

Abbildung 3.349: Windows Media Export

5. Verbinden Sie das Handy oder den PDA mit dem PC. Rufen Sie den Windows-Explorer auf und wechseln Sie in das Verzeichnis mit der gespeicherten Fotoshow.

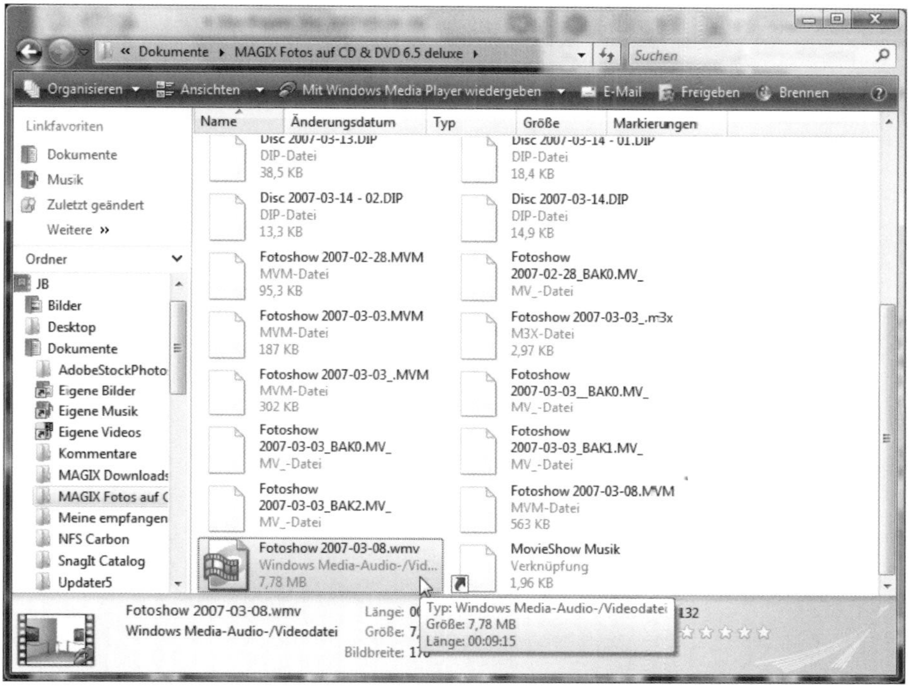

Abbildung 3.350: Fotoshow im Windows-Explorer auswählen

6. Markieren Sie die Datei und kopieren Sie sie mit Strg+C in die Zwischenablage.

7. Öffnen Sie nun am PC das Verzeichnis des Geräts und fügen Sie das Video mit Strg+V ein.

Sofern für den Datentransfer zum Handy eine spezielle Software nötig ist, nutzen Sie diese.

Fotoshow als E-Mail versenden

Sie wollen die Bilder Ihres letzten Urlaubs als E-Mail verschicken? Dazu müssen Sie nicht jedes einzelne Bild als Anhang einfügen oder etwa ins ZIP-Format konvertieren. MAGIX Fotos auf CD & DVD wandelt Ihre Fotoshow schnell und einfach in eine Videodatei um.

1. Erstellen oder laden Sie eine Fotoshow.

2. Wählen Sie im Programm-Menü DATEI/INTERNET und im Untermenü den Punkt FOTOSHOW ALS E-MAIL SENDEN aus.

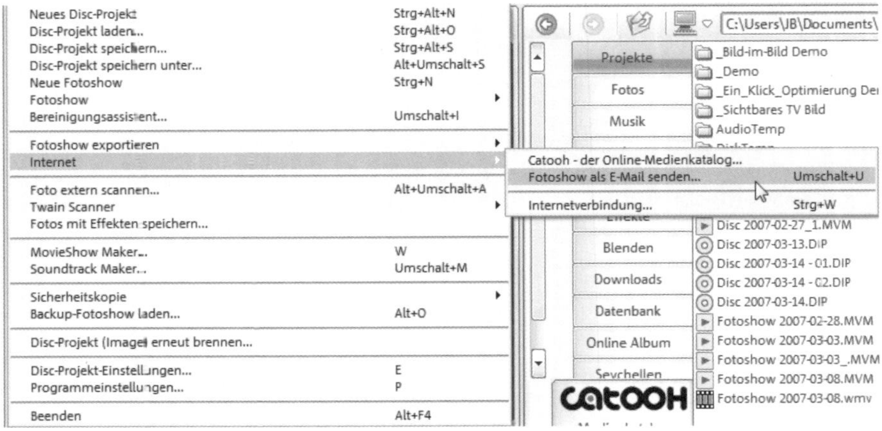

Abbildung 3.351: Fotoshow als E-Mail senden

3. Markieren Sie die von Ihnen benutzte Bandbreite Ihrer Internetverbindung. Schließen Sie das Fenster mit einem Klick auf OK.

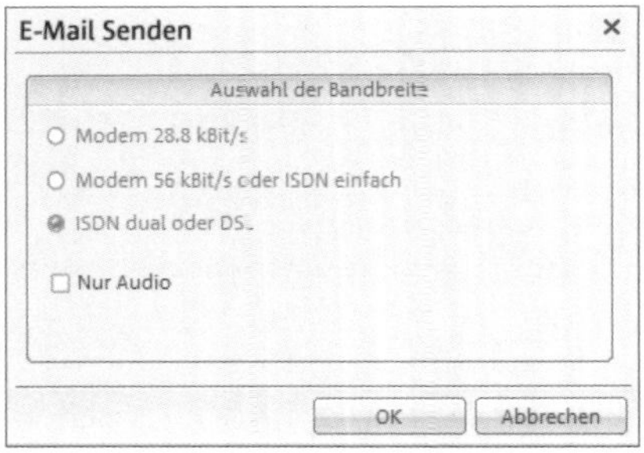

Abbildung 3.352: Auswahl der Bandbreite

HINWEIS

Das Programm orientiert die Größe der Videodatei an der Bandbreite mit dem Ziel, dass Sendedauer und Qualität in annehmbarem Verhältnis zueinander stehen.

4. Geben Sie der Videodatei einen Namen und klicken Sie auf OK.

Abbildung 3.353: Videodatei speichern

Nach dem Konvertieren öffnet MAGIX Fotos auf CD & DVD automatisch Ihr E-Mail-Programm, startet eine neue E-Mail und fügt die erstellte Videodatei als Anhang hinzu.

5. Tragen Sie nun nur noch Empfänger und Betreff ein, schreiben Sie ein paar nette Zeilen und verschicken Sie das Ganze.

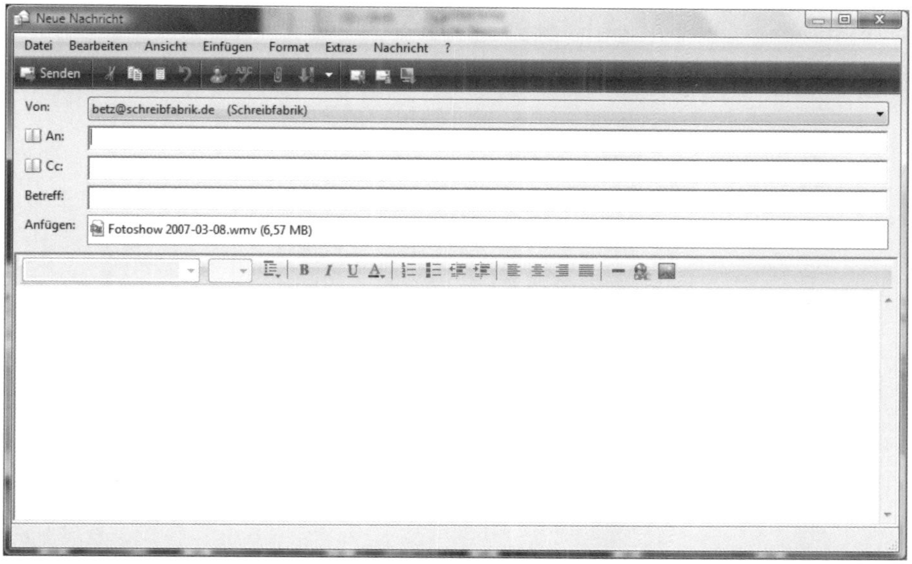

Abbildung 3.354: E-Mail mit Anhang

Fotoshow als animiertes GIF exportieren

Neben der Möglichkeit, animierte GIF-Dateien innerhalb einer Fotoshow zu verwenden, bietet MAGIX auch den Export einer Fotoshow als animiertes GIF. So können Sie Ihre Show beispielsweise unkompliziert in die eigene Homepage einbinden.

1. Laden Sie Ihre Fotoshow ins Storyboard.
2. Klicken Sie im Programm-Menü auf DATEI/FOTOSHOW EXPORTIEREN/ANIMIERTES GIF.

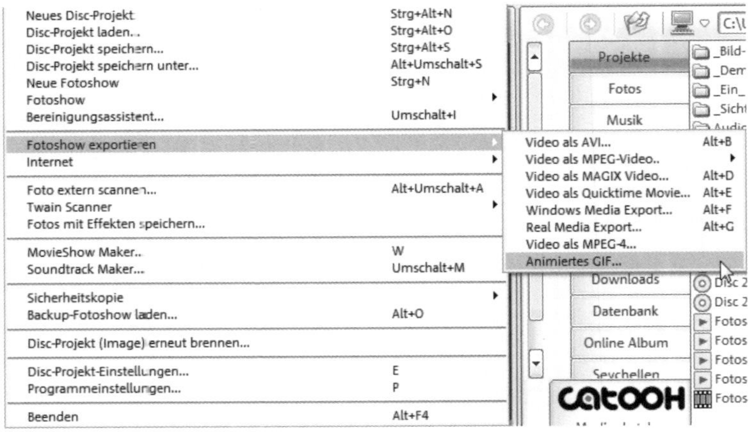

Abbildung 3.355: DATEI/FOTOSHOW EXPORTIEREN/ANIMIERTES GIF

3. Bestimmen Sie im Folgedialog die gewünschte AUFLÖSUNG, also das Bildformat, und die FRAMERATE.

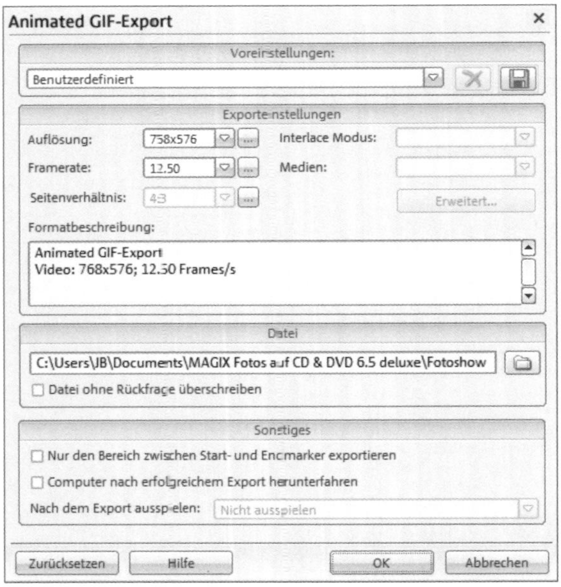

Abbildung 3.356: Exporteinstellungen

▶ ACHTUNG

Je höher die Auflösung ist, desto länger dauert die Umwandlung der Fotoshow (Mixdown) und umso größer wird die Bilddatei. Große Bilddateien haben im Internet entsprechend lange Ladezeiten. So muss demzufolge beispielsweise ein Besucher Ihrer Homepage eine gewisse Zeit warten, bis die Bilddatei auf seinen Rechner geladen wurde und er sie ansehen kann.

Nach dem Mixdown finden Sie die Datei in Ihrem MAGIX-Verzeichnis vor.

Abbildung 3.357: Ihr animiertes GIF

MAGIX Online Album

Wäre es nicht prima, wenn Sie Erlebnisse, Motive und Eindrücke selbst über große Entfernungen mit Freunden und Bekannten teilen könnten? Bei MAGIX Fotos auf CD & DVD haben Sie dafür Ihr ganz persönliches Online- Fotoalbum.

1. Klicken Sie im Programmfenster auf SERVICES/MAGIX ONLINE ALBUM/BILDER AUS FOTOSHOW HOCHLADEN.

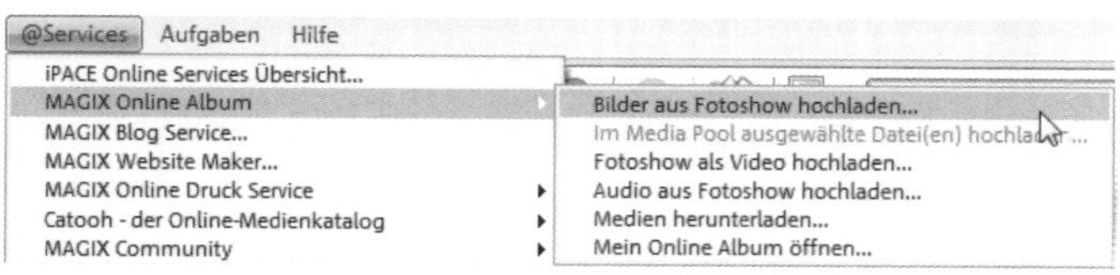

Abbildung 3.358: SERVICES/MAGIX ONLINE ALBUM/BILDER AUS FOTOSHOW HOCHLADEN

Der Browser startet und öffnet ein Fenster, in dem Sie sich für das Online Foto & Video Album anmelden müssen. Haben Sie sich bereits dafür registriert, geben Sie hier Ihre E-Mail-Adresse und Ihr Passwort ein. Falls nicht, melden Sie sich über INFO & ANMELDUNG an.

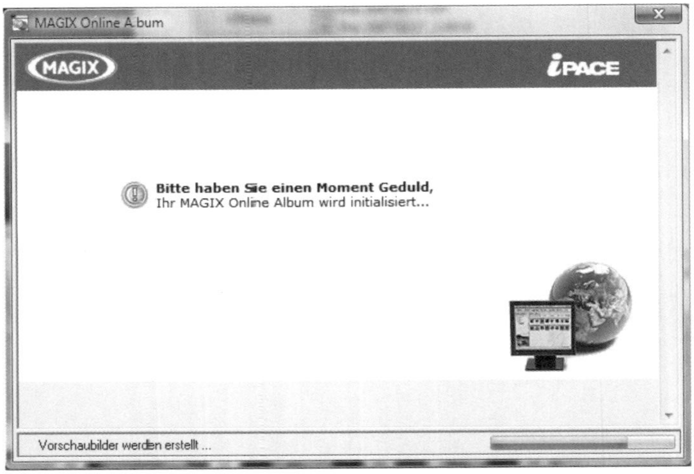

Abbildung 3.359: Einloggen oder anmelden

Sie haben nun die Auswahl zwischen einem kostenlosen Free Album mit 128 Mbyte Speicher und zwei kostenpflichtigen Varianten: dem Classic Album (1.000 Mbyte) und dem Premium Album mit 3.000 Mbyte an verfügbarem Platz für Ihre Fotos.

2. Klicken Sie auf GRATIS ANMELDEN, um den Dienst auszuprobieren und Ihre Fotoshow hochzuladen (vgl. Abbildung 3.360).

3. Wählen Sie die gewünschte Qualität für Ihre Fotos im MAGIX Online Foto & Video Album aus. Klicken Sie dann auf WEITER.

   Sofern Sie kein Interesse an hochwertigen Fotoabzügen haben, reicht die Wahl der Option MINIMAL vollkommen aus, anderenfalls sind 128 Mbyte Webspeicher ziemlich schnell aufgebraucht (vgl. Abbildung 3.361).

4. Bestimmen Sie nun den Speicherort, vergeben Sie einen Albumnamen und geben Sie eventuell eine kurze Beschreibung der Fotoshow an. Klicken Sie auf WEITER (vgl. Abbildung 3.362).

   Das Programm überträgt Ihre Bilder jetzt auf den MAGIX-Server. Dies kann je nach Internetverbindung und der gewählten Darstellungsqualität mehrere Minuten dauern. Sobald der Upload-Vorgang abgeschlossen ist, erhalten Sie eine Erfolgsmeldung (vgl. Abbildung 3.363).

5. Klicken Sie auf den Link MEINE FOTO WEBSITE ANSCHAUEN (vgl. Abbildung 3.364).

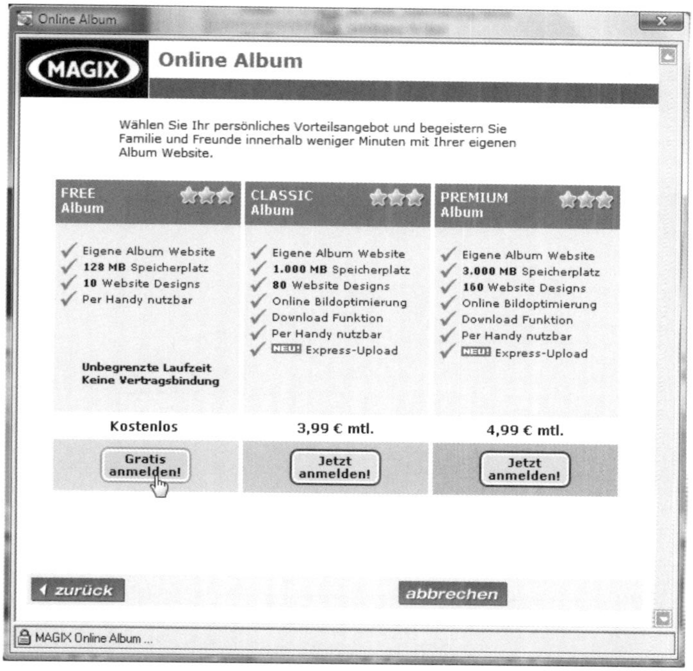

Abbildung 3.360: Albumpaket wählen

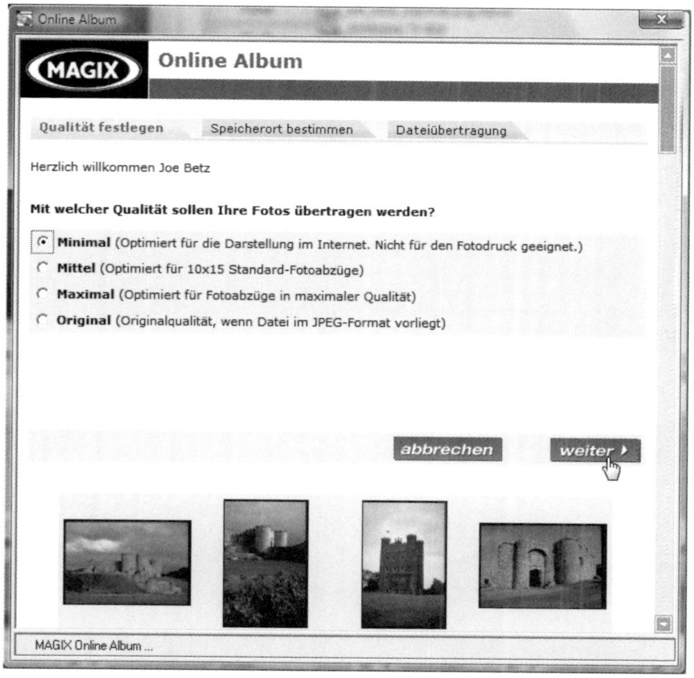

Abbildung 3.361: Qualität einstellen

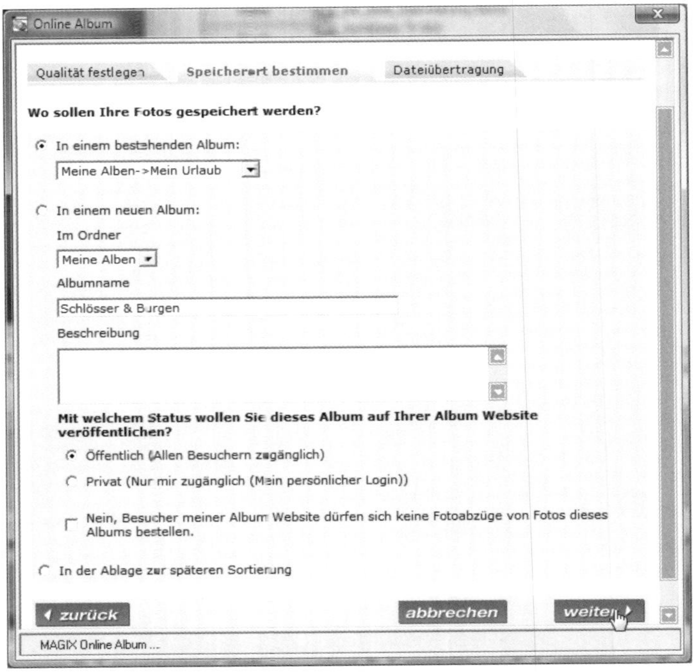

Abbildung 3.362: Speicherort festlegen

Abbildung 3.363: Bilder werden übertragen

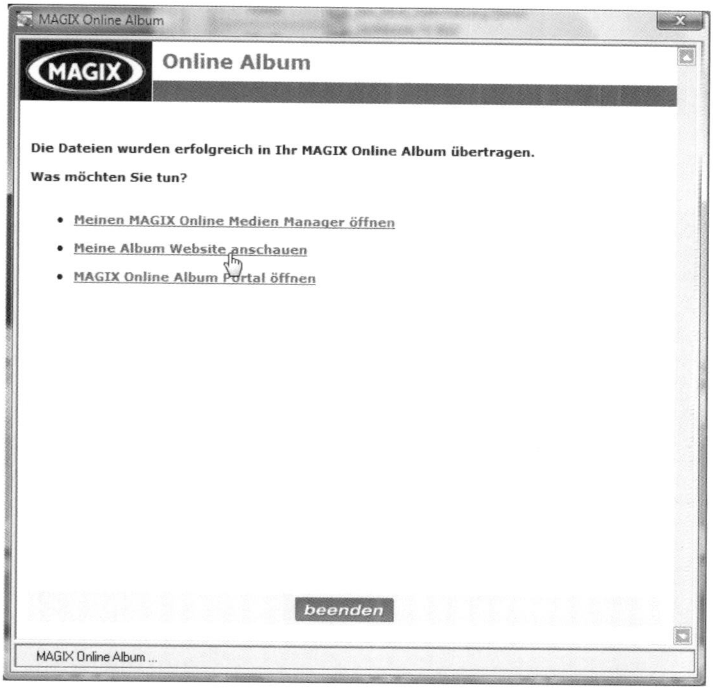

Abbildung 3.364: MEINE FOTO WEBSITE ANSCHAUEN

6. Wählen Sie den Namen Ihres Albums und betrachten Sie Ihr Werk.

Abbildung 3.365: Album auswählen

TIPP

Sie können auch Videos in HD Qualität in Ihr persönliches Online Foto Album laden

HINWEIS

Nutzen Sie doch auch folgende MAGIX Services:

- MAGIX Online Druck Service: Professionelle Ausdrucke und tolle Fotogeschenke bequem von zu Hause aus bestellen und liefern lassen.
- MAGIX Community: Fotos von Community Mitgliedern betrachten, bewerten und kommentieren, sich über Fotothemen austauschen etc.
- MAGIX Blog Service: Das eigene Internet Tagebuch (inkl. Videoabspielfunktion)

Stichwortverzeichnis

T

U

V

W

Z